Philanthro

Rural Development

Integrating Philanthropy into

Rural Revitalization

in China

公 益
乡 村

公益力量对接乡村振兴实践

董 强 编著

社会科学文献出版社

SOCIAL SCIENCES ACADEMIC PRESS (CHINA)

序 言
乡村振兴呼唤更多的公益行动和公益创新

李小云[*]

公益组织的迅速成长，是过去 40 多年中国转型变化的重要内容。公益组织已成为中国社会治理和社会服务的重要力量之一。政府鼓励和支持公益组织参与社会治理和从事社会服务，《慈善法》界定了公益组织的行为规范。如何将日益庞大的公益部门有机融合到发展大潮中，是中国社会稳定发展的重要方面。近十多年，公益组织快速发展，同时这些组织动员了大量的民间资源。依托民间资源是公益组织发展的基本机制，也是政府乐意支持公益组织发展的基础。

当下，中国的公益组织受到以下思潮的影响。首先，公益组织是传统慈善实践的产物，受到传统慈善思想和实践的影响，认为做公益就是捐钱做好事。其次，公益组织受到西方后现代公益思潮的影响，比如社会企业、环保这些产物，环保是最典型的。最后，中国公益本身也受到自由主义、市场主义方面的影响。以上决定了中国公益组织是一个不同公益思想资源和实践资源影响下的多面向混合体，呈现多元的特点。公益组织有精英化的特点，刚刚提到的环保、社会企业、社会创新是国内社会精英从西方引进的。公益组织的资助型资源不足，在传统慈善的影响下，个人倾向于自己花钱做事情，没有转化成公益资源。此外，资源转移性特点明显，资源转移过程中的创新性不足。在公益组织基层性不足的情况下，资源很难流向一线基层公益组织。

在过去几十年中，公益组织持续直接或者间接地参与乡村扶贫行动，如希望工程就是教育扶贫领域最成功的案例。与当年的希望工程和最近几年的营养午餐等公益扶贫创新相比，在解决系统性贫困的行动中，很少见到积极

---

[*] 李小云，中国农业大学国家乡村振兴研究院常务副院长，文科讲席教授。

参与的公益组织。大量公益组织的扶贫行动仍然主要是各种救助性的行动，很少见到系统性的方案，即使有创新实践也只停留在很小的范围内。形成这一状况，有来自制度层面的原因，也折射出中国公益领域发展的结构性问题。中国公益组织从某种程度上吸收了国际上"边缘社会功能"的特性。当社会主体性问题由政府和市场承接起来之后，社会一般会作为一个平衡力量去关注政府和市场治理关注不到的其他问题，从而形成了社会问题解决的边缘—中心的结构关系。这样的结构关系造成了公益组织的碎片化和功能的非系统化。需要注意的是，中国公益组织一直处于中产阶层的文化价值和资本逻辑之间的旋涡中，其文化偏好和文化符号停留在公益圈中，很难在不同阶层之间流动，其碎片化的经验很难整合到国家的主流发展行动中。近年来，有学者试图从中国传统文化中找线索，但是如何将传统的慈善思想和西方现代公益思想转变成中国现代的公益思想依然有待探索。在持续性的"边缘性社会功能"的影响下，公益组织形成了社会问题的"边缘"视角。在这个视角下，的确也发育出很多解决社会问题的创新，但是也失去了发育集体性和系统性介入解决主流社会问题的能力。过去，公益组织虽然积累了丰富的社会救助和社会治理经验，但是这些经验多为碎片化的。精准扶贫无论是对贫困人口的识别，还是满足贫困人口的需求以及解决他们的问题等方面，都需要系统性的知识体系做支撑，大多数公益组织尚不具备这个知识体系。综上所述，中国公益组织在精准扶贫中出现集体性缺位，实际上也在一定程度上反映了其系统性参与这一重要社会行动的能力不足。

公益组织做的很多工作是在相对贫困的范围内，是在应对相对贫困问题，比如乡村教育、乡村卫生等方面。解决绝对贫困问题的很多工作是政府来做的，比如盖房子、提供义务教育，这些公益组织做不了。公益组织在缩小社会公共服务差距这方面已经做了很多工作，有很好的创新，这也是公益组织擅长的领域。比如在乡村学前儿童教育、乡村医务室、乡村数字化扶贫、消费扶贫等方面，公益组织做了大量的工作。这些工作不能说不是在解决绝对贫困问题，但更多的是在创新性地应对相对贫困。

乡村振兴更多的是国家战略逐渐调整的过程，不能把乡村振兴当成乡村建设搞。公益组织应该有足够的自信，关键是如何把握乡村振兴战略下新的发展机遇，找到自身能够发挥作用的舞台。公益组织要想办法发挥比较优势，弥补政府不足，促进社会整合和社会服务创新。公益组织不要总想着去替代基层政府，不要总想着和基层政府比高低，比谁干得好。中国是一个大国家的社会，主要责任在政府，公益组织不承担主要责任，而是作为补充。在新的乡村振兴格局下，乡村会是一个很大的舞台，应该有更多的公益组织进入乡村。很多公益组织说是做乡村工作的，但真正在乡村第一线工作的公益组织太少了，比如我在云南乡村地区看到的公益组织就比较少。在未来大乡村发展形势下，乡村规划、乡村陪伴、乡村教育等需要公益组织有不同的技能、思想和方法。如果公益组织的特点与乡村发展需求不匹配，就不利于公益组织发挥作用。总而言之，乡村振兴这个大的格局需要更多的公益行动和公益创新。

目　录

导言
公益力量参与中国乡村发展的
历史回顾与未来展望

董　强　黄琛丹[*]

一　公益力量参与中国乡村发展的关键历程

改革开放初期，中国开始借助体制内的渠道推动公益力量的发育。因此，现代意义上的公益组织在新的政治、经济和社会条件下萌发，并将乡村发展作为重要的活动领域。公益组织参与中国乡村发展的开端可追溯到20世纪80年代中后期。在这一时期，中国开始重视广泛存在的乡村贫困，鼓励公益力量采取多种形式帮助贫困地区减贫。当时，政府中具有改革意识的官员群体认识到公益力量在扶贫开发中的作用，推动成立了一批具有官方色彩的基金会。与此同时，中国开始打开国门，接受国际发展援助。随后，包括国际NGO在内的国际组织积极参与到中国乡村发展领域。国际非政府组织一方面在中国乡村实施大量的发展项目，直接帮助贫困人口改善生计；另一方面关注中国本土公益的发展，培育了大量本土公益组织和公益人才。1995年，联合国第四次世界妇女大会及非政府组织妇女论坛在北京召开，为国内外非政府组织提供了交流和合作的窗口。1995年及以后的十余年间，在中国开展乡村发展工作的国际组织数量经历了一个高峰期。2001年，中国加入世界贸易组织后，政府部门积极尝试与包括国际非政府组织在内的国际组织合作，推动国内公益力量参与乡村发展工作。2008年汶川地震发生后，中国民众踊跃参与，在全国范围内催生了数量庞大的本土公益组织和志愿者团队。本土基金会和本土草根公益组织成为官办公益组织和国际NGO之外的

---

[*]　董强，中国农业大学人文与发展学院副教授，博士研究生导师。黄琛丹，中国农业大学人文与发展学院硕士研究生。

重要力量，借助灾害救援和重建深入乡村开展工作。随着脱贫攻坚战略的提出，中国非常重视公益力量在脱贫攻坚中的作用，最大限度地动员公益资源进入脱贫攻坚场域，服务国家战略。2021年，中国在打赢脱贫攻坚战之后全面推进乡村振兴战略，为公益力量带来新的机遇。基于此，总结公益力量参与中国乡村发展的关键历程，将对公益力量做好乡村振兴工作起到基础性的作用。

（一）公益力量参与中国乡村发展的第一波（1981—1994）

最早参与中国乡村发展的公益力量来自20世纪80年代先后成立的具有官方背景的基金会，如中国儿童少年基金会、爱德基金会、中国人口计划生育福利基金会、中国妇女发展基金会、中国青少年发展基金会、中国贫困地区发展基金会等。中国儿童少年基金会是中华人民共和国成立后的第一家国家级公募基金会，由全国妇联于1981年7月推动成立。爱德基金会由国内基督教界人士发起，成立于1985年4月。1987年6月，中国人口计划生育福利基金会（中国人口福利基金会前身）由卫生部推动成立。1988年12月，中国妇女发展基金会由全国妇联推动成立。1989年3月，中国青少年发展基金会、中国贫困地区发展基金会（中国扶贫基金会前身）在共青团中央和国务院扶贫办的推动下相继成立。这些具有官方色彩的公募基金会在成立前后将乡村发展中的某一类问题作为关注的重点。1989年，中国儿童少年基金会发起实施了致力于改善贫困家庭女童受教育状况的春蕾计划公益项目。爱德基金会在成立的最初10年主要在中国东部地区的贫困县开展教育项目。在第二个10年，该组织的重心开始向西部转移，其项目逐步扩展到医疗卫生、社会福利、农村扶贫、生态保护等方面。1995年，中国人口福利基金会发起幸福工程—救助贫困母亲行动。该行动主要以贫困地区计划生育家庭的贫困母亲为救助对象，为其提供资金帮助、技术培训与健康服务，全面提高她们的综合素质与家庭发展能力。1996年，中国妇女发展基金会在全国开展母亲小额循环扶贫贷款项目。2001年，该组织开始实施母亲水窖公益项目。中国青少年发展基金会在成立后，提出开展针对贫困地区失学少年的救助活动，并将之命名为"希望工程"。中国扶贫基金会在成立的最初7年，主要开展了东西互助、外引内联、干部交流、职业培训和组织劳动力有序转移等项目工作（何道峰，2018）。尽管中国在1994年出台《国家八七扶贫攻坚计划（1994－2000年）》，但总体上这一阶段的公益力量主要靠自身来识别并回应乡村亟待解决的问题。

（二）公益力量参与中国乡村发展的第二波（1995—2007）

随着中国开放政策的不断深入，包括国际 NGO 在内的国际组织自 20 世纪 80 年代起逐步进入中国，主要在乡村发展领域开展国际发展合作项目。1980 年，世界自然基金会来到中国四川开展工作。包括福特基金会、国际小母牛组织在内的一些知名国际 NGO 在 80 年代中后期进入中国开展工作。1995 年在北京召开的联合国第四次世界妇女大会及非政府组织妇女论坛促进了国内外公益组织间的交流，并极大地开阔了中国公益组织了解国际公益领域发展的视野。与此同时，此次世界妇女大会进一步助推国际 NGO 进入中国。此后，在华的国际组织和国际 NGO 先后实施了大量关注乡村的国际发展合作项目，并积极地将国际经验和模式引入中国，如国务院扶贫办、亚洲开发银行、江西省扶贫办和中国扶贫基金会共同开展的非政府组织与政府合作实施村级扶贫规划试点项目，世界银行与国务院扶贫办、民政部共同主办的第一、二届中国发展市场，国务院扶贫办和世界银行合作开展的社区主导型发展试点项目，等等。

2005 年在江西省启动的非政府组织与政府合作实施村级扶贫规划试点项目，开了政府运用财政扶贫资金购买公益组织服务的先河。按照该项目的设计，国务院扶贫办和江西省扶贫办提供 1100 万元财政扶贫资金，委托中国扶贫基金会公开招标公益组织，在江西省的 22 个重点贫困村实施村级扶贫计划项目（中国扶贫基金会，2007）。"发展市场"是世界银行发现和资助来自基层和民间的发展创意和创新项目的一种机制。"中国发展市场"由世界银行与国务院扶贫办、民政部共同主办，并得到财政部的大力支持（搜狐网，2008）。2006 年和 2008 年先后举行的第一、二届中国发展市场分别资助了 31 个和 50 个公益组织的创新项目。2006 年，国务院扶贫办和世界银行合作开展的社区主导型发展试点项目首次将扶贫工作与村民自治和民主决策相结合，并先行探索政府与国际组织、国际 NGO 合作实施项目。该项目在广西、四川、陕西和内蒙古的 60 个贫困社区开展，世界宣明会、国际行动援助和国际计划等国际 NGO 参与其中（中国政府网，2008）。在这一阶段，国际组织、国际 NGO 和本土公益组织成为推动中国乡村发展的多元主体，国际上创新的模式、创新的理论与方法开始落地到中国乡村，如参与式理论、方法与工具。

（三）公益力量参与中国乡村发展的第三波（2008—2013）

2008 年的汶川地震激发了中国社会民众的结社热情，大量的公益组织和志愿者组织先后涌现。2010 年的玉树地震、2011 年的盈江地震、2012 年的彝良地震、2013 年的雅安地震、2017 年的九寨沟地震等自然灾害的频现，为 2008 年以来参与灾害救援的公益组织和志愿者组织提供了进入乡村的重要契机。这些组织在灾区的工作从灾害救援延续到灾后重建，真正成为乡村发展的另一股推动力量。2008 年，南都公益基金会支持 80 多个公益组织在汶川地震灾区实施了 100 多个救灾和灾后重建项目。2010 年，南都公益基金会在玉树地震的紧急响应中启动了灾害救援和灾后重建基金，建立了支持公益组织参与灾害紧急救援与灾后重建的长效机制。2009 年 5 月 12 日，壹基金组织参与壹基金汶川救援的各地救援队，成立了壹基金救援联盟。2011 年 11 月，来自贵州、云南、广西、湖南四个西南省（区）的公益组织在贵阳商讨民间联合应对西南凝冻灾害，拉开了民间联合救援中小型灾害的序幕。2012 年，壹基金全面启动了壹基金联合救灾模式，形成壹基金联合救灾行动平台。这两个网络成为乡村灾害救援和重建领域持续最久的公益平台。正是在灾害救助的推动下，西北地区、西南地区和中部地区的本土公益组织以群体性的特征进入乡村，开展持续的乡村发展项目。这些项目以灾害为切入点，但并不限于灾害议题，为各地受灾的乡村提供了公益的支持。

（四）公益力量参与中国乡村发展的第四波（2014年至今）

2014 年以来，中国对于公益力量的作用越发重视，先后提出社会管理、社会治理等重要政策，将公益力量涵盖在内。2012 年，中央财政安排 2 亿元专项资金用于支持公益组织参与社会服务。这一资助机制一直持续到 2021 年，累计投入 20 亿元左右，使 3000 多个公益组织获得资助。大多数资助项目落地乡村区域。2015 年，中国民生银行和中国扶贫基金会共同发起"我决定民生爱的力量——ME 公益创新资助计划"。截至 2020 年，ME 公益创新资助计划已连续举办五届，累计为 110 个公益项目提供总计 5500 万元的创新资助基金，成为解决社会矛盾、促进社会进步、助力脱贫攻坚的重要力量。2017 年，国务院扶贫开发领导小组印发《关于广泛引导和动员社会组织参与脱贫攻坚的通知》。该文件提出参与脱贫攻坚是社会组织的重要责任。社会组织要从帮助贫困人口解决最直接、最现实、最紧迫的问题入手，促进社会帮扶资源进一步向贫困地区、贫困人口汇聚。这一政策显示中国将公益力量看作脱贫攻坚战略的重要参与主体，要求各级民政部门和业务主管部门通过不同的方式动员社会组织参与脱贫攻坚。在脱贫攻坚与乡村振兴衔接阶段以及全面推进乡村振兴时期，各地纷纷开始探索社会组织如何参与乡村振兴，如成都市 2019 年发起成立成都社会组织乡村振兴扶贫联盟，昆明市 2020 年发起成立社会组织参与昆明乡村振兴联盟，等等。

公益力量参与中国乡村发展的 40 年历程，充分说明公益力量可以在中国乡村发展中发挥重要作用。在这 40 年中，公益力量不断壮大，同时探索推动乡村发展的切入点并形成可复制的公益模式。公益力量在与中国各级政府、国际 NGO、社会公众等不同主体的互动中，逐渐融入中国政治、经济、社会的环境体系中，寻找中国乡村发展可能的方向、路径与策略。

二 公益力量参与乡村发展的方法论分类

公益力量在参与乡村发展的过程中不断探索并总结其介入的方法论。公益力量介入的方法论大体可以分为两类：源自西方的权力维度和孕育于本土的凝聚维度。

（一）权力维度的方法论：赋权为主导

西方意义上的发展干预方法论体现为权力维度的方法论。从权力维度来看，赋权方法、群体方法、系统方法构成了这一维度的核心要素。

赋权方法主要强调个体层面的权力赋予，从而激发个体的能动性，认为首先要明确谁是乡村发展的主体，提倡在外部干预的过程中对农户这一发展主体充分赋权，使其成为发展的行动主体。赋权方法由国际 NGO 以及包括世界银行、联合国开发计划署等在内的多边和双边援助机构在 20 世纪 90 年代中后期引入中国，并随着上述国际组织对中国公益组织的资助而为中国公益组织广泛采用，成为中国公益组织参与乡村发展的主流方法。赋权方法在乡村发展中的应用主要体现在以下几个方面：第一，将乡村社区中的弱势群体置于发展的中心，将弱势群体的需求作为发展的重点；第二，在乡村社区发展的过程中不断培育并提升弱势群体的自我发展能力和社区管理能力；第三，在乡村社区发展项目中侧重于弱势群体的权利落实和对其权利意识的启蒙。以世界宣明会在云南省永胜县的发展项目为例，该项目最显著的特点和最重要的原则就是强调当地农户的参与和对农户的赋权。世界宣明会致力于推动农户参与项目选择、项目设计、项目实施、项目管理以及项目评估等各个环节，从而提高农户的能力，帮助农户真正获得项目决策权，最终实现他们的可持续发展。世界宣明会认为，实现村民真正的参与和赋权以及项目的可持续性需要10—15年的时间（陈思堂，2012）。

群体方法将乡村中的弱势群体作为动员的主体，通过实现特定弱势群体的利益表达和利益获取来增强社区的公平与公正。这一方法是对赋权方法的修正和改善，保证了被主流发展战略边缘化或排斥群体的发言权和决策机会。妇女群体、儿童群体、老人群体是这一方法推动的焦点群体。例如，陕西妇源汇性别发展中心2008年之后的妇女和农村社区可持续发展项目沿用自下而上的参与式方法：首先，培养女村干部，使其有能力介入社区发展；其次，帮助社区设立妇女主导的社区发展基金；最后，引导社区建立特色合作社。世界宣明会、国际计划、救助儿童会等国际NGO将乡村儿童群体作为干预对象，将乡村社区和乡村学校作为干预空间，基于乡村儿童的福利需求和发展需求开展了一系列有关社区硬件与软件的项目，保障儿童群体在社区中的利益和发展机会的获得。中国乡建院将乡村老人群体作为撬动乡村发展的杠杆，推动其承办内置金融合作社，重新挖掘了其在乡村中的独特优势和独有价值，并解决了其养老难题。

系统方法将社区看作一个整体，支持社区群体掌握社区的发展资源，以确保社区群体拥有决策的权限，实现发展项目优先事项与社区目标的结合。系统方法建立在赋权方法的基础之上，希望通过系统的方法解决社区发展的多元问题，增强社区的内生发展能力。例如，广东绿耕社会工作发展中心将整合的社会工作策略作为开展社区社会工作的方法。2009年，该机构在广州从化仙娘溪村和乐明村开展农村社会工作服务。早期，该机构系统挖掘社区资源，培育乡村旅社妇女互助组、生态种植小组、青梅加工小组等社区组织，采取前店后村的策略促进城乡之间的公平贸易，以回应村民可持续发展的生计需求。2014年以来，该机构运用社区为本的整合社会工作实务模式，逐步实现由社区组织向社区整体的突破，其项目的内容涵盖生计发展、文化保育、环境可持续、社区互助、公共参与等各个方面（张和清、杨锡聪等，2016）。

权力维度的发展干预项目随着国际 NGO 在华规模的缩小而受到影响。中国有相当比例的公益组织长期得到国际 NGO 的支持。从 2008 年北京奥运会到 2017 年《中华人民共和国境外非政府组织境内活动管理法》实施，国际 NGO 随着中国快速的发展而逐步从中国撤出，境外资源的减少直接影响了权力维度的乡村项目规模。此外，随着中国在乡村开展社会主义新农村建设以及脱贫攻坚、乡村振兴等一系列国家战略，各级政府将乡村发展纳入民生公共服务的重点，并在其中凸显了政府的主导性。这些方面的因素在一定程度上促使中国公益组织更多地考虑如何协助各级政府解决其旨在解决的乡村问题。当然，权力维度的方法论本身也存在先天的限制因素。例如，赋权方法论达到赋权效果的周期较长，赋权过程中需要投入大量的人力资本。系统的干预思路侧重发展项目优先事项的完成，难以真正同社区目标结合，项目活动决策权并不掌握在社区民众手中。

（二）凝聚维度的方法论：合作为主导

中国本土的发展干预方法论体现为凝聚的维度。从凝聚的维度来看，合作方法、文化方法、市场方法构成了这一维度的核心要素。

合作方法主要强调组建农民合作组织以实现社区发展。家庭联产承包责任制实施之后，中国乡村村民逐步呈现原子化状态，难以实现有效合作。面对这一问题，学术界形成了新乡村建设理论流派、农民专业合作社理论流派、综合性农业合作社理论流派三种理论流派（魏丽莉，2014）。为培养村民自我发展与管理的能力并推进产业发展和社区服务改善，公益组织受不同理论流派的影响开展乡村发展工作。中国乡建院的农民合作模式受新乡村建设理论流派影响，通过内置金融形成村社一体化的农民组织，构建农民村社合作体。中国扶贫基金会受农民专业合作社理论流派影响，在发展乡村旅游的各个项目村建立了乡村旅游合作社。合作社的职能为承接产业对接，实现小农户与市场的有效连接。蒲韩种植专业合作联合社和南塘兴农合作社是综合性农业合作社理论流派影响下的产物，致力于提供多元化的社区服务。从上述三类实践看，公益组织推动农民组织化的基本路径有三种：第一种，重构乡村社会资本，增加村民合作收益，打造村社共同体；第二种，建立专业合作社，通过乡村社区产业建设改善村民生计，带动乡村社区各方面的发展；第三种，建立综合性合作社，系统地促进乡村社区发展。

文化方法着重帮助社区建立对自身文化的反思性认识，明确社区发展的文化根基，在此基础上诊断发展面临的问题，寻找发展的方向。中国乡村具有深厚的社区文化传统，特别是西南山区保留着最深厚、最系统的乡村文化根基。社区文化传统是联结社区内政治、经济、社会各方面的重要纽带。对社区文化传统的挖掘和利用，成为新的社区干预方法。以昆明市呈贡区梦南舍可持续发展服务中心在云南西双版纳四个民族村庄的农村发展项目为例。该机构本着以村庄为主导、以文化为依托的基本理念，在四个民族村庄开展了三类协作活动：第一类，促进传统村庄组织在公共议题中的参与，鼓励青年围绕兴趣产生核心小组，项目团队则从旁协作；第二类，利用村庄调查帮助社区成员重新认识自身和社区，采取共同行动，逐步形成文化自觉；第三类，推动建立跨社区交流平台，促进参与村庄的身份认同和相互支持。该机构尝试将村庄文化作为社区发展的牵引力，通过文化自觉与文化反思，在村庄开放空间中重建村庄文化主体性。

市场方法一般是指社区通过一系列内部整合与合作，形成一定产业基础，实现与市场有效连接。随着市场经济的不断发展，乡村和城市逐渐分化成市场的供给端和需求端。在以社会企业等市场化手段推进中国公益领域转型的过程中，关注乡村发展的国内公益组织开始涉足市场的运作，以生计介入的方式开发乡村产品，通过另类的城乡合作或者纯粹的市场路径来帮助乡村农户群体创收致富。当前，公益组织对市场的运用主要有两方面的关键点：第一，确保社区内部关系的重塑不因受到市场影响而出现紊乱；第二，在社区内部建立一个对接外部市场的组织主体，一般是合作型社区组织。四川海惠助贫服务中心是非常典型的市场导向型公益组织。该机构从20世纪80年代就开始探索市场化的生计干预，经历了三个阶段：第一阶段依托从海外引进的优良畜牧品种，打造有市场竞争力的畜牧农产品；第二阶段打造社区内部紧密的互助体系，从而提升社区畜牧产业与市场对接的整体性能力，解决小农户与市场无法对等对接的难题；第三阶段将社区畜牧产业嵌入市场价值链，形成长效稳定的农户受益机制。

发端于本土的凝聚维度为中国公益组织开拓出参与乡村发展的新路径。

这一路径既继承了新乡村建设理论流派的实践经验，又植根于中国乡村发展的现实。乡村的原子化带来的碎片化问题制约了乡村发展。形成乡村群体的内在凝聚无疑是打破这一制约的关键。公益力量探索的推动这一内在凝聚的方法就是组建合作组织或者重建文化共同体，从而形成乡村的"再团结"。组建合作组织强调借助组织的形式达到合作长久的目的。重建文化共同体则是借助文化的主体性来产生村庄长久的凝聚力。市场的方法则是从外部的视角推动社区的内在链接，促使社区以整体的形式对接市场的价值链条。然而，凝聚维度的方法论也有先天的缺陷。例如，该方法论实质上更重视产业发展、收入水平提高、文化活动增加等显性成果，并不将农户的能力提升和权利保障作为工作的核心，因而可能会模糊发展的主体，不利于调动农户的积极性。另外，文化方法和市场方法的运用受乡村自身条件的影响较大。除了西南边陲地区，中国大多数乡村保有自身社区文化根基的能力非常弱。即使是在西南地区开展的文化干预行动，也要受社区外部系统的影响。公益组织如何在保有社区文化系统的前提下有机对接外部的政治、经济、社会系统，需要长期探索。市场方法的限制则表现在乡村是否接近外部市场，是否具备生产特色产品或服务的资源禀赋。

总体上，在过去 40 年中，公益力量参与乡村发展的方法论经历了以赋权为主导的方法论向以合作为主导的方法论的转变，以及单一方法论向混合式方法论的转变。以往公益组织在乡村发展中强调赋权，强调关注弱势群体，强调系统的解决方案，注重过程导向的工作模式，难以迅速让政府和社会公众看到成效。随着社会主义新农村建设、脱贫攻坚以及乡村振兴的推进，公益组织鉴于不断变化的政治、经济、社会环境，发展出以合作为主导的方法论，主动适应中国的政策框架。公益组织的合作方法论以两种类型呈现：第一种类型是经济合作，指构建市场型合作组织，实现可持续生计；第二种类型是服务合作，指围绕社区资源、社区公共服务需求、社区公共设施展开自主管理合作。尽管如此，权力维度的方法论并没有完全退出历史舞台，而是在修正和发展后融入了凝聚维度的方法论。例如，赋权方法在现阶段主要体现为对服务合作组织的赋权，而非对农户个人的赋权。系统方法在乡村综合发展过程中仍得到广泛采用，并与其他方法结合，产生多种多样的乡村综合发展模式。

三 公益力量参与中国乡村发展的成效与问题

（一）公益力量参与中国乡村发展的成效

国际 NGO 和中国公益组织在过去的 40 年中，动员了国际国内大量的公益资源投入中国乡村发展行动中。自 2004 年《基金会管理条例》颁布实施以来，民政部依法登记的 19 个境外基金会代表机构，累计在中国（不包含港澳台地区）实施了 1714 个公益项目，总投入超过 40 亿元，其中，2011 年的公益项目支出为 10.5 亿元。根据云南省国际民间组织合作促进会《境外非政府组织发展及管理研究》的统计，国际 NGO 在滇的项目资金投入 2003 年是 3200 万元，2004 年是 5300 万元，2005 年是 8600 万元，2006 年达到 1.2 亿元（张木兰，2014）。根据中国发展简报 2005 年发布的国际 NGO 名录，当时有超过 300 个国际 NGO 在华开展发展项目工作，每年的投入资金约为 2 亿美元。国内外公益资源中的绝大比例落在乡村发展领域。

减贫是国际 NGO 和中国公益组织在乡村发展中最为关注的一个议题。在 2000 年之前的扶贫工作中，公益组织发挥了不可忽视的作用。根据曲天军（2002）的统计，1986—1993 年的 NGO 扶贫投入不超过 40 亿元，1994—2000 年的 NGO 扶贫投入为 527 亿元。由此估算出 NGO 在 1986—2000 年的扶贫贡献率为 24.6%。在脱贫攻坚战的进程中，公益组织实现了最大程度的参与，无论是参与的组织数量，还是开展的扶贫公益项目，抑或受益的群体规模都达到历史新高。据民政部（2019）的不完全统计，正式立项开展脱贫攻坚的全国性社会组织共有 686 个，2018 年共开展扶贫项目 1536 个，扶贫项目总支出约 323 亿元，受益建档立卡户约 63 万户，受益建档立卡贫困人口约 581 万人。根据民政部（2021）的统计，脱贫攻坚以来，全国社会组织共实施扶贫项目超过 9 万个，投入各类资金 1245 亿元，为决战决胜脱贫攻坚做出重要贡献。

公益力量在参与中国乡村发展方面探索了诸多模式与典型案例。先后有多位学者对不同阶段的典型机构和案例进行了系统、深入的学理总结，如中国人民大学仝志辉教授等著的《农村民间组织与中国农村发展：来自个案的经验》（2005 年），刘海英博士主编的《大扶贫：公益组织的实践与建议》（2011

年)、中华女子学院杨静教授、陆德泉博士主编的《在地人形:本土农村社区组织工作探索》(2013 年)、中山大学张和清教授、香港理工大学杨锡聪老师等著的《社区为本的整合社会工作实践:理论、实务与绿耕经验》，杨静教授编著的《悄然而深刻的乡土变革:本土性农村社会工作探索》(2018年)。在笔者看来，综观公益组织在中国乡村发展中的行动，要产生重要的政策与社会影响力，需要具备以下条件:具有动员可持续公益资源的能力，在此基础之上，能够形成穿透社区之网和制度之网的公益方案并形成村民和政府认可的公益产出。公益力量主导建设的波多罗村、郝堂村、河边村都具有上述特征。当然，还有诸多成功的公益实践案例，如蒲韩社区模式、周山村模式等。

公益力量在不断参与乡村发展的过程中，拓展了其行动空间。最初，公益力量都是自主地在乡村寻找自身的行动空间。随后，以国际 NGO 为主导推动的公益力量聚焦西部乡村，重点关注以村民为中心的主体性建设。此后，随着国内公益力量的社会土壤不断肥沃以及国家对于公益力量的逐步重视，以国内公益组织为主导的公益力量尝试在国家战略中寻找与政府的对接点，通过公益资源和国家资源的互补实现公益价值与国家战略的双赢。

(二)公益力量参与中国乡村发展的问题

公益力量参与中国乡村发展面临多方面的挑战与困境。最为关键的挑战是公益组织对于中国乡村发展不同阶段关键问题的认识与回应不足。自实行家庭联产承包责任制以来，特别是农村税费改革以来，乡村随着城市不断现代化而持续走向衰落。在这样的进程中，如何阻止不断的衰败并形成与城市有机互动的发展路径是乡村发展中的关键问题。总体而言，公益力量对于这一问题的回应不够系统和深入。这样的公益困境主要来源于公益资源利用的低效和公益专业能力的不足。中国的公益资源始终存在传输链条长、传输渗漏多的问题。众所周知，中国的公益资源绝大多数集中在东部一线城市和发达省份，而乡村发展的重心在中西部的偏远乡村。公益资源必须经过东部多层级的公益组织逐步传递到西部的基层公益组织。在这样的过程中，由于公益组织本身的机构消耗和资源传输渗漏，到达西部基层公益组织手中的资源就会不足。另外，在中西部乡村发展第一线的公益组织绝大多数缺乏专业队伍和专业能力。这一短板无疑会让一线的公益组织在回应乡村问题方面选择跟机构能力匹配的方向，而非抓住乡村发展的核心。最终的结果是一线的公益组织一直在解决乡村发展问题的道路上，对于如何彻底解决乡村发展的问题处于迷茫状态。特别是近年来，中国重视并持续推动乡村发展，不断以脱贫攻坚、乡村振兴这样的重大战略来增强解决乡村问题的政治决心。在这样的背景下，公益组织如何适应乡村建设中强大的国家力量并与之形成有力的互补关系是近期的重要挑战。

四 公益力量对接乡村振兴战略的展望

随着 2020 年脱贫攻坚圆满收官，中国乡村迎来新的重大发展机遇。中国将通过全面推进乡村振兴，确保到 2035 年基本实现农业农村现代化。未来的 15 年将是中国乡村巨变的关键时期。公益力量从未像这一时期身处乡村的重大转型期，亟须在过去工作积累的基础之上更新并创新机构的战略与策略，从而发挥其应有的补充性作用。在乡村振兴的初期推进中，公益力量首先要找准与乡村振兴战略的对接点。这样的对接点包括：乡村振兴重点关注的五大方面，地方政府亟待推进但是面临很多制约的方面，公益组织能够形成专业竞争力的方面。公益力量通过特定的对接点，可以与基层政府形成密切的合作关系。在过去，公益力量并不适应与基层政府构建紧密合作的关系，更多的是希望基层政府为其搭建行动平台，从而相对自主地落地公益项目。随着国家力量通过驻村工作队、乡镇政府等不断地进入乡村开展公共服务，公益力量必须学会如何在乡村的场域中与不同的政府主体进行工作互动、互补、互塑。互动、互补、互塑的新型合作关系，将为公益力量开拓新的行动空间，使之成为国家的有力助手，并将促进国家与农民间构建更加平等的权利关系。

基于上述展望前景，本书征集到 15 个基于乡村振兴视角的公益案例。这些公益案例尽管形成于不同的时期，但总体思路都与乡村振兴关注的重点保持一致。这些公益案例在产业振兴、人才振兴、文化振兴、生态振兴、组织振兴等方面各有侧重。

在产业振兴方面，中国扶贫基金会基于产业扶贫的视角探索出百美村宿乡村旅游项目，又着眼于乡村振兴的方向拓展了乡村旅游模式的内涵。勐腊小云助贫中心在云南省勐腊县河边村开展了脱贫攻坚与乡村振兴衔接的实验。这一实验始终围绕中国在不同阶段对乡村产业发展的规划要求，进行提档升级，不断促进产业兴旺，推动河边村村民的共同富裕。

在人才振兴方面，林文镜慈善基金会以"大地之子计划"为案例，呈现了公益组织培育乡村发展带头人的路径与策略，通过乡村在地人才激发村庄内生力量，与村庄外部力量协同发展，最终实现乡村振兴。昆明市西山区永续动力城乡社区服务中心以昆明市大墨雨村为例，展示了新老村民群体如何在村庄中生成新的社区服务，夯实了社区自身存在的根基并积极搭建城乡之间平等互动的桥梁，进而探索乡村如何重新成为生活方式和经验的输出地。

在文化振兴方面，中国妇女发展基金会实施的天才妈妈项目，旨在呼应乡村振兴战略，组织乡村妇女参加非遗传续与生产性保护开发，运用市场化、产业化思维将非遗技艺转变为文化消费市场的潮品，在乡村振兴中充分发挥妇女作用，促进妇女发展。陕西嘉义妇女发展中心积极采取系列行动，系统提升陕西省渭南市堦子村妇女内生能力，支持妇女弘扬非遗草编文化，有效盘活乡土文化资源，发展地方草编特色产业。昆明市呈贡区梦南舍可持续发展服务中心在云南省西双版纳州章朗村以布朗族文化为切入点，对该村的生计发展、生态保护和文化传承问题进行干预，逐步恢复了该村优美的自然和文化生态，探索出适宜的经济发展方式。

在生态振兴方面，社区伙伴、云南高黎贡山国家级自然保护区保山管护局腾冲分局开始与腾冲北部的多个乡镇、保护区周边、腾越镇周边社区的老年协会及其他社区组织合作，以非经济因素为动力，推动以自然和文化为基础、以社区为本的生物多样性保护行动，建立了社会生活与自然的连接关系。成都城市河流研究会在招商局慈善基金会的资助下，将村民生活条件改善、能力提升和社区公共事务参与有机结合，以村民为主导、以社区自组织为载体，探索实现社区可持续发展和环境保护的双赢目标。

在组织振兴方面，中国乡建院持续参与河南省信阳市郝堂村建设，基于村庄不同发展阶段进行多重机构定位和选择，介入该村的发展进程，切实保障农民的主体性地位，促进该村的全面发展。爱德基金会以凌云县瑶族社区可持续发展协会为项目案例。该协会的发展路径和过程相对完整地呈现了爱德基金会参与乡村振兴的理念方法和作用机制，深刻地诠释了爱德基金会在乡村振兴中对农民主体地位的尊重，对农民积极性、主动性、创造性的激励。成都蜀光社区发展能力建设中心就改善农村发展项目的治理，进行了大量的试点探索，包括强化目标群体决策权、确保受益群众的主体地位、坚持公开透明、促进社区合作行动、促进社区可持续管理等。广东绿耕社会工作发展中心在广州市从化区仙娘溪村和乐明村持续深耕 10 年，以激发和重建村民主体性为工作主线，提出并实践了"生计可持续—文化保育—环境保护—社区互助—公共参与"的"五位一体"工作框架，推动村民自组织的发展和联合。广东省绿芽乡村妇女发展基金会发挥自身资源优势，以赋能妇女、培育乡村妇女自组织为切入点，让乡村妇女在参与乡村振兴中发挥重要作用。陪伴一名乡村妇女"从 0 到 1"成长起来、从培养一名乡村妇女到一群乡村妇女、从支持一个村庄到多个村庄，是绿芽基金会撬动公益资源助力乡村振兴的基本路径。韶关市乡村振兴公益基金会在广东省韶关市采取两种不同的模式——统规统建和共同缔造，参与 8 个项目村庄建设以及支持村庄开展多种形式的社区活动、农业培训等。

参考文献

陈思堂，2012，《参与式发展与扶贫：云南永胜县的实践》，商务印书馆。

何道峰，2018，《中国扶贫基金会改革发展简史（1989~2015）》，社会科学文献出版社。

民政部，2019，《民政部举行社会组织参与脱贫攻坚工作专题新闻发布会》，6 月 28 日，http://www.mca.gov.cn/article/zwgk/xwfbh/n16/index.htm，最后访问日期：2021 年 7 月 23 日。

民政部，2021，《国新办举行民政事业改革发展情况发布会》，2 月 23 日，http://www.scio.gov.cn/xwfbh/xwbfbh/wqfbh/44687/44940/index.htm#1，最后访问日期：2021 年 4 月 27 日。

曲天军，2002，《非政府组织对中国扶贫成果的贡献分析及其发展建议》，《农业经济问题》第 9 期。

人民网，2019，《民政部：开展脱贫攻坚的全国性社会组织 686 家》，6 月 28 日，http://society.people.com.cn/n1/2019/0628/c1008 - 31202436.html，最后访问日期：2021 年 4 月 19 日。

搜狐网，2008，《中国第二届中国发展市场支持民间创新共建和谐社会》，10 月 19 日，https://gongyi.sohu.com/20081019/n260118768.shtml，最后访问日期：2021 年 8 月 27 日。

魏丽莉，2014，《农民组织化理论流派及其比较》，社会科学文献出版社。

张和清、杨锡聪等，2016，《社区为本的整合社会工作实践：理论、实务与绿耕经验》，社会科学文献出版社。

张木兰，2014，《国际 NGO 中国生存报告》，《公益时报》9 月 2 日，第 4 版。

中国扶贫基金会，2007，《企业、非政府组织和政府首度合作 共同探索在贫困地区构建和谐社会》，1 月 26 日，http://www.cpad.gov.cn/art/2007/1/26/art_4_5695.html，最后访问日期：2021 年 4 月 12 日。

中国政府网，2008，《广西将率先全面开展社区主导型扶贫发展项目试点》，6 月 23 日，http://www.gov.cn/gzdt/2008-06/23/content_1024481.htm，最后访问日期：2021 年 4 月 13 日。

第一部分

公益力量对接产业振兴

1

"乡村旅游＋"模式的探索过程分析

——以中国扶贫基金会百美村宿项目为例

王　军[*]

2020 年，中国如期完成脱贫攻坚的重要工作。按照党中央的部署，从 2021 年起需要做好巩固拓展脱贫攻坚成果与乡村振兴有效衔接，为全面推进乡村振兴战略做好关键性的过渡。中国在脱贫攻坚阶段就非常重视发挥社会力量的作用，并引导社会组织参与到这一进程中。中国扶贫基金会（以下简称"扶贫基金会"）作为中国扶贫公益领域规模最大、最具影响力的公益组织之一，自 1989 年成立以来持续关注乡村的贫困与发展问题。自中国开展脱贫攻坚战以来，扶贫基金会紧紧围绕党中央关于打赢脱贫攻坚战的重大决策部署，致力于健康扶贫、教育扶贫、产业扶贫、救灾扶贫、公益伙伴支持、国际扶贫和扶贫倡导等领域的工作，建立了完整、系统、科学的项目管理制度，稳步推进各领域项目的实施。在脱贫攻坚阶段，扶贫基金会基于产业扶贫的工作思路，探索出百美村宿乡村旅游扶贫项目（以下简称"百美村宿项目"），并形成了"乡村旅游＋"的扶贫模式。

随着中国在新阶段的政策调整与转型，扶贫基金会顺势丰富"乡村旅游＋"模式的内涵，深度回应乡村振兴战略的"产业兴旺、生态宜居、乡风文明、治理有效、生活富裕"二十字方针。扶贫基金会将发展乡村旅游视作扩大乡村内需的良好载体，在旅游产业发展过程中对乡村环境提档升级，带动建筑、建材、家电等新需求及其他一些消费场景，成为促进消费的抓手。扶贫基金会将发展乡村旅游定义为乡村建设的一种方式，以此促进对传统村落和乡村风貌的保护，完善乡村水、电、路、气、通信、广播电视、物流等基础设施，改善乡村人居环境。扶贫基金会实施百美村宿项目，可以探索推进农村土地改革。城市外来资本介入乡村发展涉及现有土地政策、土地承包

＊　王军，中国扶贫基金会副秘书长。

权与经营权的分置等。此外，扶贫基金会在百美村宿项目中最大限度地保护乡村建筑、文化、环境，通过一些市场化的可持续方式，让绿水青山变成金山银山。扶贫基金会在发展乡村旅游时，始终坚持以村民为主体，激发村民参与的积极性，激发村民的内生发展动力。百美村宿项目依托建立农民合作社的方式，确保集体资产的所有权归村民，主要的收益权归村民，绝大部分收益由所有村民共享，确保绿水青山是村民的金山银山。扶贫基金会在百美村宿项目中不断推动村庄村民、政府、社会组织、市场主体以及其他利益相关者之间的交流合作，打造共建、共创、共享、共治的局面。

一 扶贫基金会百美村宿项目的实施背景

扶贫基金会基于乡村发展旅游产业的必要性与可行性，选择以"乡村旅游＋"的扶贫模式改善村庄生产生活环境、激发乡村发展活力。发展乡村旅游的必要性来源于产业扶贫在乡村扶贫中的重要地位。扶贫基金会在反思、梳理所有农村项目的基础上得出结论：相比教育扶贫、健康扶贫等其他方式，产业扶贫是最为根本的扶贫方式。习近平总书记2016年在宁夏考察时也强调"发展产业是实现脱贫的根本之策"（新华网，2016）。因此，农户在旅游产业发展起来后获得源源不断的收入是实现乡村稳定脱贫的重要路径。同时，发展乡村旅游能够契合乡村发展其他方面的要求。发展乡村旅游需要打造丰富多彩的自然景观和人文景观，为游客提供最佳的旅游体验。这一前提条件直接成为推动乡村整体环境整治和传统文化保护的动力。乡村旅游产业的发展还能成为年轻人的返乡基础，吸引年轻人返乡工作，从而有效促进乡村留守儿童、留守老人等社会问题的解决。发展乡村旅游的可行性则来源于经济、社会的发展和村庄的自然禀赋。以往贫困地区的交通极不便利，难以吸引客源。经济发展后，贫困地区的交通条件有了很大改善。随着公路、铁路网覆盖到偏远地区，发展乡村旅游在基础设施方面的障碍逐渐被消除。此外，物质生活条件的丰富催生了人们提高生活品质的需求。越来越多的游客在假日期间驾车到乡村休闲娱乐，享受沉浸式、体验式的旅游。乡村旅游的市场自此产生，一部分在建筑、历史、人文、自然风光等方面具备天然优势的村庄发展旅游业水到渠成。经济、社会的发展和村庄的自然禀赋，共同奠定了发展乡村旅游的物质基础。

扶贫基金会在肯定"乡村旅游＋"扶贫模式作用的同时，预见到发展乡村旅游可能会存在的瓶颈。首先是规模的瓶颈。与发展种养业相似，独户经营、单产责任制的方式无法控制产品质量，也不能增强农户抵抗市场风险的能力。乡村旅游的可持续发展需要扩大规模，一方面能支付雇用专业运营团队的成本；另一方面能产生集聚效应，吸引到更多的游客。其次是能力的瓶颈。乡村地区能力较强的青壮年大都外出务工，留下的大多是老弱病残类人群。这部分人群本身属于弱势人群，各方面的能力普遍较低，更不具备运营旅游产业的能力。最后是启动资金的瓶颈。在乡村地区开展规模较大的扶贫项目需要投入大量资金，而乡村地区的贫困农户并没有充足的资金准备，因而制约了乡村的脱贫进程。

扶贫基金会在参观学习河南郝堂村等典型的旅游村庄后，形成了发展乡村旅游的基本思路，从公益视角重申了社会公平、弱势群体保护等原则的重要性。扶贫基金会发现，一些扶贫项目产生的收益并不真正属于全体贫困农户。有些贫困农户在初期因为能力、眼界不足，不敢参与或很少参与。当村庄旅游产业发展起来后，这些贫困农户因加入门槛越来越高，更无法参与其中。扶贫基金会认为应在项目启动时就建立一种机制，确保旅游业发展起来后的收益与贫困农户有直接的关联，让绿水青山变成贫困农户的绿水青山，而非少数人的"金山银山"。针对发展乡村旅游可能存在的资源瓶颈，扶贫基金会在开展项目前确定了两条基本路径：一是作为公益机构，筹集项目的启动资金，改善项目村薄弱的基础设施，整治脏乱差的村庄环境；二是发挥公益机构的平台作用，聚集规划、设计、运营、宣传、文创产品开发等各方面的社会资源。

2013 年，扶贫基金会正式启动百美村宿项目，旨在搭建贫困乡村和外部联结的平台，积极引入社会资金、信息和人才等要素，重估贫困村的价值，创造以村为本的发展机会。扶贫基金会在开展百美村宿项目的过程中，通过推动村庄基础设施建设、社区融合体系搭建以及开展相关活动，改善项目村的生产生活环境。同时，扶贫基金会以合作社的机制，促进乡村旅游、住宿、餐饮、农副产品销售等产业融合发展，最终达到激发乡村发展活力、带动乡村经济发展的目标。

二 扶贫基金会百美村宿项目的发展阶段

百美村宿项目自实施以来，在筹资、选点、规划、运营等方面都进行了一定程度的调整，总体上可以分为三个阶段，每个阶段各有其实施重点。

（一）2013—2015年：独具公益视角的尝试

2013年，扶贫基金会在前期参访研究的基础上开始筹措资金，进行"乡村旅游＋"模式的实地探索。扶贫基金会的长期合作对象——中国民生银行对这一模式的相关理念十分认可，资助扶贫基金会开展第一期项目试点。贵州省黔东南苗族侗族自治州台江县反排村是百美村宿项目中第一个开始建设的村庄。该村庄是一个拥有千年历史的苗寨，不仅建筑保存完整、人文特点鲜明，还保存着木鼓舞（被誉为"东方迪斯科"）等丰富的国家非物质文化遗产，十分适合尝试"乡村旅游＋传统古村落保护"的模式。

扶贫基金会确定选点后，紧锣密鼓地开始了民宿建设。苗寨的房屋大都依山而建，且没有相应的规划，整体布局上较为凌乱。同时，这些房屋内部隔音不好，没有配备卫生间，不符合民宿的基本要求。因此，扶贫基金会寻找贵州省建筑设计研究院的专业建筑师，在保护传统的前提下，对村落的房屋进行整体规划与改造。这位建筑师承担过贵州省许多村庄的区域规划和村庄规划，其设计水平曾得到贵州省政府主要领导的好评。他在了解百美村宿项目后，十分认同扶贫基金会的理念，并表示对设计费没有要求，"即使亏钱也愿意做"。随后，他很快投身紧凑的调研中，完成了房屋硬件方面的设计，包括隔音处理、增设卫生间、修建公共活动大厅等。扶贫基金会的工作团队则在内部商议后，确定了民宿内部床、被褥、饰品等软饰的设计。

为保证收益由全村人共享，扶贫基金会在试点中帮助村庄成立合作社，建立了分红机制。反排村村民都成为合作社成员，每个成员占一股。较为贫困的社员可以在百美村宿项目中获得一定的资源倾斜，例如优先改造房屋、优先获得发展旅游新增的岗位、在一定程度上增加在合作社中的收益比例等。合作社在初始规划中还需要负责百美村宿项目的具体运营。在成立之初，村庄农户选举产生了合作社管理层的主要成员。虽然管理层主要由当地威望较高的苗族人组成，但他们的年龄偏大，运营民宿的能力有较大的短板。扶贫基金会决定寻找专业民宿运营商,解决民宿的运营问题。经过多方对比后,扶贫基金会最终与雷山县西江千户苗寨景区最热门的一家民宿运营商双向选择、达成一致。这家运营商有着丰富的民宿经营经验,并且对百美村宿项目的模式和反排村的村庄形态十分满意,最终与扶贫基金会确立了长期的合作关系,负责反排村民宿的整体经营。

2016 年,百美村宿在反排村的民宿正式开业。经过近三年的建设,反排村的整体规划和村庄环境有了明显改善。村内的合作社号召成员保护村庄环境,共同整治村庄卫生环境。此外,合作社将收益划出一部分,与政府共同出资保护村庄的传统文化。这部分资金主要用于寻找并延续山中祭祀、木鼓舞等文化传承,并将其改造成适合游客参与的文化活动。这样的做法既增加了村庄的旅游收益,又保护了村落的传统文化。

百美村宿项目虽然在反排村的试点取得了一定进展,但在选点和规划设计等方面仍暴露出较明显的问题。虽然反排村的建筑、人文、自然景观都很有看点,甚至每年都有外国游客入住体验,但选择这个项目村庄在当时仍属"超前"——试点时还没有柏油路直通这个偏远的村庄,交通很不便捷。从县城前往反排村有一个多小时的车程,且道路十分不平整,天寒地冻时更是无法通行。在规划设计方面,反排村的民宿建设对市场需求和经营收益的考虑有所欠缺。建筑师的设计从建筑角度完整地保留了其传统性,但因为对旅游市场的运营不擅长,很难非常准确地从提升游客体验感的角度做更精致的优化。同时,反排村的试点项目建设了过多公共设施(如娱乐大厅、活动大厅等),只改造了 2 套房屋、建起 8 间民宿。民宿的类型也较为单一,上下床青年旅舍式的民宿虽然能容纳较多的游客,但不能吸引高端客户。在总量和类型的双重影响之下,反排村民宿的最终收益只能覆盖招聘管理人员的人工成本,实际收益率较低。最后,扶贫基金会在项目开展过程中因新建的文化中心要占用村里一小块公共的水塘而遭到反排村少数苗族村民的阻挠,导致征地花费了较长的时间,从而导致项目的建设周期被拉长。

除反排村之外,扶贫基金会同期还启动了河南三个村庄的试点项目。这三个村庄的项目运作与反排村基本一致:扶贫基金会首先选点,确定选取的村庄适不适合开展百美村宿项目,接着寻找专业的建筑师进行规划设计,然后在民宿改造过程中寻找专业的运营商负责日常运营。由于这三个项目暴露出的问题与反排村项目相似,扶贫基金会的工作团队进行了及时复盘,明确了下一阶段的调整方向。

（二）2015—2019年：侧重市场导向的调整

2015年，扶贫基金会受韩国三星集团资助，为新项目选点。对比1.0阶段，扶贫基金会在2.0阶段的选点工作有了更大的自主性。三星集团不指定项目的实施县域，而是支持扶贫基金会严格按照乡村旅游的市场逻辑开展项目。

扶贫基金会吸取百美村宿1.0阶段的经验教训，首先选择距离北京这一大都市较近的河北省作为2.0阶段的实施区域。随后，扶贫基金会发函河北省扶贫办，请对方推荐合适的村庄，从而得到5县25村的名单并展开了三轮筛选。在第一轮筛选中，扶贫基金会通过实地考察，将名单中距离北京较远以及自身特点不鲜明的村庄排除。扶贫基金会组织旅游产业专家和专业运营商共同参与第二轮筛选，评审出两个较为合适的村庄。最后一轮筛选则以答辩的形式进行。扶贫基金会比较了两村的综合实力、发展意愿及其所在县域的政府支持力度，最终选择涞水县南峪村为2.0阶段的首个项目村。

项目选点完成后，扶贫基金会为使百美村宿项目更适应市场需求，在规划设计过程中就听取了运营商的专业建议。运营商向扶贫基金会推荐契合其理念的建筑师，设计出符合市场定位的旅游产品。自此，在南峪村民宿改造的过程中，硬件和软饰的设计都遵循市场导向的逻辑，为游客提供了更为个性化、有内涵的旅游体验。在这种模式下，运营商在南峪村的规划、建设、运营各个环节中有主要的决策权，但是在项目中的投入比例较低，产生了很大的合作风险。因此，扶贫基金会与运营商达成协议，在测算成本收益的基础上规定了每年的基础收益。运营商需在收益不达标时自行补上差额，从而减少彼此的合作风险。

2017年，南峪村改造完成的两套民宿试运营，第一年即达到80%的入住率。两套民宿每间每晚的平均房价为1400元，远超1000元的预期。扶贫基金会在此基础上按同一模式在南峪村开展了两期项目，共改造了15套民宿。南峪村项目的成功帮助扶贫基金会确立了三个选点标准：第一，村庄接近市场，在大城市周围两个半到三小时车程内或靠近大型景区；第二，农户及村两委的内生发展动力较强和能力水平较高；第三，村庄所在县域的政府支持力度较大，尤其是得到县级主要领导的认可。更重要的是，南峪村试点项目显著的收益效果验证了市场参与选点、参与策划、参与设计、主导运营的正确性。公益先行向市场先行的模式转换，使百美村宿项目的产品定位更精准。专业运营商在日常运营中对农民合作社的替代，更有利于提高旅游产品质量及开拓旅游市场。

南峪村项目在取得良好收益的同时，还存在运营商选择余地小、产品开发深度不够、民宿规模小、村庄内生动力不足、政府部门支持力度较小等深层次问题。在运营商选择方面，如何寻找更多优质的运营商是百美村宿项目进一步发展的难题。南峪村项目成功的关键是选择了合适的运营商，有一定的偶然性。此外，多家运营商参与竞争更可能博弈出有利于农户的方案，保证农户利益最大化。在产品开发深度方面，当前阶段百美村宿项目提供的乡村旅游产品主要是民宿，只能满足游客住宿体验的需求，没有其他消费场景，不能满足人们多样化的旅游需求。这种浅层次的体验既无法吸引游客在村庄长时间停留，也无法通过刺激消费给村庄带来更多的收益。在民宿规模方面，单个民宿的号召力有限，发展乡村旅游需产生集聚效应。百美村宿项目的落地村庄往往是比较偏僻的贫困地区，其附近可能还是个旅游"生地"，尚未形成具有影响力的旅游市场。在这种情况下，单个民宿体量小、产品单一。不同主题的民宿需要集合起来，共同宣传推广、打造旅游场景，给游客带来丰富多彩的体验。在村庄内生动力方面，合作社成员的参与度不高，内生动力的激发不足。扶贫基金会在各项目村中都派遣了一名项目经理推进工作，希望由项目经理引导合作社成员提升自身能力。然而，合作社成员往往持观望态度，并不参与实际工作。一旦扶贫基金会结束项目，村庄的可持续发展就会难以保证。在政府部门支持方面，发展乡村旅游需要政府各个相关部门的配合与支持。扶贫基金会非常重视县级主要领导的支持，因为他们可以协助机构快速解决政策相关的问题。

（三）2019年至今：契合政策导向的完善

党的十九大报告提出乡村振兴"产业兴旺、生态宜居、乡风文明、治理有效、生活富裕"二十字方针后，扶贫基金会发现百美村宿项目与这一方针十分契合。在产业兴旺方面，百美村宿项目能够通过服务业这一"三产"的发展促进食品加工、流通包装等"二产"的发展，并借助"二产"带来的需求推动种植业、养殖业等"一产"的发展，从而服务于整个乡村经济的发展。与其他产业扶贫项目不同，其"乡村旅游+"的模式能在较短时间内产生成效，且能带动更多村民参与。在生态宜居方面，百美村宿项目实施的前提是完成对村庄环境的整治，打造宜居村庄。保证村庄的卫生、整洁、美丽是发展乡村旅游的基础，是旅游村庄的必备特征。在乡风文明方面，百美村宿项目重视挖掘乡村传统文化，并将之转化成可体验的文化活动，让游客感受到传统乡村的淳朴民风和乡土气息。村委会在获得发展旅游产业的部分收入后，会将之用于激励村庄的好人好事（如孝敬公婆、孩子考上大学等），从而保留传统宗族文化中好的一面。在治理有效方面，发展乡村旅游势必涉及村民、政府、市场主体、游客等各个主体，利益分配的合理性和可持续性是乡村旅游顺利发展的重要因素。扶贫基金会考虑到村干部能力不足的现实，在百美村宿项目中建立了农民合作社，推进了治理体系改革。在这一市场导向的中高端旅游的扶贫项目中，合作社成为全村资源的管理方和利益分配方，合作社理事长是资源的拥有方和利益关系的代表与协调方，专业的市场第三方则负责实际的运营，从而实现村庄资产的所有权和经营权分开，探索村民、合作社、市场主体有效参与乡村治理的模式。旅游产业的发展提供了工作的机会，吸引一些外出务工的人返乡，进而解决了村庄中留守老人、留守儿童等社会问题。在生活富裕方面，旅游产业的发展使农户有了更多收入，离小康生活又近了一步。

2019年，扶贫基金会为更好地对接乡村振兴战略，进一步完善了项目的模式，制定了项目操作五年规划，将百美村宿项目推向3.0阶段。扶贫基金会将自身重新定位为"乡村美的发现者和推荐者"，试图通过百美村宿项目推动乡村可持续发展。百美村宿项目3.0阶段的整体策略是整村刻画、运营先行、设计引领、合作共生。对比前两个阶段，3.0阶段主要产生了五大变化。第一个变化是民宿规划和内容规划同步进行。扶贫基金会在选择项目村庄时，不仅会与民宿运营商一起考察，还会邀请擅长亲子游、动植物保护等旅游主题的内容运营商共同参与村庄的整体规划。例如，扶贫基金会在2020年末联系了内容运营商"太阳社"。"太阳社"擅长招收和带领城市高收入人群的孩子体验乡村，并组织一些美国人跟孩子们用英语交流和表演。由于民宿规划和内容规划同步进行，民宿初始规划中就加入了一个墙上有镜子的大厅，保证"太阳社"的活动后续可以在其中直接开展而不需要依托其他公共设施。扶贫基金会计划在未来效仿万达招商模式，建立起一个强大的内容运营商复合体。第二个变化是打造多品牌的集群模式，开发青海、甘肃等偏远地区的旅游资源。这些地方较为贫困，又比较偏远且很少靠近景区。扶贫基金会经过考察后认为，大漠的沧桑荒凉也可以作为旅游资源吸引游客。扶贫基金会借鉴莫干山这一典型民宿集中地的经验，号召其他品牌参与，共同探索在偏远地区发展旅游产业的模式。第三个变化是扶贫基金会将自身在项目中的定位调整为"资源的导入者"与"模式整体的策划者"，将工作人员从项目一线撤出，更加致力于提升合作社的治理能力。在 2.0 阶段，扶贫基金会派遣项目经理在项目村庄驻点 3 年，负责所有规划和运营工作。扶贫基金会不仅需要支付项目经理的工资，还需承担项目经理辞职的风险。更重要的是，这一阶段很多合作社的理事长和社员年龄偏大，对很多政策文件和项目细节无法理解，无形中被逐渐边缘化。扶贫基金会认为人的转变是乡村发展中最为核心的部分，因此在 3.0 阶段确保至少有村庄的两名年轻人参与项目的具体操作。扶贫基金会希望这批年轻人成长起来后，合作社真正成为村庄资源的拥有者、利益的分配者以及各方合作的平台，承担起运营和宣传推广等各个方面的工作，最终激发出村庄发展的内生动力。扶贫基金会则会在导入更多资源的同时，将百美村宿项目的经验发展成一套理念价值并进行模式输出，将具体的规划、建设、运营工作交给更擅长的市场主体和政府部门。第四个变化是加强与政府的沟通，争取政府的支持，从而缩短项目周期、促进项目顺畅开展。扶贫基金会在项目启动前会邀请项目村所在县域的主要领导一起考察其他村庄的旅游产业，并围绕自身的想法和理念与他们反复沟通，争取他们对其乡村发展规划的认可。以往扶贫基金会实施一个项目需要 3 年，3.0 阶段在县里的大力支持下一年就能看到成果。第五个变化是扶贫基金会在民宿正式运营后会转向对运营商和合作社的陪伴。扶贫基金会联络明星名人，协助运营商进行项目的宣传和推广，弥补部分运营商影响力和号召力方面的缺失。扶贫基金会带领合作社社员外出考察，帮助他们学习其他村庄发展旅游产业的经验，从而更好地管理村庄资源并与运营商合作。

百美村宿项目的工作团队经历三个阶段的发展后，达到 40 人的规模。该团队进一步明确了内部分工，划分出规划策划组、合作社发展组、品牌打造组、项目运营组四个小组。规划策划组主要负责村庄建筑的整体规划、村庄治理结构的规划以及合作社的相关规划。小组的组员都有相应的专业背景，能对照乡村振兴的二十字方针，对第三方设计单位提交的策划方案进行完善，使之更加符合乡村振兴的目标。合作社发展组主要负责合作社的组建、培训和治理。品牌打造组致力于将百美村宿项目打造成一个好吃好玩、深度体验的乡村旅游品牌。项目运营组主要负责联合各地运营商做项目的增量运营，包括对接平台、邀请明星、开设直播间等。同时，这个小组还会推动民宿之间的合作，例如五个村庄的民宿共同打造红色旅游主题，从而碰撞出更具多样性的旅游产品。

三　总结：百美村宿项目发展的动力因素与成功经验

百美村宿项目自 2013 年实施以来，累计筹集善款 21504 万元，累计支出 10118 万元，直接受益人数累计达 8.1 万人（次）。截至 2020 年 6 月底，百美村宿项目已经覆盖河北、河南、甘肃、陕西、贵州、湖南、四川、江西、重庆等 9 省（市）21 县（市、区）22 村。现阶段，百美村宿项目已经形成一套完整的"乡村旅游＋"模式，并在更多村庄落地。部分非贫困县的政府部门认可百美村宿项目的理念和模式，甚至通过政府购买服务的方式将其引入政府实施乡村振兴战略的行动当中。那么，百美村宿项目为何能够不断迭代升级、长久开展呢？是什么样的因素使其始终与社会最为迫切的需求相衔接？

（一）百美村宿项目迭代升级的动力因素

历经 7 年的发展，百美村宿项目的实施战略由公益先行转变为市场先行，再到打造公益平台、链接多方资源，最终形成一套公益力量参与乡村发展的"乡村旅游＋"模式。百美村宿项目三个阶段的迭代升级主要受到资助方、使命感和政策环境三个因素的影响。

资助方对百美村宿项目的选点和总体规划有较为显著的影响。百美村宿 1.0 阶段的资助方主要是有对口帮扶任务的企业，项目的区域是确定的，自主选择的空间不大。到 2.0 阶段，百美村宿项目得到韩国三星集团的资助。三星集团支持扶贫基金会在吸取 1.0 阶段经验教训的基础上，按照市场逻辑选择项目点和运营商。在 3.0 阶段，百美村宿项目的筹资渠道进一步拓展。除市场主体外，部分县级政府部门通过政府购买服务的方式引入该项目，将之融入政府实施乡村振兴战略的行动。从此，百美村宿项目不仅融合了以扶贫基金会为代表的公益力量，还将市场和政府的力量纳入其中。市场是乡村旅游发展的重要风向标与资源库。公益力量以市场为导向规划乡村发展，充分利用市场聚集资源、获取收益，从而推动乡村旅游产业的可持续发展。政府的支持则是乡村发展的基石。公益力量与地方政府建立良好关系、获得地方政府认可后，能够大幅提高项目的实施效率并提升治理效果。

使命感促使扶贫基金会不断反思百美村宿项目的执行效果并做出调整。扶贫基金会成立以来就以解决社会问题为导向，在开展百美村宿项目的过程中能够及时调整行动，不断寻找解决方案。扶贫基金会在反思 1.0 阶段的探索时发现了产品偏离市场需求的问题，便在 2.0 阶段及时做出调整，寻找专业的运营商设计出市场定位更为精准的旅游产品。2.0 阶段结束后，扶贫基金会又对项目成效进行总结，制定出更为完善的总体规划。扶贫基金会在百美村宿项目执行中的问题导向和反思总结，能促使其发现并解决工作推进中的制约问题，从而实现项目的整体预期。

政策环境的变化推动扶贫基金会在百美村宿项目中的战略转向。百美村宿项目产生于大扶贫的政策背景下，又在乡村振兴战略提出后积极与国家战略对接。从扶贫语境下的"创新型产业扶贫项目"到乡村振兴语境下的"乡村美的发现者和推荐者"，扶贫基金会一直在有意识地调整自身的规划，通过寻找机构战略与国家政策的结合点，促进百美村宿项目更好地融入政府行动与对接政府资源。扶贫基金会相信，乡村发展需多方共同努力，公益力量需主动适应政策环境，从而拓宽参与乡村发展的空间。

（二）百美村宿项目持续开展的成功经验

百美村宿项目历经 7 年探索，取得了良好的经济收益和治理效果，成为公益力量参与乡村发展的典型项目。从致力于乡村稳定脱贫，到探索乡村振兴的创新路径，百美村宿项目的经验主要是明确的公益追求、整合资源实现商业价值、专业团队全面介入。

扶贫基金会开展乡村发展项目有明确的使命和稳定的执行团队。扶贫基金会将解决社会问题作为机构的使命，在百美村宿项目中坚定地以帮助贫困乡村实现可持续发展为目标。同时，百美村宿项目的执行团队构成稳定、行动一致。虽然团队内的人员在这些年有过一定的流动，但主要成员一直在坚守。无论老成员还是新成员，都热爱乡村、对乡村发展具有浓厚的兴趣，能在扶贫基金会刘文奎秘书长的带领下，以高度的使命感和责任感，持之以恒地投身其中。

扶贫基金会能够整合各方资源，让乡村发展项目逐步产生商业价值。与国家的修路工程相似，乡村发展项目往往有一个漫长的投入过程，短期内不一定产生经济效益。因此，逐利的资本不一定能持续地投入乡村发展。扶贫基金会坚持公益视角，将社会公平、弱势群体保护等公益价值作为百美村宿项目的核心内涵，使其前期探索得以免受功利心态的干扰。同时，乡村发展是一个很大的议题，需要多方共同参与到规划、建设、运营等各个环节中。扶贫基金会作为国内较大的公益平台，开展百美村宿项目时能发挥平台优势，整合政府、市场和其他公益主体等资源，通过整体性发展规划促使资源有机融合，推动乡村旅游产业发展和农户增收。

扶贫基金会在乡村发展项目执行中坚持"专业的事让专业的人做"。2013年，党的十八届三中全会提出推进国家治理体系和治理能力现代化。在村级层面，许多村干部由于自身文化水平不高和视野不足，并不具备完善村庄治理体系、提升村庄治理水平的能力，无法带领全村致富。百美村宿项目实际上是一个以市场为导向的中高端旅游的产业扶贫项目，对实际运营项目的人员有较高的能力要求，难以让村民直接运营。因此在百美村宿项目的模式中，村两委和合作社只是村庄集体资产所有权的代表，实际的运营工作交给了更为专业的第三方。

四　扶贫基金会发展"乡村旅游＋"模式的未来展望

百美村宿项目是扶贫基金会在具备发展旅游产业条件的贫困乡村开展的产业扶贫工作。该项目在设计和执行的过程中关注乡村兼具的生产、生活、生态、文化等多重功能，并着力解决相关社区问题、推动乡村综合发展，很好地契合了乡村振兴战略的要求。因此，百美村宿项目发源于脱贫攻坚时期，在乡村振兴阶段将有更为重要的社会价值，为发展乡村产业、壮大集体经济、增加农户收入、保护传统村落等提供持续的鲜活经验。扶贫基金会接下来将进一步完善项目设计，动员并整合更优质的公益资源，提供更好的公益服务，发展乡村产业、促进乡风文明，让乡村的绿水青山变成金山银山，从而让农民增收。百美村宿项目未来将坚持完善农民合作社机制，通过农民合作社把农户组织起来，实现乡村高质量的组织化。另外，扶贫基金会在乡村发展的实践中认识到，单个机构能够开展的项目、帮助的村庄是有限的。这就需要在项目实践之余加强对项目模式的研究和总结。扶贫基金会不仅要在百美村宿等项目中以旅游为切入点进行更多实践、帮助更多村庄，还要提炼出更多有共性价值的经验，为其他村庄提供参考和借鉴。为此，扶贫基金会推动建立了四川蒙顶山合作社发展学院，致力于在全国范围内培养返乡青年、乡村致富带头人以及其他有志于服务乡村发展的群体。扶贫基金会将通过培训或经验传递，为他们在乡村的创业和发展提供智力支持，从而在更大范围内产生扩散价值，助力贫困地区的乡村振兴工作。

参考文献

新华网，2016，《习近平在宁夏考察时强调 解放思想真抓实干奋力前进 确保与全国同步建成全面小康社会》，7月20日，http://www.xinhuanet.com/politics/2016 - 07/20/c_1119252332.htm，最后访问日期：2021年7月23日。

2

新业态产业引领的河边复合型产业体系发育与发展[*]

董　强　吴一凡[**]

　　脱贫攻坚与乡村振兴战略是中共中央着眼于党和国家事业全局做出的重大部署。中国自 2015 年起全面打响脱贫攻坚战，实施精准扶贫、精准脱贫。中国扶贫的重要措施之一是发展特色产业扶贫，提出要依托贫困地区特有的自然人文资源，深入实施乡村旅游扶贫工程；实施贫困村"一村一品"产业推进行动，扶持建设一批贫困人口参与度高的特色农业基地；加强贫困地区农民合作社和龙头企业培育，发挥其对贫困人口的组织和带动作用，强化其与贫困户的利益联结机制。2017 年，党的十九大提出实施乡村振兴战略。乡村振兴战略的总要求是产业兴旺、生态宜居、乡风文明、治理有效、生活富裕。产业兴旺是乡村振兴的重点。2018 年，中共中央、国务院公布了《关于实施乡村振兴战略的意见》。该意见提出要构建农村一二三产业融合发展体系，实施休闲农业和乡村旅游精品工程，建设一批设施完备、功能多样的休闲观光园区、森林人家、康养基地、乡村民宿、特色小镇。2020 年，习近平总书记在中央农村工作会议上强调，要做好巩固拓展脱贫攻坚成果同乡村振兴有机衔接，并继续为脱贫地区提供产业帮扶，补上技术、设施、营销等短板，促进产业提档升级（中国政府网，2020）。由此可以看出，从脱贫攻坚到乡村振兴战略，乡村产业的发育与发展是极为关键的。

　　2015 年初，为响应党中央精准脱贫的号召，中国农业大学文科讲席教授李小云工作团队在云南省西双版纳傣族自治州勐腊县政府的支持下选择勐腊县深度贫困村河边瑶寨，开展河边脱贫攻坚与乡村振兴衔接实验（以

　　[*] 此项研究得到中国扶贫基金会资助的"河边实验行动梳理与理论总结"课题的支持。

　　[**] 董强，中国农业大学人文与发展学院副教授，博士研究生导师，勐腊小云助贫中心理事长、总干事。吴一凡，中国农业大学人文与发展学院博士研究生。

下简称"河边实验")。基于实验工作的需要，2015 年 3 月，李小云教授在勐腊县发起成立公益组织——勐腊小云助贫中心（以下简称"小云助贫中心"）。

河边村位于勐腊县勐伴镇，行政隶属为勐伴镇勐伴村民委员会的一个村民小组（自然村）。河边村系 1982 年由高桥旧址搬迁而来，地处西双版纳热带雨林自然保护区南腊河流域，平均海拔为 800 米左右，年均气温为 19.2℃，年均降水量为 1600—1780 毫米。全村共有 57 户 206 人，劳动力 138 人，除 2 位上门女婿为汉族外，其余皆为瑶族（蓝靛瑶）。河边村现有土地 782.3 亩，其中水田 145.7 亩，旱地 636.6 亩。橡胶林地 2800 亩左右。2015 年，河边农户生计的主要来源是种植业和养殖业，主要种植水稻、玉米、甘蔗、砂仁，养殖冬瓜猪。农户的主要收入来源是甘蔗种植、砂仁采摘及外出打工。河边实验实施以前，农户居住地均为人畜混居的破旧简陋的干栏式木制房屋。村内无硬化路，通村路约为 8 公里土路。

一 河边新业态产业主导的复合型产业模式概述

根据国家的脱贫攻坚部署，河边实验聚焦产业发育与发展。这一实验始终围绕国家在不同阶段对乡村产业发展的规划要求，进行提档升级，不断促进产业兴旺，推动河边村村民的共同富裕。河边实验的重要内容之一是探索新业态产业主导的复合型产业模式。这一产业模式的核心建设内容为：培育新业态产业，形成小型高端会议、休闲经济、自然教育融合的产业；培育一系列的辅助型产业，帮助河边农户抵御市场风险与自然风险；支持河边村的传统种植业作为基础产业。河边复合型产业模式旨在帮助河边农户摆脱对低收入传统生计的依赖，将各方面的扶贫资源转化成能够产生新业态产业收入的资产，同时帮助河边农户摆脱对生态资源的依赖，形成替代性的生计结构。河边新业态产业主导的复合型产业模式探索过程可以分为以下四个阶段：第一阶段，河边贫困综合治理规划阶段（2014 年 12 月—2015 年 8 月）；第二阶段，复合型产业方案形成阶段（2015 年 8 月—2015 年 12 月）；第三阶段，复合型产业实施阶段（2016 年 1 月—2018 年 12 月）；第四阶段，复合型产业形成阶段（2019 年 1 月至今）。

河边实验以通过主导产业拉高贫困群体收入为特点，以复合型产业模式为核心,以实现脱贫攻坚与乡村振兴的衔接。经过6年多的综合治理,这一实验改变了河边村的贫困面貌。河边农户的精神面貌焕然一新,满意度大幅提高,收入显著增加,生活有了明显改善。2017年,包括瑶族妈妈客房和瑶族妈妈餐厅在内的全村新业态产业的收入达到19万元。2018年,包括瑶族妈妈客房和瑶族妈妈餐厅在内的全村新业态产业的收入达到58万元。2019年,包括瑶族妈妈客房、瑶族妈妈餐厅、新型农业在内的全村新业态产业的收入达到121万元。2020年,河边村的新业态产业受到新冠肺炎疫情较大的影响,收入出现下滑。总体而言,河边村已经从过去一个比较闭塞的瑶族村寨转变为一个面向世界展示中国扶贫故事的美丽瑶寨。河边村建成了一栋栋体现瑶族建筑文化的干栏式木制楼房。通过建设集体猪舍,河边村实现了人畜分离。通过全面的人居环境改善,村容村貌焕然一新的河边村已经变为城里人可以感受乡愁的宜居环境。与此同时,河边村通过推广现代化的洁净卫生间,完成了厕所革命;通过建设现代化的厨房,完成了厨房革命。通过普惠性的厨房革命和厕所革命,河边村农户在真正意义上开始了现代生活。

二 河边村新业态产业的引入过程分析

(一)河边村新业态产业设计的综合思路

2015年6月,小云助贫中心在中国农业大学工作团队和专业规划志愿者团队的支持下完成了河边村贫困综合治理规划。这一规划获得勐腊县政府的认可,并成为河边村精准扶贫的工作方案。该规划对河边村的贫困进行了系统诊断。小云助贫中心经过较长时间的贫困诊断,发现河边村是一个长期陷入贫困陷阱的瑶族村寨。河边村2015年人均可支配收入为4303元,人均消费支出为5098元,人均债务为3049元。自高桥旧址搬迁到现居住地以来,该村村民以住房为核心的固定资产折旧严重,没有一间符合安全标准的住房,主要的投资投向了消费品。一方面,现代消费文化不断推高农户的实际支出,致使相当多的农户依靠债务维持消费;另一方面,现代性的福利要素如教育、医疗等成为农户的刚性支出内容,加上农户传统的支出,使河边村农户陷入"三重性"(低收入、高支出、高债务)下的贫困陷阱。对于河边村民而言,改善福利的优先选项是住房。

2015 年 11 月，国家开始了脱贫攻坚战。这一重大部署为河边瑶寨的集体性脱贫提供了至关重要的推动力。在此之前，小云助贫中心通过腾讯发起的"九九公益日"，为河边瑶寨扶贫筹集了 101 万元的公众筹款（爱德基金会提供公募支持）。在国家政策和较为充足的公益扶贫资源基础之上，小云助贫中心开始谋划河边瑶寨的脱贫路径。国家政策的重大部署意味着将会涉及国家扶贫资源的重要重构。通过与当地政府部门特别是乡镇政府和县扶贫办的密切沟通，小云助贫中心对河边瑶寨的脱贫产业有了宏大的设计。这样的设计基于以下几点考虑。首先，河边瑶寨长期陷入贫困陷阱。要想整个村寨摆脱贫困陷阱，必须有一个主导性的快速拉高农户收入的产业。这样的产业在当时的河边村并不存在，因此必须从外部引入一个新业态产业。其次，引入这样的新业态产业，必须得到政府的支持。新业态产业在河边村没有任何的硬件基础。如果仅靠小云助贫中心的社会支持，公益资源动员规模无法支撑起这一硬件基础的投入。最后，河边村虽然没有硬件基础，但是该村寨具有很好的资源基础。河边村地处热带雨林核心区，有着丰富的生态资源。作为瑶族村寨，河边村的瑶族文化保存得非常完整。河边村的村民基本都在村寨，全村人口结构非常合理，并不像中西部的空心村。此外，距离河边村较近的位置有勐腊县国家 4A 级景区——望天树景区。河边村在自然、文化、人口、地理位置等方面具有独特优势，具备发展有特色、高产值休闲旅游的前提条件。综合考虑这些因素，小云助贫中心设计将河边村打造成集小型会议、高端休闲、自然教育等于一体的新业态产业村。

新业态产业的引入和培育首先要实现河边村房屋的改造。2015 年的河边村房屋基本上以简易的木板房为主，有个别的瑶族干栏式房屋。小云助贫中心在河边村贫困综合治理规划中专门将房屋改造设计为瑶族传统的干栏式木楼。为了发展新业态产业，小云助贫中心在瑶族传统的干栏式木楼中设计出嵌入式的客房。这样的木楼既是村民的主居，也是外来客人入住的商业客房。河边村的房屋改造因此具有双重功能，既改善了贫困农户的居住条件，又增加了贫困农户的收益资产。上述的考虑与国家的扶贫政策高度吻合。

（二）河边村干栏式瑶族木楼的示范与建设

2015 年底，在勐腊县政府和勐伴镇政府的支持下，小云助贫中心在河边村的新业态产业建设正式实施。按照河边村贫困综合治理规划对新业态产业的设计，河边村所有的农户都要集中在一个区域居住。河边村是勐腊县政府认定的贫困村，村内有19户建档立卡户。河边村因此成为此次脱贫攻坚重点支持的村寨，获得异地搬迁的项目支持。该项目为河边村进行整村宅基地再分配奠定了基础。村小组干部考虑到自然保护区的红线要求，在勐伴镇政府和小云助贫中心的支持下开展了宅基地的再分配。首先，村小组干部与村民共同制定了村规民约，按照一户一宅的标准将宅基地平均分配到各户。其次，农户建房不许贪大，避免出现相互挤占宅基地导致矛盾的情况。最后，利用河边村传统关系网络，将宅基地的再分配由家族内部解决。农户一般选择在家族其他成员附近确立新的宅基地，避免了宅基地分配可能导致的冲突。

在完成宅基地再分配之后，小云助贫中心选择一个示范农户建设示范木楼。小云助贫中心聘请了当地的建筑师傅，同时组建了河边村发展工作队参与建设这栋木楼。通过示范木楼的建设，小云助贫中心将瑶族干栏式木楼的建设技术传递给河边村村民。按照勐伴镇政府对河边村房屋改造的政策规定：建档立卡户可获得4万元的建房补贴，非建档立卡户可获得1万元的建房补贴；所有农户可获得6万元的20年期无息贷款（此贷款后续调整为补贴，不需要偿还）；此外，农户还可获得县住建局的危房改造补贴7000元/户。按照勐伴镇政府的要求，河边村所有的农户都要对照小云助贫中心建成的示范木楼建房，不能建设水泥楼房。河边村农户在上述的政府建房补助激励下，开始积极筹措建房资源。对于河边村农户来说，最重要的建房资源是木料、资金和人力。木料的筹措来源主要是河边村的集体林。所有农户都希望在短时间内集中建成木房，导致河边村集体林木料供应不足。过去，河边村农户依照的是"谁先标记，谁拥有使用权"的规则：农户进入集体林中选择树木进行标记，被标记过的树木自动归其所有。小云助贫中心最初希望改变这一规则，希望备料充足的农户将多余的木料无偿集中到村集体，再由村集体分配给缺少木料的农户。这一想法并没有得到农户的认同。河边村农户认为木料不应该硬性集中起来，而应按照长久以来的习俗进行。因此，缺少木料的农户只能采取其他办法备料。最终，他们通过使用旧木料、相互之间借用木料和向别村集体林购买的形式，解决了木料不足的问题。建房资金不仅包括建设材料的购置费用，还包括师傅的技术费用和村寨农户帮工的伙食费用。由于政府的建房扶贫资金大多是后期支付，河边村农户建房资金筹措难度非常大。按照河边习惯，建房农户需要为帮工的村民提供烟、酒、三餐。一栋木楼建造过程中的生活费支出高达 1 万—2 万元。小云助贫中心建议全村互相免去帮工的伙食费用，但遭到农户的反对。他们认为这不仅是一项传统，也是为了保证帮工农户的体力，因此建房农户必须提供伙食。为了让全村农户都能建起木楼，河边村采取的方式是相互拆借扶贫款。备料充足的农户在其他农户的帮助下先建起木楼，拿到政府的补贴和无息贷款后再转给急需资金建房的农户。在建房的人工方面，建房时间过于集中对河边村传统的帮工、换工形式形成挑战。小云助贫中心与村小组干部一起召开村民大会协商，决定分批次地协调各家的建房进度，组织村民有序建房。部分农户改变了传统的建房方式，采取"请工"的形式，从村内或者村外雇用劳动力参与房屋建设。这样可以尽快拿到扶贫贷款支付雇工费用。多种用工的建房形式极大地缓解了劳动力短缺问题。

（三）河边村嵌入式客房的示范与建设

2016 年初，小云助贫中心在建成河边村第一栋瑶族干栏式木楼之后，开始启动客房示范建设工作。小云助贫中心先后选取四户农户打造不同布局的示范客房。这四套示范客房所需要的材料、工人、运输等费用均由小云助贫中心承担，农户仅以出工的形式参与。通过四套客房的建设，河边村农户逐渐了解到嵌入式客房的真实样子。嵌入式客房中配套建设了现代的卫生间。应该说，整个客房就是一个现代生活的展示空间：明亮的落地玻璃、高级席梦思床垫、漂亮的窗帘、抽水马桶、风格各异的灯具。除了进行客房示范建设，小云助贫中心还组织河边村农户到州府所在地景洪市考察星级酒店和特色民宿，帮助他们了解客房的建设风格。

基于 2015 年九九公益日项目"瑶寨旧貌换新颜"、2016 年九九公益日项目"瑶族妈妈的一间客房"以及澳大利亚直接援助计划的项目，小云助贫中心筹集到河边村嵌入式客房的建设资金。按照小云助贫中心的客房建设规定，每户农户在建设客房的过程中都可以得到价值 2.1 万元的建设和装修材料。小云助贫中心对客房建设资金的公平分配，确保了河边村所有农户都能拥有一间瑶族妈妈的客房。尽管河边村有了示范客房，并组织农户外出参观，但完成所有的客房建设是一项非常困难的工作。困难主要包括以下方面。第一，农户虽然见到示范客房，但是并不相信自己的客房能够带来收入。第二，客房的建设除了需要小云助贫中心提供的材料，还需要农户自己垫资购买相关的建筑材料、聘请专业的师傅以及出工。农户对于相关的投资和投工并不都十分积极。第三，小云助贫中心在客房建设过程中有非常多细节上的要求和监督。农户在建设过程中如果没有遵照小云助贫中心的要求，需要拆除或者返工，农户对此感到非常困扰。在这些困难的影响下，农户在建设客房的过程中会出现惰性。为此，小云助贫中心采取了多种策略来帮助农户克服上述困难。首先，小云助贫中心承诺建好的客房会在第一时间安排入住。2017 年 4 月，河边村首批客房在还没有完善入住条件的情况下，就迎来第一批客人。这次迎客的农户每家都有近千元收入，极大地提升了农户建客房的积极性。小云助贫中心随后采取"边建设、边运营"的思路，只要客房达到基本的入住条件，就安排客人入住，帮助农户获得客房收入。其次，小云助贫中心倡导农户先建客房，再建主居。农户可以用客房收入来支付主居的建设资金。最关键的是，为进一步激发农户建客房的积极性，小云助贫中心创造性地引入"张榜公示"举措。小云助贫中心每月召开一次村民大会，按照农户客房收入由高到低的顺序进行公示。还未建房的农户看到建成客房的农户收入明细之后，会相信自己也可以挣到客房收入。在这些策略的推动下，河边村干栏式瑶族木楼里出现了一间间嵌入式的瑶族妈妈客房。截至 2021 年，河边村共有 47 户农户建成了嵌入式的瑶族妈妈客房。

（四）河边村新业态产业的成型与运营升级

河边村新业态产业的打造，除了建设客房，还需要建设一系列的配套设施。在小云助贫中心的规划中，有建设集体猪圈、餐厅、会议室、酒吧、商店、停车场，以及硬化通村公路、绿化、网络建设等。在招商局慈善基金会和澳大利亚直接援助计划的项目支持下，河边村在村庄外部建设了 6 个集中式猪舍，将全村的猪都挪到村外养殖。在敦和慈善基金会的小额示范项目和九九公益日瑶族妈妈厨房项目（中国妇女发展基金会公募支持）的支持下，河边村的 5 户农户先后建成 5 家餐厅。在九九公益日瑶族妈妈厨房项目和万科基金会厨房项目的支持下，河边村建成 27 间厨房。在勐腊县政府的支持下，8 公里的通村公路和网络、停车场、公共厕所建设先后完成。在敦和慈善基金会和理文造纸有限公司的支持下，河边村建成了现代化的会议室和配套的卫生厕所。小云助贫中心利用个人的捐款，建设了河边酒吧和河边商店。2016 年开始，小云助贫中心组织河边青年创业小组进行景观绿化微型示范。2017年和2018年，小云助贫中心在北京润生农村发展公益基金会的支持下进行了全村的景观建设。村内的环境得到不断的改善。2019年，河边村初步成为集小型会议、高端休闲、自然教育等于一体的新业态产业村。

小云助贫中心在河边村建成新业态产业的硬件设施之后，很重要的工作就是培育运营这一产业的工作团队，从而实现与市场的对接。2017年河边村有了第一批客房之后，小云助贫中心工作团队充当了河边新业态产业的运营团队。这样安排，一方面是因为河边村客房太少，无法支撑起专业工作团队的运营成本；另一方面是因为河边村农户对于运营新业态产业的认知非常欠缺，无法很快地学习并胜任相关工作。从2017年4月到2019年1月，小云助贫中心工作团队对外联络客源市场，对内进行新业态产业的管理。小云助贫中心积极开拓合作，联系高校、公益组织、企业、政府等多方主体进行客房资源的对接，促成国内外数十次高端会议、论坛以及冬令营、夏令营等自然教育活动落地河边村。新业态产业在村内的管理最关键的是确定客房的分配机制。首先，小云助贫中心确定的是公平分配机制，轮流安排客人入住客房。一位村民说："小云助贫安排客人住谁家都没事，我知道这次住别人家了，下次肯定会轮到我家的，大家都是一样的。"在此基础之上，小云助贫中心会稍加"倾斜"，格外注重建房困难农户，予以适当扶持。黄文强是青年创业小组的成员，积极参与村内建设工作。他家劳动力不足，需要支付很多的钱雇工，最后因没钱而无法装上热水器，不能接待客人。小云助贫中心决定先借款支持他购买热水器，随后第一时间安排客人入住，让他家产生收入用于偿还借款。小云助贫中心在公平分配之外，还适时引入一些"竞争"的举措。为激发农户在客房维护和提升方面的积极性，小云助贫中心采取了适当的市场导向措施。例如，针对不同的客房采取不同的定价，且在分配客人时更倾向于服务态度好、客房设施完善的农户。这样的安排能够带动农户自发地维护和提升客房质量。

小云助贫中心在2018年下半年从全村选出5个管理人员作为合作社的运营团队成员，分别担任客房服务、会议室管理、工程建设、餐饮以及财务行政等不同方面的工作助理。合作社的运营团队跟随小云助贫中心团队，系统地学习包括计算机、账目管理、办公等在内的相关知识和技能。2019年1月，西双版纳雨林瑶家种植专业合作社正式注册成立。河边村所有建有客房的农户都是合作社的成员。村小组干部成员组成合作社的理事会，小云助贫中心作为合作社的支持方。河边村新业态产业的管理职责得以从小云助贫中心团队转移到合作社。合作社运营团队的成员以青年人为主，大多具有初高中学历，其中有一名女性成员。合作社运营团队的负责人有在深圳打工的经历，具有初中学历，对于河边村新业态产业的发展有高度的认同感。该运营团队负责统筹全村新业态产业，具体管理内容包括：对接来访的机构或团队，分配客房和餐厅，管理村内的会议室、公共厕所等新业态产业的公共设施。所有客人均需通过合作社安排入住，村民不得私自揽客，并须按照合作社的要求进行客房管理。为了实现合作社的可持续运营，河边村农户要将客房和餐厅收入的10%上缴作为合作社管理费用，村内会议室、专家公寓等公共设施的全部收入作为合作社的管理费用。合作社运营团队的工资和奖金由合作社集体收益支付。小云助贫中心为合作社的日常管理提供技术支持，与运营团队、理事会共同制定合作社相关的管理制度。此外，小云助贫中心在中国扶贫基金会支持下组织合作社运营团队前往西安、昆明、北京、浙江、深圳等地进行培训和学习，提升他们的工作能力，拓宽他们的视野。

三　河边村辅助性产业提升过程分析

（一）河边村孵化微电商项目

2015年10月，小云助贫中心筹备启动河边村微电商项目，开设了名为"版纳河边雨林天然出品"的微店。此前，小云助贫中心考虑到河边村有许多的年轻人，动员组建了青年创业小组。这个微店的运营就由青年创业小组负责。微店项目着眼于挖掘河边村现有的农业资源，尝试开发能够对接市场的农产品。小云助贫中心经过与河边村小组干部、青年创业小组的讨论，决定选取河边鸡蛋作为微电商的第一个示范农产品。河边村的土鸡常年生活在雨林中，具有很高的营养价值。河边村几乎家家养鸡，河边鸡蛋如果能通过电商的渠道获得收益，那么每家都可以增加收入。小云助贫中心确定以每个鸡蛋5元的价格向农户收购，再以每个10元的价格销售至上海、北京等地。青年创业小组负责鸡蛋的收购和发货等具体工作。自2016年2月微店试运营至6月，河边村共销售鸡蛋约1600个，为村民增加纯收入8000余元，收益农户达33户，其中销售数量最多的一家增收约4000元。通过小云助贫中心的社会网络，河边天然产品微商有了一定的客户基数。此后，青年创业小组将雨林鸡蛋的零散销售转变成订单式销售。2017 年上半年，河边村农户开始获得客房收入。随后，小云助贫中心要求河边村内不再继续养鸡。这些土鸡如果长期生活在雨林之中，会被黄鼠狼等动物吃掉。随着村外养鸡的风险加大，河边微电商项目的第一个农产品示范销售结束。在微店结束之际，河边村的客房收入开始对农户收入产生拉动作用。

（二）河边村开展多元化的农业示范项目

2018 年 9 月，小云助贫中心在新业态产业初现成效之后，开始推动复合型产业的构建。小云助贫中心通过与村干部的讨论以及召开村民会议，了解河边村辅助性产业的现状。在此之前，河边村既有种植业的基础，比如冬季蔬菜种植，也有养殖业的基础，比如养蜜蜂、养鸡、养鱼等。基于这些基础，小云助贫中心确定了辅助性产业的扶持方式。第一，开始辅助性产业示范工作。第二，辅助性产业的示范类型主要基于河边村的现有基础和农户的能力来确定。根据这样的原则，小云助贫中心筛选出以下示范类型：冬季蔬菜种植、中草药种植，鸡养殖、鱼养殖、蜜蜂养殖、猪养殖以及自烤酒酿制。第三，辅助性产业按照 1∶1 的配比进行补助，即小云助贫中心出一半的示范经费，示范农户支付另一半的示范资金，从而降低农户示范的成本风险。第四，辅助性产业的示范收益全部归示范农户。根据以上示范原则，小云助贫中心在农户自愿报名的基础之上，确定了河边村的冬季蔬菜种植示范农户、中草药种植示范农户、养冬瓜猪示范农户、养鸡示范农户、养蜂示范农户、养鱼示范农户以及自烤酒酿制示范农户。小云助贫中心希望通过多种农业示范的方式，在最短时间内找到适合河边村发展的辅助性产业项目。在辅助性产业的示范过程中，小云助贫中心通过联系乡镇畜牧站、北京中农寻蜜人生有限公司、中国农业大学博士团等技术力量给予示范农户技术支持。同时，小云助贫中心十分重视挖掘河边村的乡土人才。他们尽管没有经过专业知识训练，但具有很强的专业实践能力和丰富的经验。在辅助性产业示范项目的支持下，河边村的养蜂、养鱼、养鸡、自烤酒酿制都产生了良好的示范效果。其中，养蜂产业从无到有，成为村民提升收入的新路径。中国农业大学博士团连着几天晚上在村里的会议室策划河边村的养蜂产业，指导农户制作蜂箱，为农户开展培训，如怎么在野外引诱中华蜂、如何分蜂以及如何防治中华蜂病虫害等。北京中农寻蜜人生有限公司提供产品研发、供应链管理、包装与宣传、产品销售推广的一条龙服务，帮助村民解决销路难题。河边村雨林养蜂的示范户仅卖蜂蜜的年收入就超过 1 万元。在 2020 年疫情期间新业态产业受到重创的情况下，辅助性产业示范户仍然获得 5000 元至 10000 元不等的收入。可见，辅助性产业为河边村农户提供了有韧性的收入支持。

（三）河边村对接企业落地花椒产业项目

2017 年开始，河边村农户不再种植甘蔗。因为每年都有一群亚洲象造访河边村的农田。甘蔗是亚洲象非常喜欢的农作物，必然会成为它们侵扰的对象。考虑到这一因素，小云助贫中心希望找到替代作物，帮助河边村农户减少亚洲象侵扰造成的损失。经过多方联系，小云助贫中心了解到花椒产业是不错的选择，因为亚洲象闻到花椒气味就不会再破坏。2019 年，小云助贫中心在上海市松江区东西部扶贫协作资金的支持下，与云南省一家花椒公司签订协议，为河边村引入花椒产业。该花椒公司负责提供种苗、专用肥和技术指导以及花椒的回购。上海市松江区东西部扶贫协作资金用于支付花椒产业的培育费用。西双版纳雨林瑶家种植专业合作社负责对接河边村有意向种植的农户。2019 年和 2020 年，河边村共种植了 169 亩花椒。由于还没有到产生效益的阶段，花椒产业对河边村农户的带动作用还有待进一步观察。

四　河边村基础性产业的波折

河边村在小云助贫中心进入之前，主要以水稻、玉米、甘蔗为传统的种植作物。这样的种植传统来源于河边村农户生计组合的需要。水稻主要保证河边村农户的粮食自给。玉米主要用来喂猪，保证农户一年四季的肉类自给。甘蔗则是经济作物，为农户提供现金收入。

2016 年，河边村开始了房屋重建工作。很多农户由于时间和精力不足，放弃了原有的农业种植传统。这大幅度提高了农户的生活开支。随着 2017 年新业态产业开始产生收入，河边村农户从事农业的时间被打散。当外面来的游客进入河边村，农户首先的工作就是服务好客人。河边农户只能用零散的时间去干农活，干农活的投入大打折扣。2018 年新业态产业逐步走上正轨之后，部分农户开始恢复过去以水稻、玉米为主的种植模式。但也有村民表示，来村里住的客人太多，平常接待就已经很累，不愿意也没有必要再去从事农业生产。农户从新业态产业中获得的收入足够支付他们放弃农业生产去市场上购买粮食的费用。河边农户原本粮食完全自给，2019 年全村 57 户农户只有大约 20 户种了水稻，其余 30 多户都从市场上购买大米。2020 年初，新冠肺炎疫情突发，导致河边村新业态产业遭遇重创。河边农户在 2018 年、2019 年通过新业态产业获得的收入大多抵了房屋建设时的债务或者进行了新的投资，他们手中几乎没有积累。新冠肺炎疫情使得一些农户重新跌入收入性贫困陷阱。在此期间，大多数农户很快恢复种植水稻。他们说，疫情期间挣不到钱，自己种就不用买了。2020 年，河边农户在新冠肺炎疫情影响下自发回归到基础性产业。这部分农业生产不能为农户带来显著的收入提升，其对于农户的价值和意义更多在于提供一个稳定的、兜底的生活保障，保证农户有足够的粮食抵抗风险。小云助贫中心将传统种植业作为复合型产业体系中的基础性产业，以保证农户能够通过粮食生产来保障基本的生活，进一步降低市场风险。实际上，新业态产业分割和碎片化了农户的劳动时间，对基础性产业造成了冲击。

五 新业态产业引领的河边复合型产业体系发育与发展的经验和反思

河边复合型产业体系在发育与发展的过程中探索了政府主导、社会参与、以村民为主体的乡村发展工作机制。小云助贫中心遵循国家、省、州、县、乡各级党委和政府制定的脱贫攻坚规划和乡村振兴工作部署，在勐腊县政府的领导下，推动大学、公益组织、志愿者实现政府扶贫的三弥补（弥补政府扶贫的能力、资源、短板）。在当地政府的领导下，河边村实现了在村级层面的政府涉农资金、公益资源、村民资源有效整合。所有的扶贫和乡村建设行动都以农民为主体，始终围绕农民增收和促进共同富裕展开工作。

小云助贫中心探索以河边新业态为主导的复合型产业模式。这一产业模式的核心建设内容包括嵌入式瑶族妈妈的客房、瑶族妈妈的厨房、现代卫生间、现代会议室、现代酒吧、休闲商店等。这些内容共同构成了新业态产业的基础，形成了小型高端会议、休闲经济、自然教育融合的产业。同时，小云助贫中心通过培育一系列的辅助型产业，帮助农户抵御市场风险与自然风险。此外，小云助贫中心支持河边村的传统种植业作为基础产业。这一产业模式一方面帮助河边村民摆脱对低收入传统生计的依赖，将各方面的资源转化成能够产生新业态产业收入的资产；另一方面帮助河边村民摆脱对生态资源的依赖，形成替代性的生计结构。在这一模式的构建过程中，小云助贫中心重视社区内部的传统"规则"：公益资源的分配完全体现公平的理念，建设的过程尊重河边村旧有的习俗。另外，小云助贫中心非常重视运用示范的工作策略。建新房、建客房、建厨房、景观绿化、辅助性农业等工作都是通过选择示范农户先行示范，降低试错成本，产生示范展示效应，从而为在全村推广复制奠定基础。此外，小云助贫中心动员拥有客房的村民以客房入股的方式创办西双版纳雨林瑶家种植专业合作社，并培养青年村民团队管理合作社，以村小组干部为主组建理事会等，培养农户对接市场的能力，为河边村复合型产业体系的自主可持续运营提供支撑，确保新业态产业引领的复合型产业体系的全部收益由农户共享。小云助贫中心按照乡村振兴的目标和原则设计脱贫攻坚的项目，做到一次性衔接，如通过瑶族妈妈的客房等市场开发机制保存瑶族文化，通过发展新业态产业激发村民提升村容村貌与建设美丽乡村的内在动力。

6年来，小云助贫中心对于河边村的物化改造和农户收入提升的促进作用十分显著，但也面临诸多后续挑战。首先，新业态产业尽管能够大幅度提高全村农户收入，但其可持续性仍旧存疑。河边村对接外部市场的运营管理能力始终没有得到提升。小云助贫中心撤出之后，河边村能否保持或提升新业态产业的发展水平是其面临的重要挑战之一。其次，河边村辅助性产业在经历微电商项目、农业示范项目和花椒产业项目的推动后，如何基于现有的农业基础提升农业产业化的水平也存在较大的挑战。微电商项目的终止表明电子商务与农业之间的嫁接并非那么容易。尽管河边村相关农业示范取得一定的成效，但基本上还是低水平的农业产业，比如养鸡、养鱼。养蜂尽管连接到外部的大市场，但是在2020年遭遇了外部市场的不确定性因素。花椒产业还没有到产生效益的阶段，后续的成效还有待观察。总体上来看，小云助贫中心基于河边村收入单一化的问题，设计了以新业态产业为核心的复合型产业体系。农户接受高收入的新业态产业后，往往会倾向于减少劳动强度高的其他生产活动。小云助贫中心虽然在规划时强调小农扶贫与产业振兴需要复合型产业应对生计风险，但新业态产业明显造成了农户"去农化"的结果，导致村民生计结构脆弱、风险加大，陷入一种发展主义理想与小农扶贫现实之间矛盾的困境。从这个角度来看，乡村产业的发展之路一定是充满曲折而需要不断立足于实践进行深入反思的过程。

参考文献

中国政府网，2020，《习近平出席中央农村工作会议并发表重要讲话》，12 月 29 日，http://www. gov. cn/xinwen/2020 – 12/29/content_5574955. htm，最后访问日期：2021 年7 月 24 日。

第二部分

公益力量对接人才振兴

以"乡村发展带头人"为着力点推动
乡村振兴的实践探索

——以"大地之子计划"为例

李春芳[*]

随着城镇化、工业化进程不断推进,中国农村地区发生着深刻变化。党的十八大以来,中国农村已累计减贫 9348 万人,农村贫困发生率从 2012 年末的 10.2% 下降到 2019 年末的 0.6%(方晓丹,2020)。与此同时,城乡之间在经济收入、公共服务、社会保障方面仍存在全方位的差距。就收入看,2019 年城乡居民人均可支配收入之比为 2.64∶1(宁吉喆,2020)。如何回应城乡发展不平衡、不充分问题,让数量庞大的农村居民过上富裕、健康、生态、有希望、有质量的生活,促进乡村可持续发展,是中国经济社会发展的重大课题。为此,党的十九大报告提出"实施乡村振兴战略"。在乡村有需求、政府大力支持的时代背景下,公益力量有了更多参与乡村振兴的空间和契机。

一 公益力量参与乡村振兴的空间与自我定位

乡村是一个复杂的有机体。乡村发展涉及产业、文化、组织、人才、生态等方方面面。如何用有限的力量有效助力乡村发展,是作为公益力量的福建省林文镜慈善基金会首先要回答的问题。而对这个问题的回答,有赖于对时代的觉察、对社会痛点的把握以及对自身基因的了解。

(一)把握时代背景下乡村发展的空间与方向

在 20 世纪以来的乡村实践中,强调乡村的综合发展而非单一的经济发

---

[*] 李春芳,福建省林文镜慈善基金会项目官员。

展是几代乡建者的共识。在乡村发展领域，政府和社会各界做了很多探索，其中不乏对乡村人才培育的关注与实践。梁漱溟谈道，中国的乡村建设必有待于经济的进步，而且经济的主体在人。要让人活起来，需借人生向上的力量，提振起士气来。晏阳初指出，人是立国的第一要素。他将"立人"作为乡村工作的目标与使命，尤其重视平民教育，使人成为全面发展的自由的人，有公心，有知识，有生产力。钱理群在整理中国乡建经验的时候谈道，几代知识分子前赴后继下乡，但都是"雨过地皮湿"，并没有从根本上改变乡村的落后状况，其核心原因就在于并没有真正培养起农民的主体意识（钱理群，2018a）。2001 年重启的由民间力量推进的乡村建设，强调农民在"三农"中是第一位的。乡村建设以发动当地农民为主，并陆续培养和组织了数万名"一懂两爱"的青年人才下乡支农，立足本地资源，推进社会多元联合，实现生态化的可持续安全发展（温铁军，2020）。

如今，党的十九大报告亦提出乡村振兴应实现产业振兴、人才振兴、文化振兴、生态振兴和组织振兴五个方面科学、有序、综合发展。其中，人才振兴是乡村振兴战略的核心与关键，是实施乡村振兴战略的重要推力，是落实"产业兴旺、生态宜居、乡风文明、治理有效、生活富裕"总要求的有力保障。与此同时，党的十九大报告还指明要"实现政府治理和社会调节、居民自治良性互动"，即强调社区需要政府、社会组织、社区居民三种力量的协同共治。

（二）洞察乡村发展面临的困境与瓶颈

乡村发展所面临的问题，真切地影响着广大农民的生活与发展。于乡村里的青壮年而言，他们虽然是家庭的主要支撑者，却因为缺乏对农村、农业的认知和经验以及受农村发展的客观限制，难以留乡，只能外出谋生。外出的青壮年常常面临"融不进城市，回不去故乡"的尴尬处境。于家庭而言，老人照料、亲子关系和教育等压力伴随青壮年外出而来，家庭面临生活不稳定性高、抗风险能力低的困境。于村庄而言，整体性的人才流失、劳动力老化、产业凋敝、文化断层、意识落后、资源匮乏等问题不断出现。

人是解决一切问题的核心。然而，在工业化、城镇化背景下，乡村人才大量外流，出现总量不足，结构不佳，质量不高，乡村发展环境不利于吸引乡村人才回流，乡村人才培养、管理和使用机制不健全等问题。据统计，截至 2017 年底,中国农村各类实用人才只有 1690 多万人,仅占农村劳动力的 3.3%。这在一定程度上反映了农村人才总量不足,实施乡村振兴战略面临着严重的人才瓶颈制约(王浩,2018)。

乡村振兴战略的实施不仅需要各类有效劳动力,还需要素质较高、能力较强的农村实用人才。乡村振兴战略提出的"产业兴旺、生态宜居、乡风文明、治理有效、生活富裕"总要求为乡村人才建设指明了方向,也为乡村人才成长提供了广阔前景和发展机遇。

(三)传承爱国华侨"不忘初心 情系桑梓"的精神

福建省林文镜慈善基金会成立于 2016 年 6 月,是一家在福建省民政厅登记注册的非公募基金会,缘起于对著名爱国华侨林文镜先生爱国爱乡、回报社会的精神传承。林文镜先生早年离开家乡福清市溪头村,下南洋谋生。有了帮助他人的能力后,林老先生不仅向家乡捐款捐物,还为家乡捐建拖拉机站、机砖厂、养鸡场等诸多村办企业,大大改善了乡亲们的生活。1985年,林老先生放下如日中天的海外事业,竭尽全力调动海内外朋友的力量共同建设家乡,先后促成融侨工业区、洪宽工业园、江阴港等的建设,引入冠捷科技等多家国内外知名企业,为福清的经济发展做出巨大贡献。2016 年,林文镜先生的长子林宏修先生发起"林文镜慈善基金会",用以纪念父亲,传承家族慈善精神。林文镜先生的精神及事迹为基金会塑造了公益慈善的基本理念和底色。"让家乡美好,让社区幸福"的使命、"根基在人,以爱担当"的价值观、基金会理事长"基金会要有时代性,要符合时代需求,要与国家重点扶持方向一致"的希冀,加上在公益人才培育方面有着丰富经验的刘洲鸿秘书长的操盘,这些不谋而合的因素使林文镜慈善基金会在成立之初便关注乡村的发展,并将关注点落在了乡村人才的发展上。

林文镜慈善基金会基于对政府政策、社会痛点、前人探索、自身基因的了解和把握,在关注乡村发展的过程中,看到已有一批对家乡发展充满情怀、富有理想、敢于创新的青年人应运而生。他们有着和林老先生一样的爱乡情怀和担当,毅然回到家乡,致力于带动家乡发展。同时,他们面临着极其严峻的形势和挑战,非常需要社会力量的支持。于是,林文镜慈善基金会发起了"大地之子——乡村发展带头人支持计划",在福建省范围内寻找一批乡村发展带头人。该计划旨在通过支持和培育乡村人才,为乡村振兴增添一支强有力的主力军，助力乡村全面协调发展。

二 怀揣梦想的乡村发展带头人

（一）乡村的发展需要有人带头，谋求新生之路

乡村是一个由物质和精神构成的复杂有机系统和场域。乡村问题的解决需要依托不同的资源和力量。每个乡村都或多或少具有自然、文化、人力、经济和政治资本。然而如何挖掘、调动和积累这些资本？政府和社会的力量在参与乡村振兴的过程中如何发挥作用以真正促进乡村可持续发展？这些都需要依托特定的"人"。

我们认为那些扎根乡村，愿意带动村民和村庄发展，具有"公心、行动力、领导力"特质和社会创业精神的人，因其自身的价值追求、行动积累，恰巧可以作为村庄内部的关键人才和带头人。这样的乡村人才能够带动盘活乡村的生态、经济、文化、政治资本，融合好政府和社会的力量，发挥撬动乡村系统发生变化的杠杆作用，推动乡村发展（见图1）。

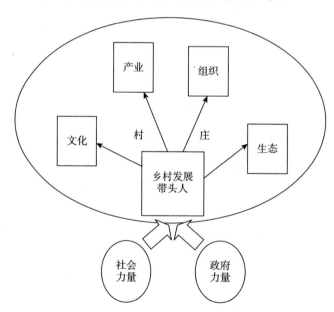

图1 以乡村发展带头人为着力点的乡村综合发展路径

基于对20位乡村发展带头人的观察，我们看到，这些致力于乡村发展

的带头人分别以村干部、新型农民、乡贤的身份,从村庄产业、村庄组织、村庄文化、村庄生态等方面入手,不断探寻着带动乡村发展的道路,寻求新生的可能。

1. 推动乡村产业升级,带动村民就业与增收

无论是出于个人及家庭在村庄立足的需要,还是从带动村民及村庄发展的角度考虑,推动村庄生计及产业发展往往是乡村发展带头人首先会考虑和需要突破的方面。他们通过引入科学种植方法及现代化、标准化生产方式,提高生产效率,提升经济效益,带动村民就业,增加村民收入。

蜜柚产业是漳州市平和县的支柱产业。在传统产销模式下,果农常常面临被恶意压价、产品滞销等问题。当地的生态环境也因为果农盲目扩大种植规模、过度施用农药化肥而面临重重隐患。2015 年,陈斌鑫怀揣着改善蜜柚产业的信念,回乡创业。返乡后,陈斌鑫基于对村庄产业及市场的调研,采用"合作社/公司 + 农户 + 植保公司"的模式,引导村民学习安全农业的理念和科学种植技术。他还建设了 1200 多平方米标准化蜜柚分拣厂房,开拓"互联网 + 众筹 + 社群 + 批发市场"多元销售渠道,带领农户种植优质蜜柚并卖出好价格。2020 年初,陈斌鑫已与 8 户 13 位作业长深度合作,带动 40 多位村民就业,帮助 100 多户家庭销售蜜柚,促使合作的每户农户每年增收 5000 元以上。

南靖县金竹村"大地之子"王静辉亦从产业振兴入手,带领创业团队,成立了南靖县泓净茶叶专业合作社。他们通过改善茶园基础设施、链接专家开展种植培训、推广茶园生态旅游等方式,探索出涵盖土壤保护、种植技术改良、茶叶加工、茶文化推广、茶叶销售等全新的茶产业发展模式,促进茶产业良性发展。2018 年,王静辉还争取了 1200 多万元政府发展资金,建设贯穿三个村庄的茶山观光线路,推进区域共同发展。在精准扶贫方面,泓净茶叶专业合作社帮助精准扶贫户 31 户(95人)全部脱贫。2019 年,泓净茶叶专业合作社被认定为南靖县农业产业化龙头企业。王静辉个人获得"第十五届福建青年五四奖章标兵"等荣誉称号,并入选第十六届漳州市人大代表。

2. 联动乡贤，建设村民自组织，优化村庄治理

在村中担任村干部的发展带头人，在组建村两委班子、优化村两委办事方式、增强村两委公信力及影响力方面发挥了积极作用，推动了村庄治理能力的提升。

　　80 年代的龙岩市连城县璧洲村，村民富裕、村财雄厚，被称为"连城第一村"。然而，因村两委治理不当，村集体 20000 多亩山林被变卖，村民逐渐失去对村两委的信任。村庄成为上访重点村，经济萧条，公共事业瘫痪，呈现一派衰败景象。返乡任村主任的林苹斌在乡贤的支持下，完成村庄整体规划，设立村两委公开透明的做事原则，收回集体林地，还利于民。他还争取政府支持，恢复并优化了荒废十几年的水利、道路等公共设施；进行村庄古建筑保护，创新民俗节庆活动，打造出璧洲特色。在林苹斌的带动下，璧洲村不仅上访率降为零，还陆续获得"中国历史文化名村""福建省级乡村振兴试点村"等称号。村民的自豪感和幸福感得到增强。

此外，乡村发展带头人在推动乡村教育、特殊人群关爱、村庄环境改善等的自组织建设方面发挥着重要作用，越来越多的村民以自组织方式关注并参与到村庄公共事务中来。

　　在建瓯市桃源村"大地之子"张云波的带动下，村庄组建起妇女骨干团队。她们不仅参与村庄集体合作社经营，还推动村庄公益事业发展，如自发在村庄举办青少年夏令营活动、建设"鸟巢书屋"、建设爱心超市等。

　　永春县"大地之子"辜燕萍不仅引入福建省野百合助学公益服务中心、大学生志愿者，开展夹际村调研及支教服务，还发展老中青志愿者队、小学生社团、华侨乡贤会等自组织，带领村民对闲置小学进行修缮，建设书院，开展服务，从而激发村民的主人翁意识和积极性，共同发展村庄。

3. 挖掘村庄文化，复兴传统习俗，留住村庄的根

乡村发展带头人往往对家乡有着难以言说的深情厚谊，乡土情怀是召唤他们返乡并扎根的内在动力。乡村发展带头人大都不约而同地在村庄文化挖掘与梳理、传统习俗复兴与传承、古建筑修缮与保护方面做了大量工作，激发村民对村庄的归属感、认同感与自豪感。

大田县东坂村"大地之子"巫振桂返乡后，投入古建筑的修缮和保护。他协同当地政府，对村庄93座老旧房屋进行抢救性修缮和改造。同时，他鼓励乡贤建设平阳书院，梳理百家宴、巫家拳、畲药文化等畲族文化，组织村民参与定期开展的村庄文化学习与培训工作，大大提升了村民对村庄文化的认知和文化自信。东坂村因此被评为"中国历史文化名村""中国传统村落""中国美丽休闲乡村""中国少数民族特色村寨"。

4. 进行生态种植，保护村庄生态环境

乡村发展带头人秉持"绿水青山就是金山银山"的理念，成为生态种植的倡议者和经验输出者。他们积极引进农业专家资源，建立生态种植示范基地，带领村民改变传统有害的种植方式，生产生态、健康、安全的农产品。此外，他们还根据村庄的生态资源情况，进行合理规划和保护，发展生态旅游，探索人与自然和谐发展。

霞浦县承天村"大地之子"李上后于2010年返乡创业，成立农业合作社。他以"鸭稻共生"模式带动农户开展不用农药、化肥的生态种植和养殖。在李上后的带动下，承天村不仅保留着良好的生态环境，村里的农户每年增收8000元以上，还为城里人提供了安全放心的农产品。2018年，福建省农业厅专门在承天村设立"鸭稻立体种养模式试验区"。"鸭稻共生"模式得到福建省农业科学院和宁德市农业科学研究所的肯定与推广。

漳浦县马苑村"大地之子"许巡嵘则采用"自然农法农产品生产＋农产品IP形象打造＋多元化销售渠道"的模式，带动村民生产生态、健康的农产品。以百香果为例，许巡嵘通过培育优质的黄金百香果种苗，

建立百香果种植示范基地，面向农户开展自然农法培训，提供有益微生物菌肥和酵素等方式，带动 100 位农民，种植生态百香果 1000 多亩。

（二）乡村发展带头人的特质

有人带头的村庄，它的变化与发展显而易见，在乡村振兴战略下也将获得更多发展机遇。那么，什么样的人才是"乡村发展带头人"，才能推动村庄发展？以"大地之子计划"为例，我们发现"乡村发展带头人"可以是有不同的身份，处在不同的阶段，采用不同的策略，致力于乡村产业、文化、组织、生态不同层面的探索，但同时又具有特定的品质、精神和行动力的乡村在地人才（见表1）。

表 1　乡村发展带头人画像（供参考）

特质（共同特征）	身份角色（不尽相同）	发展阶段（不尽相同）
有公心	乡村基层干部	起步期
有使命感	新型农民	快速发展期
有行动力	乡贤	稳定期
有领导力		转型期
扎根乡村		

从身份角色看，20 位"大地之子"介入村庄发展的身份角色大体可以分为三类，分别是乡村基层干部（7 人）、新型农民（10 人）、乡贤（3 人）。不同的身份对应了他们推动村庄发展的不同切入点，即乡村治理、乡村产业、乡村文旅等。

从"大地之子"自身及事业发展状态看，发展阶段可分为：起步期（个人及事业处于探索阶段，未完全确定是否可以良性发展）、快速发展期（已摸索出可行的经验模式，业务规模进一步扩大中）、稳定期（个人及事业都相对成熟、稳定）和转型期（在原先的基础上成功拓展新的方向）。在 20 位"大地之子"中，9 位处于起步期，3 位处于快速发展期，6 位处于稳定期，2 位处于转型期。

20 位"大地之子"具有鲜明的相同特质：他们往往具有强烈的使命感和爱乡情怀，扎根乡村多年（全部为 5 年以上），为推动乡村发展采取了积极务实的行动并在推动过程中始终秉持公心,致力于带动村民一起发展。这里的带动可以是文化、产业、生态、组织中的一方面或多方面,关键在于在带动过程中充分尊重村民的主体性,激发出村庄的内生动力。

以"大地之子"林萃斌为例,其所在的连城县璧洲村是文化底蕴深厚的传统古村落。村中的 60 余栋古建筑,是该村最核心的元素之一。随着城镇化的发展,人们逐渐离开村庄,村里的古建筑年久失修、摇摇欲坠。

2015 年,在林萃斌这一届村两委的带领下,乡贤回归,出资出力,和村民一起参与了村庄的公共事业建设。以古建筑修缮为例,他们推出"以奖代补"政策,号召各宗族代表成立全村的"古建筑修缮理事会"。理事会与村两委共同决策古建筑修缮补助款的使用。各宗族的宗祠、古民居均可作为古建筑修缮申请对象。申请获批后,由各宗族与理事会签订协议。各宗族自行组织协议允许范围内的维修和改造工作。理事会则根据协议及工程实际效果,给予一定比例的费用支持作为激励。"以奖代补"这一以百姓自发力量为主,以村委会补助为辅,责、权、利明确的灵活管理机制,成功将政府、村两委、宗族、百姓创新联动起来,也充分激发了宗族力量、民间力量的主体性和责任心。古建筑修缮不仅保留下一批有价值的古建筑,让各宗族有祭祖烧香、游龙灯的公共场所,重新唤起村民的宗族观念,增强了宗族凝聚力和家族认同感,还为村民发挥主体性、自发参与村庄事务搭建了共商共议共建的机制。

目前,璧洲村各宗族积极参与村庄公共事务,已主导修缮古建筑 8 栋,修缮面积达 2000 余平方米,拆除旱厕 3000 余平方米,整治主街道裸房 4000 余平方米,修复古道古圳 800 余米。林萃斌说:"古建筑修缮以及村庄治理的过程其实是人与人之间关系重塑的过程。乡村要治理好,其实没那么难,关键是机制的建立以及人心的收回。当人心回来了,乡村肯定是活的。"

虽然乡村发展带头人的身份角色和发展阶段会因个人及村庄的发展需求发生变化,但其特质是相对稳定的,同时需要不断被凸显和强化。

（三）梦想与现实的碰撞

带着梦想扎根村庄的乡村发展带头人，并非一帆风顺，他们大都承受着巨大的压力和挑战。首先，他们面对的是逐渐凋零和衰败的村庄，在人财物缺乏的条件下找到自己的立足点以及村庄新生的方向非常不容易。

据李上后回忆，从 2010 年到 2015 年，他一直在寻找和尝试可以让自己生存下来的生计。他干过运输、养过猪，也学着收集农产品卖给收购者。那时候他没有得到亲人朋友的帮助，更不会获得政府的关注，是靠着信念和情怀撑下来的。2015 年之后，他的生计才开始有起色，确定以种植生态水稻、养殖家禽为主业，同时根据客户需求，适当推广村里的粉丝、山茶油、笋干等土特产。正是经过多年生产经验和市场客户的积累，有了稳定收入后，李上后才有能力带动其他村民一起发展。

其次，即使有了在村庄立足的基础，找到村庄发展可能的方向，带动村民一起推动村庄良性发展也是非常考验勇气、担当和智慧的一步。目前，参与乡村生活与劳作的大都是中老年人（年轻人外出务工，脱离乡土；儿童尚无独立参与事务的能力）。他们一方面善良、淳朴，注重血缘和宗族的人情关系；另一方面却相对封闭、世故，缺乏先进的经验、技术、能力以及契约精神。现阶段，缺乏同行者一起推动村庄发展仍然是大部分发展带头人面临的关键瓶颈。

再次，乡村发展带头人在处理村庄事务、带动村庄发展的过程中，需要各种各样的经验、知识、能力、影响力来支撑。处在探索过程中的乡村发展带头人并非样样精通，唯有不断积累经验、提升能力和公信力才能更好地应对各种各样的挑战。如何有效获得所需经验和能力，是乡村发展带头人面临的现实问题。此外，乡村发展带头人几乎都遭遇过亲朋好友的不理解和不接受，身心压力无处排解。

回忆起返乡初期，李上后说："那时候基本上还没有什么大学生返乡创业。刚返乡的时候是不被理解的，特别是家人。返乡头三年，我没在家里吃住，只能和不算反对的外公一起住。直到 2013 年，家人看到我确实非常努力,一直实实在在做事情,有了一些成绩,他们的态度才有所改变。"

诚然,乡村的发展需要有人带头,如今已经出现一批又一批有梦想、有公心、有行动力的有志青年和实干家,带头推动乡村发展。但在复杂、逐渐凋零的乡村环境下,他们显得独特而渺小,常常面临很多挑战与挫折。他们渴望被看见,也需要来自外部力量的支持。林文镜慈善基金会资助的"大地之子计划"正是公益力量为乡村发展带头人提供支持的一次探索实践。

三 公益力量助力乡村发展带头人的路径

"大地之子计划"是以助力乡村实现产业兴旺、生态宜居、乡风文明、治理有效、生活富裕为着眼点,以扎根乡村、有公心、有行动的乡村发展带头人为着力点的乡村人才培育项目。自 2017 年发起的两年时间里,该项目收到 336 份申请书,深度考察了福建地区 54 个村庄,最终筛选出辐射福建省 7 个地市的 20 位乡村发展带头人,其中 9 位来自福建省级贫困县。项目为每届"大地之子"提供持续 3 年的灵活资金 [5 万元/(人·年)]、能力建设、伙伴网络、资源链接、个性化服务、宣传报道等多样化支持。2019年,林文镜慈善基金会对 20 位"大地之子"进行了阶段性评估,结合 3 年来对他们 5—10 年返乡推动村庄发展之路的观察,系统地梳理了 20 位"大地之子"个人、村庄和项目的发展情况。基于上述实践和观察,笔者尝试探讨在乡村振兴背景下,公益力量开展乡村人才培育工作可能的路径和价值。

(一)公益力量支持乡村发展带头人的策略(见图2)

1. 把握真需求,联动多方力量,合力支持

乡村发展带头人因处在不同发展阶段,面临不同处境,而呈现多样化需求。准确把握乡村发展带头人和村庄的全面信息与真实需求,是人才培育工作取得成效的基础。乡村发展带头人和村庄的需求,可以从个人、家庭、社区三个维度及乡村振兴的五个方面展开了解、分析和把握。为把握真实需求,项目人员既要进入各相关系统,洞察细节;又要懂得抽离,站在更高更大的系统中去判断。

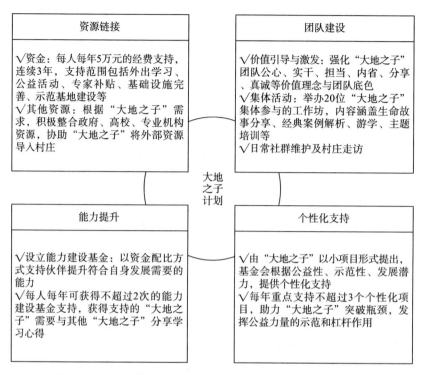

图2 乡村发展带头人支持体系（以"大地之子计划"为例）

为乡村发展带头人提供的多样化支持，需要联合多方，借力开展。比如，基金会可以与政府相关部门联合进行项目推广，或协助政府资源更好地落地村庄。在能力建设方面，因涉及众多层面和议题，专业要求高，基金会则可以联合在乡村工作方面有资深经验的机构进行赋能。例如，可以设立能力建设专项基金，以配比的形式支持乡村发展带头人及其团队外出参加学习；也可以邀请外部专家开展定制化培训。在传播方面，基金会可以联合当地媒体共同开展。在研究方面，基金会可以联合科研院所和高校协同进行。总的来说，基金会可以充分发挥自身的资源优势和枢纽作用，对接不同资源，合力推动乡村发展。

2. 通过非限定资金给予发展空间和灵活性，发挥杠杆和示范作用

"大地之子计划"给予乡村发展带头人资金支持的出发点十分纯粹。乡村发展带头人是资金的支配主体，可在遵循公益性、发展性原则的前提下，根据实际需要自主安排资金的用途。资金可以用于外出学习、补贴家用、村庄无处列支的公共开支、生产示范基地建设、村庄公益事业开展等内容。通

过评估，我们发现每年 5 万元，连续 3 年的灵活资金，给予乡村发展带头人较多的空间和底气。他们发挥资金的杠杆作用，撬动了村庄内外部的其他力量共同参与村庄建设。

"大地之子"何梅英利用基金会给予的 1 万元启动资金，撬动村民和华侨近 40 万元的捐赠，带动乡亲们一起修路，改善民生。

"大地之子"林苹斌说："申请的时候主要看中这笔钱的非限定性，这才是真正懂农村的钱。"

3. 搭建伙伴网络，发挥团队力量，给予更有力的支撑

身处人才流失、产业退化、文化断层、逐渐凋零的乡村环境里的发展带头人时常感到不被理解、力不从心、迷茫。基金会通过一定的方式，把这群志同道合却分散在各地的乡村发展带头人聚集起来，建立价值共鸣、高度信任、深度连接、彼此分享的伙伴网络。这种伙伴网络的建立能发挥相互激励、资源共享、经验借鉴的团队力量，实现一个人到一群人的转变，进而更有力地推动和支撑乡村发展。

"大地之子"王静辉说："'大地之子计划'的价值观非常正向。它关注人，关注良性发展，倡导社会责任感，不那么物质和功利。在乡村里推动改变的人往往很孤单，但'大地之子'之间可以彼此信任，可以抱团取暖，可以获得无保留的分享和支持。"

伙伴网络建设的方式多种多样，包括生命故事分享会、经验案例分享、团队活动共创、团队成员互访等。伙伴网络建设需要有专门的人及时跟进，并了解乡村发展带头人个人及伙伴团队的发展动态和需求，不断挖掘、串联内外部资源，拿捏好干预程度，为伙伴网络中个人及网络的自我发展创造空间。只有激发出伙伴网络的主体性和发展动力，伙伴网络才会有生命力，才能持续发挥作用。

4. "全人视角"的能力建设及陪伴成长

乡村发展任务艰巨，问题层出不穷，这就对推动乡村发展的人提出极高

的要求。乡村发展带头人力量的发挥不单由其知识技能、资源决定，更受其自我认知、性格力量影响。乡村发展带头人只有生发出源源不断的内在动力和力量，提升能力和格局，才能更好地应对推动乡村发展过程中的各种挑战和考验。梁漱溟也提到"教育"并不限于知识技能教育，更注重"生命本体"的激发与培育（钱理群，2018b）。因此，"大地之子计划"的能力建设不只是对知识技能的学习，还包括对个人内心的关注及内在力量的提升。

在总结和回顾自己成为"大地之子"的感受时，何梅英用质朴的语言说道："我非常自豪可以成为'大地之子'，这3年我们一起去了台湾、浙江以及福建省各个村庄。通过深入的考察和学习，我快速实现了个人的成长。"

王静辉说："返乡初期，能够获得的支持很少，我感到特别的孤独无助。成为'大地之子'后，有优秀的前辈、老师、伙伴一起相互学习、借鉴，成长很快。'大地之子计划'的支持很难得，尤其是它在个人内心的关注上，对我帮助很大，让我明白一个人只有内在不断强大，才能支撑做更多的事情。"

林文镜慈善基金会认为，人的成长与改变犹如大树的成长，是一个漫长和复杂的过程。人才培育工作亦是缓慢、曲折的过程，需要有足够的耐心与用心。若能让乡村发展带头人的基本价值观和动机如大树般根系发达，看见村庄发展的"真问题"，并从"大格局"出发去推动，他们就能够在相应的位置上持续推动乡村发展。

（二）公益力量与乡村发展带头人形成协同发展

"大地之子计划"的探索开创了公益力量参与乡村人才培育和乡村发展的新方式。该计划因此成为共青团福建省委乡村振兴案例，并启发光泽县政府进行县域乡村发展带头人培育。通过对"大地之子计划"的跟进与评估，我们清晰地看到公益力量如何着力于乡村发展带头人的培育，进而推动乡村发展。

1. 乡村发展带头人为外部力量参与乡村发展提供强有力的对接

村庄作为一个庞大、复杂的系统，要发生改变，需要依托一个足够有力、坚实的基点逐步撬动。政府和社会力量对村庄的了解和投入相对有限，常无法精准、有效地发挥作用。正如贺雪峰提到，自上而下的项目决策与农民自下而上的公共品需求偏好缺少对接。中国农村情况千差万别，农村公共事业的标准化程度很低，自上而下的项目资源往往不能发挥有效作用（贺雪峰，2020）。那些扎根村庄，具有社会创业家精神、强烈意愿和超强行动力推动乡村发展的带头人是乡村发展的主力军。他们清楚村庄的发展困境与需求，具备推动村庄发展的行动经验和群众基础，能够抓准村庄发展的关键点，并有能力作为承接者、协调者。与此同时，乡村发展带头人在推动乡村发展过程中需要多种多样的资源、渠道和能力，需要外部力量的助力。这使得乡村发展带头人有动力、有能力与外部力量协作，共同促进村庄发展。

光泽县仁厚村曾是福建省级贫困村之一。为推动村庄发展，政府派驻村书记和科技特派员提供支持。驻村书记和科技特派员了解村庄情况后，纷纷与在地"大地之子"周建仁协同合作。周建仁协调、平衡村民、村委，联动光泽县政府各部门，共同推进稻花鱼养殖示范基地建设、养殖培训、稻花鱼推广等项目，整体提高农户养殖水平和收入。

福鼎市西昆村农户为了提高茶叶产量，肆意使用农药、化肥，对当地生态环境和人居环境造成严重影响。当地政府找到西昆村村书记暨"大地之子"孔庆平落地万亩茶园生态种植示范项目，对全村茶产业种植进行严格管理。与此同时，慈济义工通过孔庆平在西昆村找到一处破旧老房屋，整修后设立环保站，开展环保倡导，组织村民参与垃圾分类，共同提升西昆村人居环境和生态环境。

2. 公益力量助力乡村发展带头人更好地成为村庄发展的窗口和桥梁

公益力量在"引进来"与"走出去"方面给予乡村发展带头人直接的支持。公益力量会根据村庄发展需求，积极导入农科院、高校、公益组织等外部资源和渠道，填补村庄发展的资源空缺。公益力量也会积极引入好的理念、方法，赋能村民，促进村庄内生力量成长，助力乡村发展带头人引领村庄发展。

沙县盖竹村是革命老区基点村。随着大量人口外迁，许多老手艺、特色民俗的传承出现断代，乡村文化和记忆难以为继。邓享尧通过"大地之子"计划的支持，链接历史学者刘作忠先生为盖竹村梳理并出版村志，开展乡村文化研究。他找出村里的小腔戏传承人，培养新的"小传人"，并且将小腔戏申请成为"市级非物质文化遗产"，让大家再次看到村庄的文化魅力和价值，为保留和传承乡村文化找到方法与机会。

公益力量与乡村发展带头人的链接和互动，还打通了城乡互动的通道，让村庄获得了更多对外展示的机会，也让农特产品走得更远。

比如，由"大地之子计划"衍生出的上杭县"大地之子"王作华牵头运营的"大地优垦"平台（已注册商标），将20个村庄产品进行筛选、组合后推广到城市。3年来，融侨集团及其他企业采购"大地优垦"平台推出的"新春之礼""端午之礼""夏日之礼"13000多份，带动村民销售收入200多万元。疫情期间，"大地之子"何梅英所在村庄枇杷滞销。融侨集团工会、营销中心及员工个人采买滞销枇杷10000多斤，减少了农户的损失。"大地优垦"平台还存在更多可能，它将常态化促进城乡互动，让乡村产品走出去，让城市的资源流向乡村。同时，该平台还会将一定比例的收益用于支持乡村公益。

3. 公益力量提升了乡村发展带头人对村庄的参与度和带动性

在项目的支持下，乡村发展带头人更加清晰地看到返乡初衷及村庄发展的多个维度。他们逐渐从更加系统、全面的角度，在乡村产业、生态、文化、组织各层面进行推动和串联，逐步让乡村发展为一个有生命力的整体。

半数"大地之子"对村庄事务的关注有了拓展和延伸。比如，王静辉和陈斌鑫一开始只专注于生计发展，在分别参与竞选成为村书记和村委员后，将关注点从产业发展拓展到村庄治理。缪正和孔庆平则将关注点从村庄文化保育拓展到乡村产业发展。张云波、郑铃洪、巫振桂则从原来的村庄治理延伸到村民生计、集体经济的探索。何梅英、谢雪玉、许巡嵘则从专注生计发展拓展到推动乡村公共事务发展。

乡村发展带头人带动性的增强，体现在对本村、本县域以及同行业的带动上。乡村发展带头人深度扎根村庄，进行了多年探索。他们的经验、视角、行动和资源可以给予有意愿或者刚刚返乡的人很多借鉴与助力。

"大地之子"黄灵武、辜燕萍、陈斌鑫联合当地共青团县委及县域内的优秀创业者，建立了县域乡村振兴服务站/人才驿站，定期组织乡村创业者相互交流、分享经验、整合资源、协同发展。

四 公益力量开展乡村发展带头人培育的总结与反思

（一）构建以人为中心的支持网络，让支持更有力量

解决乡村发展所面临的人才流失、产业空心化、文化断层、环境污染、资源匮乏等问题的核心因素是人。乡村发展带头人是撬动整个乡村生态系统的杠杆，他们的能量大小决定了乡村发展的程度。因此，乡村人才的培育首先应该将关注点落在"人"身上，让人的内在力量逐渐增强，让乡村的内生力量逐渐生发和强大。公益力量可以为乡村发展带头人建构一个真正"以人为中心"的支持网络，这样的支持网络具备以下几个核心特点。

首先，尊重主体性。村庄是村民赖以生存的家园。作为外部力量，应该激发并尊重村民的主体性而不是把他们当工具，甚至取而代之。只有乡村里的人有了动力和能力，村庄才能可持续发展。同样，乡村发展带头人就是"大地之子"支持网络的主体，我们也应尊重他们的主体性。其次，拥有全人视角。乡村发展带头人拥有不同的角色，身处不同的系统，要用完整的视角来看待。他们既是乡村发展带头人，也是父母、儿女、夫妻。他们处在村庄、家庭、朋辈等不同的系统里，有着不同层面的需求。这些角色、系统和需求会有意无意地影响乡村发展带头人如何看待和运用资源，如何面对和处理个人和村庄的公私事务。最后，发挥陪伴作用。乡村发展带头人在面对和

处理纷繁复杂的乡村事务过程中，需要获得持续的关注、倾听与支持。陪伴是支撑乡村发展带头人坚定、有力前行的一股无形而又重要的力量。

"以人为中心"的支持网络为乡村发展带头人提供了一个组织、一个家园，对于乡村发展带头人来说极其难得和宝贵。这个支持网络作用的发挥也有赖于各方的信念、价值观、经验阅历和共同参与。

（二）准确把握乡村发展带头人的带动性

"带动性"体现乡村发展带头人的公心及推动乡村发展的效果。公益力量对"带动性"有准确的认知和判断尤为重要。首先，不能只关注"带动"的数量，进行简单的规模要求，要更加注重在稳步发展过程中的带动以及被带动者的权益保障。其次，不能否认从对亲人和朋友的带动开始，再逐渐向外拓展的带动过程与意义。再次，对村民的带动可以有多种形式，包括合伙创业、技术/经验输出、提供就业等，不同村民适用不同的带动方式。最后，不能否定有利益驱动的带动。纯粹以自我利益为中心，不考虑村民权益的雇用、收购与合作无法体现乡村发展带头人的公心及带动效益。

（三）客观看待乡村发展带头人的"变"与"不变"

在开展人才培育工作的过程中，我们发现乡村发展带头人是变化和流动的。他们与村庄的关系并不总在加强，有的甚至在弱化。比如，一些乡村发展带头人始终只在某个位置、某个层面做一些力所能及的带动。一些乡村发展带头人因为处在探索期，自身及村庄发展路径不明晰或不稳定，在一些阶段可能没有明显的带动性，甚至偏向纯粹的个体商业发展。一些乡村发展带头人原本是村干部，因为表现突出以及有从政机会，他们会离开村庄走向乡镇。还有少数乡村发展带头人，在完成阶段性发展目标后，选择离开原本的村庄和位置，打算开启新的方向。"投资于人"往往存在较大的不确定性和变动性。直观来看，乡村发展带头人的流动在一定程度上弱化或中断了其对村庄的直接影响。然而，只要乡村发展带头人的公心、特质和初衷不变，阶段性的变化与流动就可能在更长远、更大的系统里发挥作用。

（四）公益力量需加大对乡村发展相关系统的影响

公益力量仅是参与乡村振兴的力量之一，政府、市场和村庄本身都是乡村振兴这项大工程的重要相关方。这些相关方在乡村振兴中有自己的出发点、立场和方式方法，他们可能形成合作，也可能相互排斥。在乡村振兴中，公益力量如何看待和处理好与基层党政系统、村庄、村民及市场的关系，以更好地获得空间，发挥自身独特的优势和价值尤为重要。从"大地之子计划"看，公益力量对与乡村发展密切相关的其他系统的影响相对有限，尤其是缺少对基层党政系统的影响。虽然"大地之子计划"有共青团省委作为指导单位，团系统较多地给予在地"大地之子"荣誉、树立典型、资源对接等支持，但是基层党政组织这一对乡村发展至关重要的系统对乡村发展带头人及如何与之结合共同推动乡村发展的认知不足、关注不够，这在很大程度上制约了乡村发展带头人力量的发挥。加强对乡村振兴参与方的认知，把握好与重要相关方的关系和协作，是公益力量增强乡村发展带头人支持网络必不可少的部分。

五 结语

当下乡村有自身很突出且强势的一面，即具有明显的家庭自治性，组织很弱，村民个体较强。村两委带领下的全体村民，是村域资源的所有权主体，是村域的真正主人。同时，作为一个市场能力和组织能力缺失的弱势团体，乡村发展多停留在或是政府投资或被社会投资方相中的认知水平阶段（王龙泉，2020）。面对乡村强与弱的特征和逐渐凋零的现状，乡村振兴既需要增强自身的内部动力和能力，也需要来自政府、社会力量的参与和帮助。乡村内外部力量在合适的位置发挥作用，促进乡村民心凝聚、资源撬动、组织能力提升，实现可持续发展，关键在于人，特别是对乡村人、物、事及发展规律充分了解和运用的在地人才。乡村发展带头人是乡村发展强有力的在地人才之一。乡村发展带头人可以通过挖掘在地文化、建立治理体系和运营系统，重塑乡土精神，凝聚民心，提高组织力，创新发展力，激发村庄的内在活力。乡村发展带头人还可以作为外部力量介入村庄的对接点，让介入村庄的外力真正发挥撬动之力、激活之力和服务之力，而不是取代之力、驱赶之力。因此，唯有支持和培育好乡村在地人才，通过乡村在地人才激发村庄内生力量，与村庄外部力量协同发展，乡村振兴才能真正实现产业兴旺、生态宜居、乡风文明、治理有效、生活富裕的总目标。

参考文献

方晓丹，2020，《从居民收支看全面建成小康社会成就》，《人民日报》7 月 27 日，第 10 版。

贺雪峰，2020，《村级治理的变迁、困境与出路》，《思想战线》第 4 期。

宁吉喆，2020，《全面建成小康社会取得决定性进展 决战决胜实现目标必须加快补短板》，《人民日报》7 月 24 日，第 11 版。

钱理群，2018a，《志愿者文化丛书：晏阳初卷》，生活·读书·新知三联书店。

钱理群，2018b，《志愿者文化丛书：梁漱溟卷》，生活·读书·新知三联书店。

王浩，2018，《农民培训更要接地气》，《人民日报》1 月 14 日，第 10 版。

王龙泉，2020，《乡村振兴参与者间的关系初探》，8 月 12 日，愿乡研究院，https∶∥mp. weixin. qq. com/s/AD28NJMXjViYy6z4hOVltw，最后访问日期：2021 年 1 月 25 日。

温铁军，2020，《"一懂两爱"与去精英化的教育创新》，5 月 5 日，乡村建设研究，ht-tps∶∥mp. weixin. qq. com/s/4pwrzu－2WUpZSwYvWM8wcA，最后访问日期：2021 年 1 月 25 日。

2

新村民迁入与乡村社区服务的改善

吴 晨[*]

中共中央、国务院于 2018 年颁布的《国家乡村振兴战略规划（2018—
2022 年)》（下文简称《规划》）将现有村庄分为集聚提升类、城郊融合类、
特色保护类、搬迁撤并类四种类型，明确提出要"分类推进乡村发展"。针
对城郊融合类村庄，《规划》提出要"在形态上保留乡村风貌，在治理上体
现城市水平，逐步强化服务城市发展、承接城市功能外溢、满足城市消费需
求能力"。实现这一目标的重点在于促进人才在城乡间的流动，鼓励社会人
才投身乡村建设。如果细化到乡村建设的不同领域，过往案例多探讨外部资
源如何与农业产业发展相结合，社会人才在乡村创业也多集中在农业领域。
但在夯实农业基础之外，社会人才在城郊融合类村庄有更为广阔的技能施展
空间。

本研究选取的案例位于昆明市近郊的大墨雨村，是一个较为典型的城郊
融合类村庄。2018 年以来，该村聚集了大量从其他省（区、市）迁移而来
的新村民。作为一个拥有蔬菜种植传统的农业村庄，大墨雨村在社区服务的
供需机制、服务主体、服务内容等方面因人力、智力与资源的进入而发生了
变化。这一现象与过往的案例经验迥异，社会人才并未大量进入产业，而是
刺激了社区服务的供给。与此同时，大墨雨村的社区服务较为集中在教育行
业，并且覆盖了从幼儿到成年人的广泛群体，具有《规划》中所提及的
"满足城市消费需求"的功能。这一实践对探讨如何促进城乡融合亦具有参
考意义。

一 大墨雨村社区服务基本状况

社区服务可分为公共服务、非公共服务两类。以社区为平台，促使各类

---

* 吴晨，云南省昆明市西山区永续动力城乡社区服务中心主任。

服务资源下沉，实现供需有效对接，是打通社区治理"最后一公里"的关键。与城市资源大量集中于中心商业圈相类似，乡村社区服务的分布经历了从村级集市到县乡固定经营场所的转变，各类服务资源逐步集中于乡镇和县城两级。现有研究指出，中国城乡社区服务体系建设仍处于起步阶段，社区服务供给与人民群众的需求相比仍存在一定差距。具体表现为社区服务总量缺口较大、社区作为推动基本公共服务均等化的载体尚未充分发挥作用、非公共服务的多样性和多元化程度有待提升等（李晓琳、刘轩，2020）。

以大墨雨村为例，该村总户数为286户，人口总数为892人，其中彝族人口占95.64%。从人口规模上看，大墨雨村是一个体量相当大的村民小组。以2018年新村民大量迁入为节点，该村之前的社区服务设施包括操办红白喜事的客堂、篮球场、健身设施、党建广场、3家小卖部（其中2家不定期营业）、一座逢周五开张的小型磨坊。其中，客堂、磨坊由村小组投建，每年经村民大会讨论，由村民出价承包。由于生活方式的转变，如村民不再饲养大型家畜，磨坊已经逐步停止使用。而具有公共服务特性的篮球场、健身设施、广场等，在投建之初便属于村民被动接受的服务设施，因此难以与大墨雨村的自身特性相结合，适合人群、使用频率较为有限。社区居民所需要的绝大多数社区服务，如医疗、教育、便民生活服务等，都集中在距离村庄6公里之外的街道办（原镇政府）所在地。

总结来看，大墨雨村能够投射出绝大多数农村社区服务的现状及背后的原因：需求导向的供给理念与机制尚未建立，社区居民处于被动接受服务的位置；市场化手段应用不足，即使引入社会组织提供服务，也只能依赖政府购买，缺乏持续运营的能力；社区服务急需的人、财等关键要素难以下沉到社区层面。随着2018年新村民的大量迁入，这一困境发生了根本性的变化。

二 早期迁入大墨雨村的新村民群体分析

对于早期迁入的新村民而言，选择落脚点的首要因素是与城市毗邻的地理位置，其次是当地的自然环境和社区氛围。后期迁入的新村民，则更为依赖社区中前人已经搭建好的关系网络、社区基础等。以下将首先分析大墨雨村为何成为新村民理想的移居点，其次以最早迁入的35位新村民为分析对象，从他们的身份特征、迁入动机等指标，讨论人才何以能下沉到农村社区，并在此长期居住。事实上，对于那些有可能吸引外部人才的城郊融合类村庄而言，早期迁入的新村民更有可能对社区产生长远的影响，并因此吸引到越来越多的移居者。

（一）为什么选择大墨雨村？

大墨雨村兼具城郊融合类村庄和特色保护类村庄的特征。首先，从地理位置而言，它地处昆明西郊，通过绕城高速、棋盘山环山公路与主城区连接。每日有一班公共交通往来昆明核心城区与大墨雨村之间。在与本村行车距离约 20 分钟处，有昆明西部的公共交通枢纽和地铁站。整体而言，新村民如需在城市和乡村之间穿梭，会相当便利。

其次，大墨雨村是一座拥有 300 多年历史的彝族古村落。相对于周边其他城郊村庄而言，大墨雨村由于深处群山之中而得以保留相对完整的彝族民俗。村落的东南处是村民耗时十余年修建的水库，四周群山环绕，与棋盘山国家森林公园相接，保留了丰富的动植物群落。

村民生计以蔬菜种植为特色。当地出产的高山白菜在昆明城市居民中颇有口碑。此外，村中的年轻人多就近在昆明城区的服务行业就业，或在镇上从事运输业。一般而言，年轻的父母至少每周末可以返回村中陪伴孩子，或者父母双方中至少有一人可以常居村中。因此，该村的人口结构相对完整，可以支撑起重要的自组织，如同年会①、老年协会等。村民的日常沟通使用彝语，也能较为流利地使用昆明方言。儿童最初学习的口头语仍以彝语为主。

2015 年第一位新村民搬入大墨雨村时，200 余座村内老宅（夯土及土基修建）处于无人居住或近荒废的状态，其中以"一颗印""三间四耳"建筑样式最为常见。平均而言，租赁一处老宅的成本约为每年 8000 元。老宅改造成本则因人而异，但中位数在 25 万元左右。截至 2020 年，已有超过 200 位新村民落户于此。他们一般与本地村民签订房屋租赁契约，期限多为 20 年。老村民一般在村内交通便利处建有高大现代的砖瓦房，因而乐意见到自家几近坍塌的祖宅得以修复，并获得一笔不菲的租金。

---

① 同一属相的人互称同年。在 36 岁及之后，同一属相的人会在属相那一年举办同年会，并宴请全村。

（二）早期迁入的新村民

在老村民的话语体系中，新村民特指在 2015 年后陆续搬入的城市居民。虽然早在 2010 年前后，便有零星的昆明市城内居民在风景优美的村庄水库附近安家，但一些本地村民认为这些早期移民并未给村庄带来任何变化。2015 年，第一户得到老村民承认的新村民迁入。此后直到 2017 年，又陆续迁入 4 户新村民。

随后，由于传统媒体和新媒体的陆续报道以及熟人间的口碑效应，新村民的人数迅速增加。截至 2018 年 7 月，新村民微信群已经有 30 人（未入群 5 人，未统计新村民的子女）。其中约有三分之二的人长期居于村内，其余的人多为昆明、成都等地的城市居民，一般只在周末或者假期居住于村中。这 35 人中，有 4 人出于职业变化、家庭变故等原因，先后搬离了大墨雨村。对最早的 35 位新村民进行分析，对理解城郊融合类村庄如何吸引外来人才颇为关键。他们是典型的拓荒者，具有某些相似的人格特征，有能力迅速在一个地方落地生根，类似于自然界中的先锋植物①。最早的 35 位新村民之间，多数具有直接或者间接的朋友关系。他们以"70 后""80 后"的中青年群体为主，女性占比达到 66%。从职业分布上看，如不计算退休人员，实际涉及 11 个行业，职业背景较为多元（见图 1）。其中，以教育相关、文创和公益三个行业的从业者最为集中。这里对新村民的统计只统计其主要收入来源或代表性职业，但新村民一般横跨 2—3 个行业，有多个生计来源。其中部分新村民在搬入大墨雨村生活后，以生态农业的方式耕种获得少量收入。对新村民来源地的统计并非统计其出生地，而是迁入大墨雨村之前的长期（多于半年）生活地。从统计结果看，来自昆明、大理等云南本地的新村民数量最多，其次是从北京、四川等地搬入的新村民（见图 2）。

在早期的 35 位新村民中，除去随子女迁入的 4 位退休老人，有接近一半（14 人）的新村民明确表达期待在大墨雨村实践可持续的生活方式。对于什么是可持续的生活方式，虽然每个人的理解以及在具体生活中的实践各

---

① 先锋植物（pioneer plant）指群落演替中最先出现的植物。先锋植物具有生长快、种子产量大、扩散能力较强等特点，但不适应相互遮阴和根际竞争，所以很容易被后来的种群排挤掉。

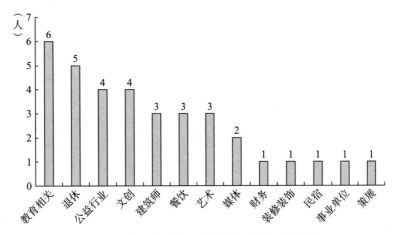

图1 以2018年为年限统计的新村民职业分布

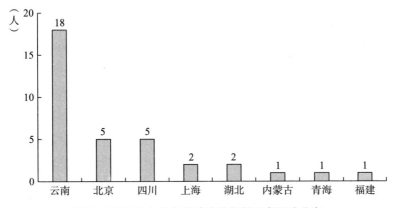

图2 以2018年为年限统计的新村民来源地分布

有差异，但综合来看至少包括内心安顿、减少对环境的破坏、恢复人与人之间的情感联结、向本地村民学习等四个层次。在其余的21位新村民中，1位新村民为专业的民宿经营者，期待在大墨雨村发现乡村旅游的商业机会；9位新村民结合自己的居住和工作需求，建立了苗圃基地、艺术工作室等；11位新村民则是考虑自己的假期、未来退休后的居住地。截至2020年底，新村民的人数已经突破200人，年龄结构逐步过渡到以"60后"的抱团养老人群为主。但最早的35位新村民仍然是新村民群体中最为活跃和稳定的群体。正是因为他们的存在，大墨雨村的新老村民始终处于融合而非分裂的局面。以下将具体描述两位具有典型特征的新村民。

新村民 A：女性，出生于 1983 年，云南本地人，毕业于云南师范大学广告设计专业。她早期在企业公关部门工作，后转至企业设立的公益基金会。由此，她接触到国内的大量公益组织，并开始反思过往的生活方式。她在前往泰国学习可持续生活教育、朴门永续设计之后，回到昆明寻找可以实践生态农业和可持续生活的乡村社区，最终在 2018 年移居大墨雨村。目前她与其他新村民合作，实践食物森林，同时在墨雨村学担任农耕老师，平常也会在本村的餐厅帮工。作为一个践行极简生活的人，村民 A 可以在社区中解决自己大部分的需求。她也是与村内的孃孃们最为熟络的新村民，积极参与村内各种自组织的活动。

新村民 B 和新村民 C：这对夫妻是出生于 20 世纪 70 年代的昆明本地人，育有一子，正在上小学。夫妻俩在设计和布展行业工作，创立了自己的工作室。2018 年，他们租下村内一处坍塌的牛棚进行改造，作为周末和假期的居住地。同时这处空间也被用来展示和出售女主人制作的各类手工艺品，如利用废旧衣物制作的背包、笔记本封皮等。男主人也会不定期制作私房菜，招待朋友和邻居，以及为村中的体验活动提供餐饮服务。他们与村中擅长服饰设计的邻居合作，代售手工制作的传统衣物、饰品等。

三　社区服务重返大墨雨村

大墨雨村的社区服务持续改善和提升，目前来看取决于三个因素。首先，新村民数量在 2018 年之后快速增加。经由媒体和网络的助力，大墨雨村在网络上的社区边界迅速扩大，其社区服务能够接触到的购买者数量、购买能力较之以往都有了较大突破。其次，新村民有智力、资金，通过市场化的手段，成为社区服务的提供者，从而在大墨雨村形成了社区经济的内循环。最后，早期迁入的新村民选择与本地村民混居，而非自行形成一个生活区域，为大墨雨村的新老村民融合奠定了基础，也使后期逐步形成的社区服务并非只围绕新村民的需求而生。这种融合的氛围使本地老村民能够在社区服务中发现自己的参与机会，并在新村民的带动下，发展出新的生计机会。

截至 2020 年底，由新老村民运营的社区服务已经覆盖公益服务、文体服务、居民生活服务等多个系列，具体有普惠性质的幼儿园、校外教育、成人教育、图书馆、体育活动、便民小吃、菜摊、家具家电修理等多元内容。如前所述，这些社区服务既能在社区中形成内循环，提升社区的活力，也能够吸引城市消费者，形成城乡之间的互动。

（一）以便民服务带动大墨雨村社区服务的内循环

社区内循环的起点在于新村民并不精通种植和养殖，可耕作的土地面积极为有限。因此，食物获取成为其首要的需求。虽然老村民仍然种植大量的蔬菜，但多以高山白菜为主，品种较为单一。此外，刚搬入村中的新村民还不清楚如何向老村民购买或交换食物。因此，新村民更依赖镇上每五天一次的"赶街"，购买蔬菜、肉类和水产品。没有汽车的新村民需要提前和邻居拼车，或者步行一公里的山路搭乘公交车。

2018 年上半年，有新村民参与发起了在昆明市区举办的生活市集。生活市集因为场地和人力的原因而在举办两期之后关闭，但吸引了昆明本地一群热爱食物和手工制作的摊主。下半年的时候，一些新村民提议在大墨雨村举办类似的生活市集。这样既可以增加新老村民彼此交流、熟悉的机会，也可以协助出售食材的老村民与新村民建立联系渠道。

为了凸显这是本村自己的"赶街"，发起人将其命名为墨雨村集，以本地居住者的需求为出发点。4 位发起人考虑到组织村集所需的人力，商议将村集固定在每月最后一个周六举办。老村民以出售自家种植的蔬菜、腌制食物、彝族服饰为主。年轻一些的老村民还会出售自己制作的果酒、面包。村小组会推出传统的羊汤锅。新村民出售的产品更为多元，包括中西式的面食、家乡特产、手作的生活器具和玩具、各式咖啡和冷饮，也包括二手物品。每期村集都由新老村民自愿参与，不收取摊位费，也不设置固定的组织人。如果村集运营产生费用，则由参与者分摊。4 位发起人之所以决定采取这种较为松散的组织方式，首先是考虑到新村民的流动性。如果村集的运营依赖于某个核心发起人，那么一旦她/他退出或者搬走，村集就难以持续。其次，村集是为了满足本村居民的需求而产生，它本身就具有互助和参与的属性，发起人也不具有谋利的动机。

在运行两期之后，4 位发起人倡议每月由不同的新村民担任村集召集人，负责招募摊主、编辑文案，以及在村集现场进行垃圾分类、举办亲子活动等工作。社区配置了专门的人员对接月度村集的举办。老村民常会身着盛装来逛村集。他们认为在自己的村子里"赶街"，自己在其他村的村民面前特别有面子。然而，新村民的参与热情却在逐渐降低。由于发起人一直通过微信公众号来招募摊主和传递相关信息，越来越多的昆明城区居民开始来赶街。这不仅造成村内道路、停车场拥堵，也使村集对本村需求的重视逐渐退居其次。

此外，村集的4位发起人偏向于生态的种植、养殖方式和简朴的生活，并在此标准下寻找昆明本地有同样价值观的摊主。然而，随着村集影响力、人流量的增大，大墨雨村周边的村民开始在村集出售塑料玩具、生活用品等。周边的这些村民通常和大墨雨村的村民有紧密的姻亲关系。因此，新村民难以将这些摊主请走，只能通过一些标识物，将出售生态食材的摊主单独标记出来。人流量的增加也加大了垃圾分类和塑料袋使用上的管理难度。4位发起人逐渐意识到村集已经偏离初心，便产生了退出的心思。

与此同时，社区干部期望将村集打造为更大规模的街市，与发起人对"小而美"的追求产生分歧。截至2019年中期，墨雨村集已举办7期。一方面，街道办及西山区相关部门都开始关注大墨雨村的村集活动。社区干部为墨雨村集注册了单独的微信公众号，开始自行运营村集。另一方面，之前经常出摊的发起人和部分新村民开始建立自己的工作室。周末往往是他们组织和带领活动的时间段，无暇再参与村集活动。缺少新村民的参与后，社区干部难以组织摊主和运营宣传渠道，村集很快便陷入停顿。

令人意外的是，墨雨村集的消失催生了社区中的更多小微便民服务。首先，由于大墨雨村越来越为昆明人熟知，加上新村民群体快速增加所带来的购买力，老村民的蔬菜销售成为每周末的常规活动。其次，擅长家电维修的新村民将每月一次的村集出摊变成了随时可预约的上门服务，老村民的电视机、新村民的烤箱都被纳入"修理代替丢弃"的服务范围。最后，由新村民经营的便利店、小吃店开始出现。与社区早期的小卖铺相比，便利店的商品种类和质量都有较大的变化。小吃店全天开放，为居民提供价格适中的面点。因此，与一般缺乏社区服务的乡村相比，大墨雨村能够将钱、物、经验等留在社区内部的循环之中，在流通的过程中刺激更多社区需求的释放以及相应服务的供给。

（二）以教育服务驱动城乡外循环

在早期迁入大墨雨村的 35 位新村民中，最为集中的职业便是教育，包括学前教育、成人教育、自然教育、多元文化教育等不同细分领域。以教育切入社区，一个最为可见的益处在于大墨雨村将拥有一个城乡互动的平台，将附着在乡村生活方式之上的价值观和经验面向城市居民输出。

墨雨村学作为社区学习中心（Community Learning Center，CLC），由具有公益背景的新村民在 2018 年发起。与国内其他社区学习中心不同的是，墨雨村学在建立之初，就将自己定位为村民所有、村民建设、解决本地问题的公共空间。与村集类似，村学的发起是基于本地需求：为了满足团结街道办所辖村庄居民在不同年龄段的教育需求。其中一个刚需，便是发起人自己的孩子需要接受学前教育。但与村集不同的是，村学期望探索一个公共空间自我造血的方式，以专业能力获取服务对象的支付意愿。村学的宗旨是倡导生活教育，协助村民实现终身学习。实现途径分为四个部分，分别是针对本村 3—6 岁儿童的学前教育、针对学龄儿童的社会情感教育、针对高中及成年人的职业教育，以及针对投身本地社区发展的社区协作者的培养。其中，学前教育和社会情感教育为收费内容，用于支付村学运营的大部分费用；职业教育、协作者培养为公益项目，旨在通过教育促进社区发展。

虽然大墨雨村周边已经有多所幼儿园，但其教学内容、师生配比等多个指标并不符合新村民的教育理念。2019 年前后，大墨雨村常住新村民的数量已经超过 100 人，其中有一些具有教育学背景，或者有兴趣从事教育工作的新村民。在丰富的人力资源条件下，村学在 2019 年初筹备启动家庭联合办学形式的"亲子园"。同时，村学从北京邀请了一位资深幼儿园教师作为辅导教师，并选送了一位从事自然教育的新村民到昆明的创新教育机构实习。亲子园配备了一位主班老师和一位生活老师。同时，每天的餐饮由固定的新村民在家中制作完成，菜谱由具有营养师背景的新村民设计。2019 年春季，村学亲子园正式开始运作，最初只招收到来自新村民家庭的 4 个孩子。

在试运营一个学期之后，村学希望能够吸引老村民的家庭，并针对老村民设计了更为低廉的入园价格。老村民对此持观望的态度。首先是因为他们对于村学能够持续办多久存有疑问。其次是因为他们看到亲子园的孩子们每天跟着老师上山，认为是"每天就在山上瞎玩"。如果也不学认字，那在老村民看来，不如送到村口的幼儿园。虽然一位老师管几十个孩子，但至少学费便宜得多。村学花费了许多时间来和老村民沟通。要想成为一个嵌套在社区中的幼儿园，实现新老村民的融合，最为关键的便是从孩子的融合做起。因此，村学改变了沟通策略，用全部精力游说关注儿童教育的本村年轻女性，将自己的适龄子女送到村学就读。最终，有 3 位老村民的孩子被送到村学亲子园。一个学期之后，虽然孩子们还是每天去山里"瞎玩"，但老村民通过围观这些孩子的变化，开始对村学有了正面和肯定性的评价："这孩子好像会懂规矩了，还会说谢谢，身体也好。"这些评价由村内的关系网络进行多次加工和传播之后，被更多老村民接收到。随之出现老村民通过私人交情向村学老师要亲子园的入学名额。

通过亲子园的运营，村学为村民提供了嵌套在本地社区之中的教育服务，并得以进入家庭这一层次探讨社区中儿童和成年人的发展。这是一般意义上的社区工作者难以达到的私人领域。村里的彝族家庭通常有两个孩子，对较小孩子进行学前教育干预，也能够影响到监护人对较大孩子的陪伴方式。因此，村学有机会对进入应试教育体系的儿童给予必要的陪伴，并与这些孩子所就读的本地中小学建立联系。至此，村学整合了新村民在教育上的技能资源，完成了教育服务在社区中的内循环，实现了自身的可持续发展。

此外，村学期望基于乡村社区的生活教育，在城乡融合的大背景下，协助大墨雨村成为一个知识的输出地，而不是文化商品的消费地。研学活动成为大墨雨村外部循环的关键抓手。在周末、寒暑假等公共假期，村学及本村其他的内容提供者会举办各类工作坊和营期，覆盖不同的年龄群体。例如，针对中小学生的社会情感教育、农耕、木工建造、建筑等不同主题的短期课程，以及面向成年人的亲密关系、家庭疗愈、瑜伽等短期工作坊。对于那些有计划迁往乡村生活的城里人，村学提供中长期的体验活动，协助潜在的移居者在心理和技能上做好准备。在这些内容之外，大墨雨村发育出成熟且各具特色的住宿、餐饮服务，可以满足不同研学参与者的需求。这种内外双循环驱动的模式在疫情期间尤为有效，即使外循环被切断，社区自身的需求仍然能够使各类服务正常运转。当外部需求重新出现时，又能实现社区服务的无缝链接。

（三）以技能交换积累社会资本

与一般意义上的便民服务不同的是，大墨雨村的部分服务通过技能交换而非购买的形式产生，交换物一般是现下所需的具体物品，或者未来的某项服务。例如，村民 A 需要搬运大件货物，便会求助于村内拥有皮卡车的村民 B。A 为 B 支付行驶途中所需的汽油费、过路费，B 所付出的时间和劳动力，则转换为 A 允许 B 在需要的时候，从 A 的仓库中拿走自己所需要的建材。同理，拥有剪发技能的村民 C 为村民 D 理发，以换取 D 的刮痧服务。

村内的技能交换最早只在少数关系较为紧密的邻居间发生。大约在 2019 年夏天，来自中国台湾的朴门永续设计师江慧仪女士应邀来大墨雨村开设朴门永续认证课程（PDC）。她以自己居住的社区为例，讲述了邻居们如何通过社区货币为他人以及为社区公共事务投入的时间进行结算的故事。课程结束后，热衷技能交换的村民开始讨论制作社区货币来计算志愿时间的可能性。最终讨论的结果是，村民认为不需要再制作一个等价物，而是可以通过人与人之间的信任形成一种非正式的契约和承诺。在接下来的一年多时间里，即使没有社区货币，进行技能交换的人也在稳步增加，技能种类也随着新村民的迁入而更为丰富。

交换替代购买的方式摆脱了单一的货币结算方式，人们可以重新衡量自己的时间投入与生存所需。这有助于激励成年人挖掘自身的潜力，将自己的兴趣转换为生计机会。这也使大墨雨村成为各种社区服务的实验室。例如，钻研家庭关系疗愈的新村民，通过为邻居提供家庭关系咨询，换取周末的晚餐和孩子的手工课程。村民以自身技能直接换取生活所需，不仅能有效降低市场交易所付出的金钱和时间成本，也能不断激励自身提升技能，或者发展新的技能。长此以往，这种非正式的社区服务，将有可能协助大墨雨村成为一个践行终身学习的社区。

此外，从社会资本的角度分析，技能交换的出现意味着村民达成了对特定社区规范的共识：付出一定的成本去帮助他人实现利益，意味着相信在未来某个需要的时刻，他人会"投桃报李"。这将有助于形成关系型社会资本，即通过一系列的互动，在人与人之间建立可预期的个人关系。这层关系可以带来人们所期望的合作，显著降低市场中的交易成本。由此，技能交换形成了如下的正向刺激：技能交换—关系型社会资本积累—社区服务中的交易成本降低。

四 经验与启发

抛开空心化的村庄不谈，中国绝大多数的村庄居民只能在乡镇、县城获取具有一定质量水准的社会服务。过往的经验认为村民对社会服务不具备支付意愿或者支付能力，以及购买群体的数量有限、居住过于分散等。虽然这些都是客观存在的限制，但仍然可以转化思路，从服务供给方的角度，来考察如何以社区为平台，将各类服务资源下沉到行政村这一层级。

从大墨雨村的实践案例中，可以归纳出两项具有参考意义的经验。首先，从村民自身需求出发，在社区中挖掘服务提供方，形成社区内循环。在大墨雨村的经验中，各类社会服务基本由本地的新老村民提供，买方也以本地村民为主。以墨雨村学为例，村学稳定的收入来自周一到周五的学前教育课程，以及周六面向本村青少年的课程。补充性收入则来自周末城市家庭的参与，以及在假期组织的体验活动。在社区内循环中，不仅资金和经验能够留在社区，还能通过村民间技能交换等方式激发社会资本在社区中的积累，为社区内循环创造良好的运营环境。其次，引入市场化手段保障服务的可持续性。公益组织虽然具有较为丰富的服务供给经验，但受制于项目周期和资助方的意愿，这些服务类项目通常不具有经济上的可持续性。与之相比，大墨雨村的各类社区服务极少获得公益资金的资助，更多是结合自身的特长和社区的优势，瞄准目标群体的需求，持续不断地进行产品和服务的迭代。从始至终，这些社区服务都是由个人兴趣和村民的实际需求共同催生，并且经过市场不断选择后的产物。

大墨雨村作为西南地区少有的乡村人才聚集地，并未成为一个商品化的乡村。凭借多样化和不断更新的社区服务，大墨雨村夯实了社区自身存在的根基，进而积极地搭建起城乡之间平等互动的渠道，主动向城市居民传播附着于乡村生活方式之上的价值观和经验。因此，大墨雨村的实践立足于以社区为平台，吸引各类服务资源的基础上。从乡村振兴的视角来看，大墨雨村的实践是在探索乡村如何重新成为生活方式和经验的输出地。

首先，大墨雨村以在社区中生活的个体为经验的创造者。这些个体既可能是老村民，也可能是移居乡村的新村民。他们的共同特征是以社区提供的服务为生存的前提，如土地、水电、管网等基础配套。与老村民相比，新村民对来自外部的"凝视"具有较强的反解读能力。他们在城市中获得的教育背景和社会资源，使他们在与外部的沟通中居于平等地位，从而更有可能将话语权放置在乡村内部。其次，乡村经验体系不应（只）是由上及下的由传统精英（现阶段则是知识精英和商业精英）书写的智性知识集合。乡村输出的经验来源于实践和生活场景，是活跃于个人生活细节之中的经验集合。例如在社区中举办一次全村宴会所需要的知识和技能，它的学习场景不在学校，而是在客堂。

对于乡村振兴的实践者而言，大墨雨村将启发他们对乡村的态度和想象。乡村能够成为一种生活方式的发生地，也能够成为一种经验体系的输出地。与此同时，大墨雨村面临的挑战也能够为乡村振兴的实践者带来对比视角。首先，大墨雨村虽然偏居西南一隅，但如果从整个东南亚文化板块来看待大墨雨村的实践，不难发现早期的新村民深受东南亚生态社区和可持续生活方式的影响，期待在乡村中践行不对环境产生额外压力的生活方式。一些新村民具有海外教育背景，能够熟练使用英语，可以从全球可持续发展的角度理解落于微处的社区实践。但是，对于这些基本不具有云南乡村生活经验的新村民而言，理解一个彝族乡村社区的内在肌理，远比在欧美城市生活数年困难得多。新村民需要进入大墨雨村日常生活的细节中，才能承认可持续社区的种种设想最终都要回归到乡村的现实中去。其次，大墨雨村是一个具有较大不确定性的社区，这来源于新村民自身的流动性。除去对乡村生活的不适应，还有一部分新村民面临着教育资源缺乏的瓶颈。虽然村学能够满足其学龄前儿童的教育需求，但是一旦孩子升入小学，这些新村民就要考虑是否搬回城区，以便孩子接受较为优质的教育。在大墨雨村中，提供关键服务的新村民一旦选择离开，会对社区服务的稳定性形成挑战。虽然大墨雨村凭借优越的地理位置，仍将源源不断地吸引移居乡村的群体。这些移居者是想要在乡村置办一座别墅，还是期望融入乡村成为地道的"村里人"，其选择必将影响大墨雨村未来的走势。最后，在这个几乎完全由下至上生长出来的城郊融合类村庄，新村民群体需要厘清自身需求与政府发展诉求的关系。墨雨村集从产生、发展到消失，也能局部呈现新村民与基层政府对于大墨雨村未来想象的差异。一个理想的社区治理模式应该能够兼顾由下至上和由上至下两种轨道。对于现在的大墨雨村而言，显然需要在政府的乡村振兴规划中看清自己的位置，建立与区、街道两级政府更为有效的沟通方式。这一举措将刺激新村民从社区服务提供延展到参与社区公共事务，进而打开正式参与社区治理的机会之门。

参考文献

李晓琳、刘轩，2020，《加快完善社区服务体系的思路与举措》，《宏观经济管理》第
　　8 期。

第三部分

公益力量对接文化振兴

1

天才妈妈项目在非遗传续中
助力农村妇女的发展

王思梅　赵光峰　解美玲*

2018 年，《中共中央、国务院关于实施乡村振兴战略的意见》中指出，"没有农业农村的现代化，就没有国家的现代化"。当前中国发展不平衡不充分问题在乡村最为突出。公益组织在动员和合理配置社会资源、深入基层、贴近群众、提高项目实施效率等方面具有独特优势，是对接乡村振兴的重要力量。中国妇女发展基金会（以下简称"妇基会"）在 30 余年奋进历程中秉持"维护妇女权益，提高妇女素质，促进妇女和妇女事业发展，为构建和谐社会做出应有的贡献"的宗旨，将之作为一切项目的出发点与落脚点，围绕妇女扶贫、健康、创业等方面实施了一系列的公益项目。"天才妈妈"项目作为妇基会近年来的重点创新项目，旨在呼应国家乡村振兴战略，立足组织乡村妇女参加非遗传续与生产性保护开发，在乡村振兴中充分发挥妇女作用，促进妇女发展。

一　非遗传续与乡村妇女发展的关联性解释

中国是一个农业人口大国，城乡二元结构是中国的基本国情。全面建成小康社会最艰巨、最繁重的任务在农村，最广泛、最深厚的基础在农村，最大潜力和后劲也在农村，可以说乡村兴则国家兴，乡村衰则国家衰。乡村振兴战略就是要统筹推进乡村经济、政治、文化、社会、生态文明"五位一体"建设布局，促进城乡融合发展，走共同富裕之路。

---

*　王思梅，全国妇联办公厅原副主任。赵光峰，中国妇女发展基金会资助项目部副主任。解美玲，中国妇女发展基金会资助项目部高级主管。

（一）非遗传续是乡村振兴至关重要的精神支柱和文化财富

中华文明历史悠久，是世界上唯一没有中断并发展至今的文明。乡土文化是中华五千年文明的承载，是中华民族的根脉。乡土、乡音、乡情、乡愁是家国情怀的基本内核，也是乡村振兴行稳致远的保障。将文化建设提升到乡村振兴战略核心的高度，能有效应对市场经济和社会变革对乡村文化的冲击，让日渐衰败甚至消失的乡村及乡土文化在新时代重新焕发生机和活力，铸就"看得见山，望得见水，记得住乡愁，留得住人"的美丽乡村之魂，建构一个世代相传的利益共同体和精神共同体。

以活态形式传承至今的非遗手工艺是乡土文化最直接的体现，是抹不去的民族记忆和重要的历史遗产。将非遗传续和生产性保护开发融入乡村振兴战略的框架，引导更多公益组织参与，不仅可以为乡村振兴提供可观的经济收入、浓厚的历史文化熏陶、美化的乡风文明与生态环境，更可以发掘和留住宝贵的人才资源，留住乡村振兴的"根与魂"。从政治层面看，非遗在悠长历史中积淀的中华民族特有的精神价值和文化意识，是维护中国文化主权的基本依据，是中华民族生存发展的源泉和稳定剂。从经济层面看，以非遗为要素，深入挖掘乡土文化内涵，支持相关产业发展，能让乡村振兴内涵更丰富、基础更厚实。从乡风文明层面看，非遗是一方地域历史和文化的缩影，承载着乡民对生活的美好祈盼，展现了特定历史时期的社会生产力发展水平、社会组织形态、生活方式和民风习俗。传承和保护非遗有利于维护民族团结，培育家庭和睦、男女平等、邻里守望、诚信重礼的淳朴乡风。从人力资本层面看，乡村振兴的关键在于人才的开发。每种非遗手工艺的传人都是不可多得的人才。发掘和培育非遗传承女性人才队伍，必将展现"她时代"多才多艺的风采。

（二）乡村女性是非遗传续不可或缺的参与主体和人才资源

远在新石器时代，随着农业与定居生活的开始，以女性为主的织造在编织基础上有了较大发展。秦汉时期，桑蚕丝织和印染技艺为汉代大规模开通"丝绸之路"奠定了物质和技术基础，对人类文明产生了深远影响。女性是传承这些技艺不可或缺的主体。因此，非遗传续要纳入性别视角，尊重乡村女性的特殊功能和作用，珍惜女性非遗传续带头人对非遗的挚爱与坚守，通过赋权增能，发掘和壮大乡村女性人才资源。

当然，非遗特别是少数民族非遗的特质决定了其在市场经济条件下，面临来自审美、收益、传承等各方面的挑战。因市场信息不对称，传统绣品、织品图式纹样无法满足现代时尚的审美需求，难以融入消费市场的主流。家庭代际口传身授的传统传承方式让非遗传续难以为继，更难形成规模化生产。年轻人因非遗传续费工又不赚钱，多选择外出打工。非遗技艺因无人接续而濒临失传。此外，部分少数民族妇女从事的艺术实践主要用于日常生活和婚育习俗，一般自给自足或自产自销，与市场经济关联性不强。她们的文化贡献和经济价值因而被低估甚至忽略，很多画娘、织娘、绣娘"守着好手艺，过着穷日子"。

按照联合国教科文组织《保护和促进文化表现形式多样性公约》精神，非遗传续首先要保证真实性、完整性、地域性和差异性，在保护好最基本元素和核心内涵的基础上进行重构和创新。其次，非遗传续要体现"经济和文化发展互补原则"及"可持续发展原则"。若没有经济效益和社会效益，非遗传续就会失去生存发展的基础。具体而言，非遗传续需要建立基地，确保有机构、有人才、有场所、有内容、有经费，留住人们对故乡的依恋情怀。此外，非遗传续需要培育带头人，将非遗传人组织起来，进行规模化、个性化生产，从而实现非遗产业化和市场化，为乡村振兴提供经济支持。

基于上述条件，公益机构要对接乡村振兴、让非遗传续下去，首先必须得到各级政府在政策指导、公共资源配置、各方社会力量统筹等方面的有力支持。作为全国妇联直接领导下的公益机构，妇基会注重紧紧依靠妇联系统的组织优势、工作优势，发挥六级妇联组织在发掘非遗人才、组织妇女参加乡村文化建设方面的作用。

二　天才妈妈项目形成与升级的脉络

为应对非遗手工艺生产性保护开发和农村妇女发展面临的困境，妇基会经多年实践探索，升级打造了基于"非遗＋"的天才妈妈项目。从2009年的小规模手工艺工坊女性创业项目支持到现今全面铺开的非遗传续，天才妈妈项目经历了从单纯依靠企业捐助到适应"互联网＋"趋势，最广泛聚合社会资源；从推动乡村妇女减贫脱贫和就业到自觉对接乡村振兴宏大战略，打造开放包容、合作共赢的平台；从订单外包到将女性传承人组织起来走产业化道路；从国内发展到走出国门的过程。

（一）天才妈妈项目产生的由来

妇基会从 1996 年开始的助力妇女减贫脱贫、发展项目从小额贷款拓展到就业扶贫、健康服务、环境改善、助学助困等多个方面。2012 年，妇基会与联合国开发计划署在玫琳凯（中国）有限公司支持下，于云南省楚雄开展为期 10 年的促进妇女参与文化产业发展项目。该项目以小额贷款的方式支持妇女参加彝绣生产，在大姚县、永仁县成立了 3 个彝绣合作社或协会，帮助自产自销的绣娘实现抱团经营，促进了妇女脱贫和居家就业。2014 年，妇基会与稀捍行动合作举行"秀她所绣，拯救羌绣"致敬非遗传统文化活动，得到星巴克支持。该项目提取锦绣纹样的吉祥形象，巧妙地将非遗绣品转化成 IP 应用，使之与年轻人的生活方式相契合。这个项目坚持数年，为天才妈妈项目内涵和外延的深化拓展奠定了基础。

在进入互联网时代后，妇基会积极将互联网的优势与项目的实施过程结合。2015 年的母亲节，妇基会将收集到的少数民族传统手工艺品以项目形式在网上展示，两周内就有近 1 万名网友捐赠 40 万元。2016 年，妇基会联合北京蚂蚁力量传统手工艺文化发展中心发起妈妈制造公益项目。借助腾讯 99 公益日活动以及企业、爱心网友的支持，妈妈制造项目共获得筹款 200 多万元。

经历几年的公益实践，妇基会深切体会到，项目的政治生命力和社会影响力要契合时代的主旋律，主题宏大而实施接地气的项目能产生更大的感召力。2019 年，妇基会在彝绣工坊、女性文创扶贫等项目群的基础上，升级打造以"非遗+"文创为核心的天才妈妈项目，将女性发展直接提到对接乡村振兴战略的高度。项目通过腾讯公益、支付宝等平台继续开展众筹。捐赠一份爱心即可获得一份手工艺产品的捐赠回馈形式，为项目持续提供了资金和订单支持。

（二）有效整合各方资源，确保"非遗+"对接乡村振兴

天才妈妈项目从发起之日起就赢得社会各界热烈的反响和呼应，汇聚了一支多功能、多层次、全方位支持的社会力量，形成一个开放包容、合作共

赢的平台。联创设计师中心自愿加盟,明确高端定制的设计思路,在服装、饰品、鞋包等用品上嵌入、融合非遗的绣片或纹样,在凸显东方美学元素的同时增添现代美学的灵动张力,从而提升非遗的美学价值和竞争力,占据消费市场的制高点。北京大学、清华大学、北京服装学院、剑桥大学等高等学府着眼于组织管理和人力资源培育,为手工艺带头人和社员提供技能和人力资源培训并进行适度监管,保证项目高质量运行。社会组织和企业积极履行社会责任,帮助突破项目初期资金不足和后续发展的瓶颈。腾讯、百事、星巴克、碧桂园等知名企业在产品开发上发挥自身优势,促进非遗成果时尚化,以更好地融入现代年轻人的生活。唯品会、腾讯优品、天猫新文创、小红书等互联网公司提供了电商销售平台,打通了乡村与城市、国内与国际的通道。线上线下的各类广告,公众曝光量达数亿人次。2019 年,妇基会与尤伦斯当代艺术中心合作,邀请 18 位明星和知名设计师举办"约会天才妈妈"公益之夜活动。观看直播的人数超过 70 万人次,微博话题阅读量超过 1 亿人次。2020 年,天才妈妈项目在海南黎锦梦想工坊与 17 位主播和博主进行场外直播接力。当日直播共 40 万人次参与公益义卖互动,进一步提升了品牌项目的知晓率和影响力,让妈妈们一步步进入大众视野。

(三)发挥平台优势,助力非遗女性人才培育

由于传统性别观念及公共资源配置不均衡,社会对非遗市场女性主体开发严重不足。此外,偏远地区妇女生活半径较小,社会支持网络单一,减少了她们利用非遗技艺减贫致富的机会。为此,妇基会以促进性别平等为核心价值,充分利用天才妈妈项目的平台优势,整合更为丰富的资源。妇基会尊重各类社会力量的价值认同与参与热情,让组织与市场、项目与专家、机构与媒体之间的合作更畅通,推动智力、管理、资金、营销和传播等资源相互碰撞、融合增值,形成完整的产业生态链闭环。天才妈妈项目的平台优势帮助更多农村妇女拥有一技之长,提高她们在乡村振兴中的参与度和贡献率,促使更多人了解和尊重她们对民族文化的贡献。

云南大理的周城是白族聚集村。周城的美不在于苍山洱海风光的旖旎,不在于飞檐翘角、白墙青瓦民居的古朴,也不在于"家家门外石板路,户户门前有流水"的清幽,而是在于传承千年的扎染技艺。扎染技

艺通过对织物的扎、缝、缚、缀等组合，进行单色或多重染色。那深邃的蓝、自然的白，最古老的颜色在布上生成一幅幅独一无二的水墨画，透露出淳朴的白族人民对美的神往。2006 年，白族扎染技艺被列为国家级非物质文化遗产之一，周城则被命名为"白族扎染之乡"。2016 年，杨春燕从外地打工回家，望着留守周城 8 年的大儿子和嗷嗷待哺的小儿子很是纠结。她虽自幼练就一身精湛的非遗技艺，但对回家创业依然感到茫然与惆怅。随着旅游业的开发，许多家庭作坊为追求利润使用工业染料，同行之间出现恶性竞争。更让杨春燕担忧的是，不少客户不了解扎染复杂的工序和坚持使用纯天然植物染料的初心，甚至有人误以为繁复的扎染图案是人工画上去或机织的，造成扎染制品异常廉价。由于扎染费工又不赚钱，一起长大的伙伴们纷纷离乡背井、外出打工。她说："我想把老祖宗留下的东西传承下去，但不知道该怎么做。"

这时，她想起从北京来的妇基会的年轻人提到，"我们希望通过妈妈制造项目帮你创业，支持资金，给设计，给订单，包销售，还帮忙管控原材料"。尽管杨春燕觉得条件十分优越，但她仍心存疑虑。几个月十几次电话沟通下来，她还是没下定决心。2016 年 10 月，妇基会的伙伴们又一次来到杨春燕的家，同行的还有一位气质不凡的艺术家。她们提到，"这次我们不仅筹到足够的资金，还拿到几千条扎染围巾订单。这位是著名的服装设计大师张肇达，希望和我们一起来圆白族扎染的梦，让老祖宗留下的扎染走出大山，走出大理，走向全国甚至世界！"如此诚意和支持让杨春燕不再犹豫。她陪同张肇达和妇基会的伙伴们走进博物馆、入户拜访，考察了 5 万多个图样和工艺流程。随后，在妇基会和专家的支持下，杨春燕梳理了扎染的全套流程：从第一步的绘画到后面的描图、制板、刷图、手扎、褪色、脱浆、漂洗、染色、拆线、清洗、晒干、熨平都进行明确规定，设计出简约、时尚、洋气的产品。杨春燕组织伙伴们一起干，拿到订单款后，大家喜不自禁，相拥而泣。

（四）培育合作社，促进乡村女性群体性的发展

从单纯扶持女性就业到组织女性建立专业合作机构，按规章制度实现契约式合作进而扩大生产规模，是实现"非遗＋"项目升级的重要标识。截至

2019 年，妇基会在 14 个省（区、市）建立了 49 个妈妈制造合作社。这些机构涵盖了对蜡染、扎染、刺绣、剪纸、银饰、夏布等 20 种工艺的记录和整理，开发了近百款具有东方文化特色、市场前景良好的非遗产品。这些合作社分布在西南、西北、内蒙古相对贫困乡村的有 39 个（占比 80%），少数民族合作社 33 个（占比 67%）。其中，困境妇女占比达 70%，凸显了"非遗 + 扶贫"特色。到 2020 年底，妇基会天才妈妈项目又建设了 10 个梦想工坊、2 家非遗体验中心。妇基金非遗类项目直接帮扶 1 万余名具备非遗技能的女性实现了稳定而体面的就业，间接辐射带动 5 万名妇女受益。非遗手工业从过去的"散兵游勇"转变为"抱团发展"，不仅产生了可观的经济效益，激发了乡村妇女传承非遗的内生动力，还提高了她们的组织程度，增强了团队和公共服务的现代意识，帮助她们成长为自觉参与乡村振兴的有生力量。

　　"既然有了明确的流程要求，为什么不成立一个合作社或者协会，有活儿一起干，有钱一起挣呢？"因忧虑同行的不良竞争，杨春燕大胆提议。这与妇基会的想法不谋而合，"我们早就想以春燕为带头人成立合作社了！"妇基会承诺提供 3 年的资金、设计和订单保障，合作社则要通过培训技术带动妇女就业。接下来几天，周城的妈妈们反复讨论合作社如何管理、如何分配、如何发挥管理者的作用、如何保障社员的权利、如何保证财物公正。经过由下而上、由上而下的讨论，合作社的章程确定下来。2017 年 3 月，妈妈制造守艺合作社成立。"守艺"二字契合了白族人不改的初心。为让更多年轻人参与、回归到最传统、最擅长、最热爱的工作，杨春燕一家一家地动员，使合作社成员从几人、几十人发展到上百人。订单多时，守艺的社员最多达到 300 人。单亲妈妈张用月在加入合作社后，走出阴影开始新生活。她出活又快又好，可以拿到不错的收入。她高兴起来就唱个不停，整个合作社充满了轻松欢愉的氛围。她说，这是她这辈子最快乐自在的美好时光。

（五）走出国门，将女性对非遗的传承推向世界舞台

走出国门是最有说服力的传播窗口，一方面能够让世界从中国女性的巨

大成长变化中看到中国非遗文化的有效传续，另一方面能够促使中国女性更加自信与执着地投入非遗的传承与创新中。妇基会作为全国性的具有公募资格和联合国经社理事会特别咨商地位的机构，有条件、有义务把中国女性与非遗文化相关的工作进行海外传递。2015—2018 年，妇基会连续在美国纽约联合国总部、英国、法国举办女性可持续发展论坛暨女性手工艺创新展，向世界展示中国女性对几千年历史传承的尊重、坚守和创新。

三 天才妈妈项目促进了非遗产业的形成与延续

乡村振兴是一项系统工程，需要各方力量同心同向发力。农村女性在发展经济、振兴文化、保护生态、治理村舍、移风易俗等方面的作用不可低估，在非遗传续中更是当仁不让。然而，传统的社会性别偏见常常忽视农村女性在乡村振兴中的主体地位和作用，在资金扶持、技能培训、人才引进、宣传推广等环节缺少对非遗女传人特别需求的关注，导致非遗人才流失、传人老龄化甚至断层。天才妈妈项目通过建立梦想工坊与非遗展示空间，为一批有技术、有想法的中生代女性搭建了拓展生计、提升素质、服务社区和姐妹的平台。一批批新生代相继加入，夯实了本土人才的基础，缓解了非遗传续中人才难以为继的难题。

（一）将城乡生活的能力积淀转化为非遗产业的推动力

天才妈妈梦想工坊带头人大都属于"70 后""80 后"的中生代。城乡二元结构的巨大反差让她们不甘先天命运的安排，经历了从农村到城市，又从城市回归乡村的曲折人生。这既是对她们意志品质的砥砺，也让她们了解了工业化生产和城市消费市场的品位，感受到传统与现代文明的冲击与融合。她们回到乡村后不再是传统的村民。城市文明、企业概念以及潜移默化中积淀的社交和组织能力，让她们有可能成为非遗手工艺承上启下的一代人。目前贵州从事手工业的妇女达 50 万人，产值 50 亿元，带动百万余人回家就业。大批新生代女性借助合作社和梦想工坊平台拜老艺人为师，迅速成长为非遗传续的主要力量，承担起更重大的社会责任，有效解决了乡村空心化、农民老龄化和非遗人才缺失的问题。在非遗红利中，妇女为乡村贡献了财富，也分享了成果。

2009 年，为照顾家庭返乡的丹寨苗族妇女杨而报浪，凭借十多年在外打拼积累的经验，把创业的市场定位在其擅长的蜡染手工艺领域。她不断融合新的经营理念和服务模式，从直接销售产品发展到提供非遗手艺体验，不断扩大规模和丰富产品种类，注重将手工艺品应用到大众的日常生活中。目前杨而报浪已成为"天才妈妈丹寨蜡染梦想工坊"的带头人，带动近 400 名苗族妇女加入梦想工坊。其"00 后"的儿媳也成为新一代的传承人。"很感激妇基会这些年的帮助。我们的文化水平不高，很多姐妹普通话也不会说，还要照顾家庭。以前很难找到工作，现在我们就做自己最擅长的，一边说说笑笑，一边就把活干了，挣钱也容易多了。"

张潮瑛是海南黎锦梦想工坊的带头人。她在大学毕业做论文时，了解到大量黎锦的资料。这门老手艺吸引她开启返乡创业之路。她深知黎锦是小众化传统服饰，要想被消费者喜爱，就要与时俱进，满足市场多样化需求。2018 年，张潮瑛尝试开通抖音，将"舞蹈＋黎族服饰"结合在一起推广。这种最直观、最生动、最具感染力的互动传播模式，让黎锦文化逐渐得到网友的关注和喜爱。梦想工坊的黎锦销量有了突破性进展，2019 年的销售额达到 150 余万元。张潮瑛更有信心为梦想工坊增加生产订单，带动更多的姐妹居家就业，脱贫致富。

（二）对民族文化传续的敬畏之心是非遗产业发展的重要基础

悠久历史长河孕育的非遗手工艺具有独特的思想文化、精神价值和较大的经济潜力。合作社致力于把民族精髓与文化振兴、提高经济效益有机融合，激发乡村妇女的历史责任感和民族自豪感。乡村女性看重的是民族情怀，坚守的是中华瑰宝和民族记忆。她们锲而不舍地追随着乡村振兴的步伐，努力实现自我价值，为重塑乡村文化生态贡献自己的智慧和才能。

大姚县的罗珺是地地道道的彝族妇女。在她心中，"彝绣具有上千年的历史，绣的不仅是一花、一草、一木，更多的是一种希望、一段历史、一种象征。作为彝族的女儿，不能让有着千年历史的彝绣随着时代的发展而失传，我有责任承担对彝绣的传承"。2009年，她为圆发展彝族刺绣、让古老彝绣闻世界的梦想，毅然离开风生水起的餐饮业，走遍大姚县各村各寨，拜访民间老艺人，深入了解彝绣的渊源、针法、图案含义以及色彩象征。2012年，她成立了咪依噜民族服饰制品专业合作社，并成为云南省刺绣工艺大师、州级非遗传承人。此后，"大姚彝绣海外推广"被文化部认定为"一带一路"文化贸易与投资重点项目。

织金县珠藏镇的杨晓珍极富刺绣天赋，她制作的一包蜡染刺绣背带就挣到13.6万元。她在成为合作社带头人后，拒绝了出巨资收购的商人，将收藏几十年的蜡染刺绣珍品全部留给了合作社。她说："这是我们祖先千年传承下来的文化，不能卖，要作为合作社技艺传承的范本。"

（三）国内外交流增强了民族自信心，促进了非遗长久传续

很多年来，非遗特别是少数民族的精妙手艺犹如"养在深闺人未识"。妇基会通过线上线下各种传播方式，一次次掀开神秘面纱，把技艺超群的女传承人及非遗产品推介给国人和世界，让更多的人认识到非遗产品的精美绝伦、弥足珍贵。这在很大程度上改变了普通民众对非遗产品土气、登不上大雅之堂的偏见，坚定了非遗女传承人将乡村文化振兴进行下去的决心，有利于培育更多非遗传人。

2020年，妇基会联合各方资源，打造"天才妈妈×东乡绣娘"文化精品项目。妇基会通过培养手工艺人、赋能设计创意、打造展示体验中心等形式，形成全闭环公益生态链。在中国国际时装周期间，9位东乡女儿走出黄土梁峁，信心满满地在T台上演了一场国际时尚盛宴。文明如水，润物无声。600位各界嘉宾携爱而来，项目品牌曝光价值超过2亿元。这极大地促进了东乡非遗产业建设，更让黄土高原上的妈妈们释放出无比旺盛的生命力，脸上绽放出最美最靓的时代之光。

云南彝绣传承人罗珺、贵州蜡染传承人杨林先在英国剑桥大学展示

了精湛的传统技艺，震撼了观展嘉宾。身着民族服饰的乡村妇女从容快乐，其娴熟的绣法、多变的节奏、飞针走线中沉淀出的自信、朴实笑容中透出的自豪深深地感染了参展的朋友。法国钟表及珠宝制造商卡地亚全球总裁由衷赞美道："传统文化包含有别于现代文明的美……这些来自东方的图案记录了一种独特的文化历史，令人着迷。"英国时装理事会高层代表表示，"这些非遗单品让人迸发前所未有的时尚灵感！"国际友人的认可与赞美增强了绣女的自豪感。杨林先说道："我从小就跟着妈妈学习苗绣和蜡染。以前觉得只是我们苗族的一种文化和传统。没想过我做的这些蜡染织带也能放在一顶非常时髦的羊毛毡帽上，让伦敦街头的潮人喜欢！"

四　天才妈妈项目给乡村发展带来的影响

经过 7 年的积淀，妇基会对接乡村振兴战略的理论认知和公益实践的自觉性、责任感都得到提升。天才妈妈项目以其独特的价值在乡村振兴战略中绽放出独特的光彩。

（一）女性传承人发挥了显著的带动作用，得到国家的认可

人才与人力资本开发是乡村振兴战略的重要内容。天才妈妈项目培育出的传承人基本是中生代，在适应激烈的市场竞争和不断变化的消费市场方面存在较大的短板。妇基会为合作社带头人争取到去木兰学院、服装学院等学习的机会，拓宽她们的视野，提高她们的技艺水平，特别是增强她们的市场竞争意识和参与文化建设能力。同时，妇基会引入专业设计师、企业，与传承人跨界合作，共同开发产品、打造品牌，为非遗保护、传承、开发疏通渠道，拓展市场资源。合作社的带头人承载了村民的重托，增强了传承非遗事业的内生动力，同时也担负了组织乡村妇女参与乡村振兴、建设美好家园的责任。

云南楚雄莲池乡查利么村是一个移民搬迁贫困村。2012 年，党总支书记、村委会主任李云燕作为协调员，参与妇基会促进妇女参与文化产

业发展项目。她引进"协会 + 公司 + 车间 + 绣女"的经营管理模式，带动全村妇女和部分男性参与彝绣生产。这样的模式既增加了收入，又保护和传承了民族文化。2018 年，查利么村成为云南省民族民间工艺品示范村。李云燕因基层工作出色，当选为彝族唯一的十九大代表。

贵州织金县大寨村的蔡群和姐姐在贵阳拾荒 4 年，又到深圳打工 5 年。2006 年，从小就有蜡染天赋的蔡群参加了毕节市的手工艺比赛，拿到 2000 元奖金。"这时我才意识到，祖辈传下来的手艺是值钱的！"在政府贷款支持下，她成立公司，开办蜡染学校和博物馆，吸引 300 多名妇女回乡生产。随后，蔡群当选第十二届全国人大代表。在成为合作社带头人后，她动员更多的妇女和男性投入合作社生产，形成"蜡染刺绣创业一条街"。蔡群认为，她们守住的不仅是传统技艺，更是精益求精、至臻完美、专业专注的工匠精神。

罗珺当选为第十三届全国人大代表。去北京开会前，她到乡里走访，征求彝绣艺人的意见和建议。她提交的提案多围绕保护少数民族非物质文化遗产、扶持小微企业、让更多妈妈回到孩子身边这些主题。她带动了合作社，而合作社成就了她。

（二）推动非遗产业化，为脱贫致富、繁荣乡村经济贡献力量

乡村振兴战略的重要目标是消除贫困，实现农业产业化，让农民共同富裕。天才妈妈项目的重点是传承好活态手工艺，努力将农村母亲的艺术发展为文化产业，将指尖艺术转化成指尖经济，绣出女性文化生产力。为此，必须将文创这种特有的"生产要素"发挥到极致，实现非遗传续与经济收入和现代生活的最佳融合。在各级政府、各级妇联、妇基会和企业的通力合作下，越来越多的农村妇女成为拥有一技之长的手艺人，点燃了非遗文化产业的"星星之火"。

2019 年，碧桂园集团与妇基会天才妈妈项目合作，结合地方特色资源，打造"东乡刺绣"产业链。该合作项目致力于挖掘传统民族工艺，

对 400 余名从事家庭刺绣加工行业的妇女进行绣娘技能培训，逐步实现传统刺绣的系统化、标准化、产业化。该合作项目依托枢纽中心，建立以天才妈妈产品销售为核心，集体验、旅游、民宿于一体的基地，通过"互联网＋非遗＋实体店"的模式，让非遗发展成为东乡的支柱产业和名片。马萧萧是一个"90 后"甘肃东乡女孩。她在担任梦想工坊带头人后，一直努力奔走游说，动员有技能的妇女加入绣坊。她说："我这些年坚持，真的希望为东乡妇女带来一些改变，提高收入，增加自信，多一些人生的选择。"然而，当地的民族习俗阻碍很多妇女走出家门。"家里娃没人看，不许去。"东乡族妇女马来西麦提出去工坊上班，被丈夫拒绝了。马萧萧告诉她，不用去绣坊上班，在家边带娃边刺绣也能挣钱。一贯在家里做主的丈夫只好同意让妻子试试。入绣坊后的第一个月，马来西麦就挣了 1500 元。她骄傲地对丈夫说："你看吧，这是我自己挣到的钱，我要给孩子们买点东西。"丈夫也高兴地笑了："钱你自己留着，想买什么就买什么。"在家洗衣做饭十几年的马来西麦，从来没想过刺绣能挣钱。现在她不仅可以在家堂堂正正地挣钱，还可以为家乡的经济建设出力。截至 2020 年，与梦想工坊签约的手工艺人已达 230人。无数个马来西麦改变着自己，改变着东乡。东乡的明天一定会更美好。

（三）提升女性职业地位，实现育家风、促乡风的作用

乡村振兴，既要塑形，也要铸魂。非遗文化是一方百姓的精神寄托，是涵养文明乡风、良好家风、淳朴民风的"阳光雨露"。在家庭层面，乡村女性在非遗传续中获得了体面的工作和可观的收入，极大地提高了家庭地位。不少男性对她们刮目相看，心甘情愿承担起后勤保障和照顾家庭的责任。"男强女弱""男主外女主内"的陈旧性别观念悄然改变，平等和谐的两性关系正在重塑。在乡村层面，合作社实行多劳多得、共担风险、共享成果的分配原则，形成了团结的集体意识和良好的文化氛围。绣女们在公共场所相互学习借鉴、愉悦欢笑、相伴吟唱，减少了留守在家的孤独寂寞和无助的心理烦恼。这种新型的劳动关系不仅有利于妇女的身心健康，对淳朴民风也起到潜移默化的影响。当乡村的公共文化氛围更加温馨时，浓烈的乡情会对外

出劳动力产生更强的吸引力，最终将推动凋敝的乡村重焕生机。另外，合作社实行灵活的劳动制度，便于家庭照顾负担重的妇女灵活就业，有效解决了照顾老人和孩子的难题，使家庭生活更安全。

五　天才妈妈项目经验、反思及后续规划

天才妈妈项目致力于动员和组织妇女参与非遗传续以实现脱贫致富，形成了包括市场化产业化思维、赋权增能、合作社模式、互联网运用等在内的工作经验。例如，少数民族非遗的民族性、传承性和稀缺性决定了其经济价值具有极大的增值空间，市场前景良好。天才妈妈项目在这种经济、文化发展大势下，找到非遗传续与女性优势相结合的最佳切入点，运用市场化产业化思维将非遗技艺转变为文化消费市场的潮品，发挥文化富民的作用。同时，天才妈妈项目突破传统公益慈善的救助范畴，注重对妇女赋权增能，通过多种途径让更多乡村女性成为文化匠人和带头人，从而改变她们的观念，提升她们的自我发展能力，在乡村振兴中促进妇女的发展。乡村妇女从足不出户到成为世界文化价值创造者，用技艺和智慧抢救了古老的文化并赋予其新时代精神，成为乡村振兴中宝贵的人力资源。天才妈妈项目还用合作社的机制把习惯"单兵作战"的妇女组织起来，聚集了一支乡村振兴的生力军。合作社以传承人为核心，通过专业技术培训，让非遗的核心技艺和文化价值得到完整保护，并在不同公益力量支持下扩大生产规模、保障质量，实现脱贫致富。更重要的是，合作社现代公共性的特征将妇女从狭隘的私领域引导出来，在现代意识的影响下从被动到主动、从盲目到自觉，凭借信仰、智慧和力量成为乡村发展中重要的参与主体。最后，天才妈妈项目借助互联网科技创新，跨越地域、历史的阻隔，帮助乡村妇女和她们的作品走出大山、走出国门，与不同文明开展交流对话。新时代乡村妇女将活态的手工艺转化为全人类共有共享的文化财富和艺术瑰宝，体现了中国智慧，承载了中国价值。

当然，乡村振兴是一项长期的系统工程。天才妈妈项目还处于起始阶段，需在跨界合作、合作社运作、人才挖掘与培育、筹资模式各个层面不断反思和完善。在跨界合作层面，妇基会需要深度配合政府、企业、专业机构，形成基于价值共享的跨界合作，让天才妈妈项目覆盖更多偏远地区，惠及更多具有非遗传承优势的乡村妇女。在合作社运作层面，经济互助合作组

织在乡村振兴中的综合功能应进一步深化。合作社既要按照章程维护社员的合法权利，增加社员的经济收入，为困境妇女提供有效的支持和帮助，也要赋予妇女更多的话语权和参与决策权。在人才挖掘与培育层面，天才妈妈项目需要进一步扩大社会影响力，动员更多专家、专业机构和当地志愿者参与项目，用典型和数据扩大政治和社会影响力，通过多种途径吸引农村甚至城市的技术和管理人才。此外，天才妈妈项目应加速利用科技创新，如大数据、人工智能等核心技术，为合作社带头人及业务骨干提供更专业的培训，在条件具备的情况下开展远程培训和监督管理，促成非遗新生代群体快速成长。在筹资模式层面，天才妈妈项目作为妇基会打造的可测量、可预期、有效的社会价值模块，是具有一定商业价值的公益产品。妇基会在吸引企业投资时，有必要突破传统的公益捐赠模式，尝试社会价值投资模式，以专业化、商业化方式破解非遗传续资金、人才链条中存在的难题，形成社会价值投资闭环生态链，从而保障合作社实现自主运营。

立足全面推进乡村振兴的目标任务，天才妈妈项目未来的发展思路有如下几个方面。第一，进一步推行 PPP 模式，打通政府、妇联、市场、社会的合作通道，在非遗资源丰富、可实施生产性保护开发的地方做到合作社应建尽建。第二，更广泛地动员与依靠专业机构和专业人才，建立项目专业智库，为项目升级扩容争取政策、策略、方法上的专业支持。第三，努力拓展"非遗+"模式，让衍生品开发产生涟漪效应。例如，建立以非遗产品销售为驱动力，集旅游、博览、体验、民宿于一体的绿色产业生态链，逐步实现自身造血，确保非遗永续传承。第四，在城市建立非遗手工艺体验工坊，促进城市文明和传统非遗的互动，产生增值效应。第五，充分利用政府部门建立的"中国记忆——中国传统文化艺术基础资源数据库"，以大数据为基础、以互联网为工具，对已建和将建的合作社进行数据收集、远程培训和实时督察。第六，坚持走国际化道路。依据 2003 年联合国《保护非物质文化遗产公约》，继续拓展与国内外知名设计师的合作，让非遗成果在"一带一路"中更加熠熠生辉，展现乡村女性抒写的中华文明。

乡村振兴是惠及全民的伟大事业。公益组织承担对接使命，任重道远。尽管当前国际格局和经济、政治、文化形势错综复杂，挑战严峻，但我们只有迎难而上，锲而不舍地追求既定目标，才能不负时代重托，让"非遗+"之花更加绚丽，使乡村的未来更加美好。

2
公益组织携手乡村巧娘培育社区内生能力

——以陕西嘉义妇女发展中心埝子村妇女公益创投项目为例

李爱玲*

弘扬中华优秀传统文化，发展乡村特色文化产业，是乡村战略规划的重要组成部分。《国家乡村振兴战略规划（2018—2022年）》提出："加强规划引导、典型示范，挖掘培养乡土文化本土人才，建设一批特色鲜明、优势突出的农耕文化产业展示区，打造一批特色文化产业乡镇、文化产业特色村和文化产业群。"作为公益组织，陕西嘉义妇女发展中心（以下简称"陕西嘉义"）立足长期从事农村社区发展的系列社会实践，积极采取系列行动，助力社区内生能力增强，支持妇女弘扬非遗草编文化，有效盘活乡土文化资源，在实践中探索并思考社会力量助力乡村振兴的角色与作用。

一 立足村庄需求，明确自身定位，抓住社会力量介入乡村振兴的契机

（一）城镇化进程中的乡村妇女，路在何方？

因为土地贫瘠、经济来源单一，陕西省渭南市临渭区桥南镇埝子村的中青年男劳力大多外出打工谋生，村庄的空心化和老龄化日渐加剧。村民以外出打工为主、以种植为辅，经济来源单一，人均收入在临渭区属中等偏低水平。埝子村共有424户，总人口1792人，其中妇女830人。外出打工的中青年大约有940人，绝大多数是男性。留守在村庄的妇女劳动力有300余人，主要照顾老人和孩子。面对凋敝无望的村庄，她们虽然想做些事情，但是很

---

* 李爱玲，陕西嘉义妇女发展中心主任。

难找到适合自身的机会。这个村里的老年人过去习惯用"掐辫子"①来打发时间。完成一把麦秆辫子需要一两天时间，但是售价不到2元，编织一个月麦秆辫子的收入只有二三十元。劳动力廉价到让每个人都觉得日子没盼头的地步。

这便是2014年前的堵子村，是城镇化进程中中国成千上万个农村的缩影。在当代中国从传统农业社会向现代工业社会急剧转型期间，大量农村劳动力涌入城市从事第二、三产业。留守在村庄的女性劳动力则一肩扛起照顾老人、抚养孩子的家庭责任，承担繁重的农业生产活动。她们是中国农村发展的"脊梁"，是乡村振兴的希望。

（二）聚焦妇女发展的公益组织，如何发力？

一群社会工作者自20世纪90年代末就在西北从事妇女与农村发展，始终以促进社会公平与公正为己任，关注着城市化和全球化进程中的妇女问题，探索着如何应对农村的萧条和农业的女性化倾向，践行着社会力量助力乡村振兴的多元社会治理模式。

为了探索城镇化进程中的乡村妇女发展路径，为了推动社会性别平等并赋权（empowerment）女性，使人们改变对农村女性的传统偏见，认识并尊重女性的贡献和价值，2014年4月，陕西绿草地社区文化促进中心（简称"绿草地"）项目团队通过参与性需求评估，在渭南市临渭区妇联、桥南镇政府的支持和推荐下，与堵子村的这群乡村妇女不期而遇，启动了"庙底村②妇女公益创投项目"（简称"一期项目"）。该项目旨在协助这群留守妇女提升自身的产业发展自信与技能，在自己熟悉的农村家园谱写自己的生命故事。次年，为了彰显"关注妇女发展、促进性别平等"这一使命，绿草地项目团队更名为陕西嘉义妇女发展中心。结合新的社区发展需求，陕西嘉义于2016年4月在堵子村启动了"通过农村妇女组织协助农民应对市场困境的探索"（简称"二期项目"），开启了携手乡村妇女助力乡村振兴的实践之旅。陕西嘉义长达5年的深耕，彰显了公益组织参与乡村振兴的责任与担当。

---

① 用手指压、掐一根或多根麦秆，编织而成的类似于麻花辫的长辫子，是加工草帽的主要原材料。

② 庙底村2015年并入堵子村，目前是堵子村的村民小组之一。

陕西嘉义 5 年的乡村发展实践告诉我们：留守妇女能够成为乡村振兴的重要力量；农业能够成为有奔头的产业；农村能够成为安居乐业的美丽家园；"农业强、农村美、农民富"的乡村振兴目标一定能够实现。

二　我们的策略：四维一体，培育妇女内生能力

基于参与性社区需求评估的发现，结合堦子村妇女对未来几年社区规划的设想，陕西嘉义项目团队采取了"三扶一促"（扶志、扶智、扶情怀、促销售）的策略，后来又称之为"四维一体"的干预模式，从以下四个维度全方位地提升社区内生能力：一是在运用"择优法"找准妇女的兴趣和特长的基础上，不断赋权增能，持续增强妇女的自我认同感和自信心；二是动员妇女骨干开展养老关怀和文化娱乐活动，在活跃社区文化生活、增强人际交流的同时凝聚人心，夯实内生能力增强的社区基础；三是盘活乡土文化资源，使传统非遗草编技能直接转化成生产力，惠及当地的贫困妇女，使人们感受到"技能改变生活"的无限可能；四是建立电商平台，使留守妇女能够享用网络销售资源，同时积极促进生产者与消费者之间的沟通、互动与信任，协助社区组织积极应对市场困境。

（一）找准兴趣彰显优势，强化妇女发展自信

堦子村留守妇女最初的愿望简单而纯朴，无非是增收、照顾老人和孩子、活跃社区文化生活等。因此，这个项目始终围绕着妇女创收和社区公共服务开展。但是受农业生产周期的影响，要在短短的一年半内实现村民收入增长的目标，有很大的难度和压力。

与笔者一起往返庙底村的项目助理吴伟娟，年龄不大，圆圆的脸蛋，纯朴而热情。她 6 年前就开始在北京小毛驴市民农园柳林社区农园、北京晏阳初平民教育发展中心福建培田客家社区大学、国际行动援助陕西省永寿县办公室等社区发展机构从事志愿者服务。2014 年 7 月，烈日炎炎，小吴的脸蛋被太阳晒得红扑扑，她希望脚下的这块土地不再荒芜下去。然而，面对姐妹们游离在农业创收之外的那股冷漠与对抗，她的心一天天地凉了下来。最终，她收拾行李，随着外出的人流再度漂向远方。

一筹莫展之际，笔者见到 10 多年前的同事赵金元。小赵毕业于中国农

业大学农村区域发展专业，从 2005 年开始从事农村发展工作。这一年，他负责的国际行动援助陕西省永寿县办公室工作正好画上了句号。他应邀来到绿草地，肩负起垱子村妇女项目的推动工作，积极协调多方资源，在垱子村举办了生态农业、有机堆肥、养兔、核桃栽培、花椒种植、网络营销等系列培训。他还组织创收积极分子赴西安农夫市集、铜川生态合作社等地参观学习，协助各个妇女小组讨论制定创收方案。然而，报名参与的妇女寥寥无几。开春后，许多妇女坐不住了。年轻一些的开始打电话找工作，年纪大一些的也开始犹豫了。

如何缓解项目团队和乡村妇女从事生产创收的压力？笔者决定找资深社区发展工作者给这个项目"把脉"，看看如何走出当下的困境。2015 年，麦子杨花的季节。被称为"西北支农第一人"的陕西益路人公益服务中心发起人/西北政法大学应用法学与公共政策研究中心副主任马永红、在 NGO 领域从事多年社区发展工作的常竹青、常年从事社区互助基金推广工作的陕西普辉青年社会发展中心负责人汪子阜，应邀来到庙底村。他们去田间地头，看兔舍圈棚，入户走访，召开座谈会，倾听妇女的想法。项目团队在这三位年轻人的交流与碰撞过程中，深入探讨了以下问题：这群留守妇女为什么需要增收？增收的内在动力和自信何在？妇女们最想做的事情究竟是什么？如何构建社区内在的良性循环与发展？公益组织应该扮演怎样的角色？

经过这次深入探讨，项目团队决定转变思路，从增强妇女的自我认同感和自信心入手，找妇女最感兴趣的小事情来做，逐步缓解增收带给社区的压力。

1. 举办手工艺品大赛

2015 年 6 月 26 日，项目团队协助村里举办了一届手工艺品大赛。村里的男女老少齐动员，锣鼓喧天。村民们怀抱、肩扛、车送传统花馍、草编花篮、手工针织小提包以及各种装饰小挂件等 200 余件参赛作品。一对麦秆灯笼成了全场观众赞叹不绝的焦点，做工精美的花馍、十字绣、花鞋等手工作品也获得了大家的好评。应邀前来的乡镇领导喜出望外："想不到我们这么小的一个村上竟有这么多能人，才几天就拿出上百件参赛作品，人人都是能工巧匠。"这期手工艺品大赛给这个项目带来了前所未有的转机，让项目团队看到不同于以往的妇女骨干和社区。她们充满自信，具有良好的组织能力。她们不但关注自己的兴趣和特长，而且关注到社区中的留守儿童和孤寡老人。如今这样的手工艺品大赛已经成为堵子村一年一度的盛事，每年的大赛都能涌现一批出色的手工艺作品，也能让大家重新发现村庄里的"能人"。这极大地增强了妇女的自信心。然而，仅有这一项活动似乎还不够。为了广泛动员社区参与并有效增强社区内生能力，项目团队采取了更加生动有趣的方式，不断增强这群农村妇女的自我认同感和社区归属感。

2. 编撰村民口述访谈录

不知从什么时候开始，农村成了"落后""没有希望"的代名词。很多中青年选择外出，并不是因为城里有更加适合自己的发展机会，而是为了摆脱作为农村人的身份标签。这更是农村日渐萧条、日渐凋敝的重要原因。如何让人们感受到自己所在村庄的价值和优势？想到留在老人记忆里的那些曾经津津乐道的人和事，笔者找到村民公认的"文化人"——张占稳老师等。他们通过访问村里的老人，编写了《传承乡土文化、彰显女性风采》。这本书收录的口述访谈内容最受村里人喜欢。书中描写村庄历史、风俗习惯、风味小吃的文字和照片，在某种程度上唤醒了祖辈的记忆，增强了村庄成员的归属感和自豪感。在彰显堵子村传统文化习俗、弘扬社区传统文化的基础上，该书也赋予了草编产品、农产品更加丰富的文化含义，期望借此提升地方产业的文化附加值及其市场竞争的"软实力"。

3. 举办"老物件"摄影大赛

这场活动是在鼓励堵子村妇女学习拍照技巧的过程中无意中提出来的。为了推动产品上线，陕西嘉义项目团队邀请摄影爱好者教大家利用手势、光线和角度拍摄产品的技巧。在练习拍照的过程中，老一辈蒸馍用的草圈和风箱、耕地用的犁耙等老物件进入大家的视野。项目团队趁机以"我们村的老物件"为题，举办了这期摄影大赛。堵子村妇女用简陋的智能手机将几乎被人们遗忘的煤油灯、马灯、斗、簸箕、梳妆匣、针线笸篮等老物件拍了照片。虽然像素很低，照片并不清晰，却让古老的物件重新回到人们的生活和话题当中。这期摄影大赛，不仅使村里的年轻人及外界对堵子村传统文化有了更多的了解，还与手工艺品大赛一样，增强了妇女的自我认同感，调动起更多村民参与社区公共活动的兴趣。妇女原本因为自信心不足而迟迟不参与创收活动，在这期摄影大赛之后一下子活跃起来。这项原本不在项目计划范围内的创意小活动，在增强乡村妇女自信心和村庄自我认同感方面产生的效果，应验了"无心插柳柳成荫"这句话。

（二）养老关怀凝聚人心，增强社区内生能力

2017 年重阳节这一天，40 多位老人应邀来到巧娘草编手工艺农民专业合作社（以下简称"巧娘草编合作社"）院内，与妇女骨干一起摘菜、拌馅、包饺子，围在六七张大圆桌子跟前边吃饺子边拉家常。陕西嘉义联合堨子村村委会，表彰了在社区养老关怀方面表现优异的 16 位妇女骨干。从 2015 年开始，此项社区公共服务总结评比活动，与手工艺品大赛一起成为堨子村一年一度的盛事，每年都在举行。巧娘草编合作社、核桃种植合作社、电商平台的骨干每到端午节、重阳节等重大节假日，都会自发开展留守儿童、老年人关爱行动和妇女文化娱乐宣传活动，并在每季度定期举办社区环境卫生大扫除、垃圾集中清理整治等活动。开展活动时，妇女骨干都会将和老人、孩子在一起的照片上传到微信群里，用照片和视频分享活动开展情况，以此相互鼓励，取代了之前设想的活动监测和打分方式。大家感觉更直观，更生动，更有人情味。

陕西嘉义项目团队推动巧娘草编合作社和生态种植合作社每年拿出收入的十分之一，用在社区关怀和公共服务上：利用端午节、重阳节举办社区关怀活动，定期为结对帮扶的老人提供上门服务；采取主动认领与推荐认领相结合的方式，选择距离自己家近一些、关系较为融洽的老人和孩子；采取"一对一、手拉手"结对子的方式，每月 15 日前后，为服务对象提供一次生活照料和精神关怀方面的具体服务。这些服务内容可概括为"五个一"：为服务对象做一顿可口的饭菜；打扫一次室内外卫生；清洗一次衣物或被褥；看一场有关邻里关怀的电影、电视（或讲一个故事）；聊一聊天，拉一拉家常，让老人和孩子享受到家庭温暖和社区关怀。此类社区关怀活动，在村里得到长期的坚持。截至 2019 年底，此类活动累计服务 360 人次，每年定期评比奖励 1 次，妇女骨干中涌现了不少优秀的爱心志愿者，发挥了良好的模范带头作用，得到表彰和奖励。如今已经有更多的妇女加入社区关怀活动中。她们加入的理由大多是："人都会变老，希望自己以后也能得到关怀和照顾，同时也要给年轻人带个好头，让年轻人知道怎样对待老人。"

参加过陕西嘉义合作社培训的妇女领头人，动员村里的锣鼓队、妇女文艺队、广场舞分队，积极参与各项生产活动，并将这些文化娱乐活动穿插在草编手工制作、媒体采访、游客入村体验等活动中。这些文艺表演不仅丰富

了村庄的文化生活，为留守老人和儿童送去了关爱，更使人与人之间的交流和分享频繁起来。原本冷冷清清的村庄逐渐活跃起来，村庄的凝聚力得到提升。堠子村一年比一年有人气，一年比一年热闹了。有人笑言："这个村子终于找到自己的精、气、神。"

正是以上这些看似与创收无关的活动，在增强社区成员的归属感和认同感方面发挥了难以用经济价值来衡量的重要作用，很多贫困人群、留守妇女发自内心地参与到村庄的发展中。

（三）盘活乡土文化资源，发展地方特色产业

陕西嘉义项目团队在选拔、培养妇女领头人的基础上，不断提升其生产技能，同时花大力气推动妇女走合作发展的路子。陕西嘉义与这群留守妇女共同见证：一个只有三四个人的草编小组，是如何发展到有80余个社员的草编专业合作社的；单一、廉价的草编产品，是怎样发展到有五六十种产品的草编产业的；每月仅有二三十元的手工草编活计，是如何提升到如今价值四五百元的；以及这群乡村妇女是如何从被帮扶对象转变为乡村振兴主体的。

1. 选拔妇女骨干，培养草编领头人

在临渭区桥南镇人民政府及堠子村村委会的支持和协调下，项目团队通过时任村支部副书记王贞养、村妇代会主任张晒堂、当过多年小学教师的白爱养，将在家的妇女召集到一起，推选出大家信得过的27位妇女骨干。随后，项目团队按照妇女的兴趣和特长，划分生态种植、养殖、草编小组，组织妇女参与领导力、社区组织、生态农业技术培训，鼓励留守在家的妇女积极参与到感兴趣的生产创收活动中。

接下来，项目团队连续举办了两轮妇女领导力和社区组织培训，运用讲故事、写卡片、绘画、做游戏、演小品的方式，激发她们的想法。一个情景剧表演下来，整个培训班成了欢乐的海洋。不善言谈的妇女也能畅所欲言。围绕村庄未来和个人打算，大家你一言、我一语，清清楚楚地罗列出未来半年的行动计划。培训班结束后，参与者全部投入后续行动的实施当中。鼓励妇女骨干"做中学"成为陕西嘉义赋权妇女的系列工作手法之一。

很多人记得，是一对麦秆灯笼，惊艳了庙底村第一届手工艺品大赛。散发着麦草光泽的灯笼挂在村委会门前的那棵杏树上，被绿油油的树叶衬托得

格外耀眼。第一次参赛就获奖，对于陈春苗来说，是这对麦秆灯笼改写了她的人生轨迹。当时村里有很多姐妹想跟她学，希望拥有这样的草编技艺。原本计划两年项目期满后就撤出这个村子的项目团队，看到妇女学习草编的兴趣如此浓厚，觉得有必要继续为这群妇女提供支持。因此，项目团队启动了新一轮项目支持，持续提供技术支持和能力建设，帮助大家通过发展草编产业增收。

为了保护传统文化和知识产权，陕西嘉义项目团队在协助这群姐妹申请商标的过程中，获得了当地文化、工商、共青团等部门的支持和鼓励。2017年，陈春苗获得了临渭草编省级非遗传承人荣誉证书，随后又获得了"2019年度乡村文化和旅游能人""2017年陕西省十大爱故乡人物""临渭区人大代表""临渭区三八红旗手""临渭区脱贫攻坚帮带之星""临渭区十大标杆人物"等荣誉，承接了陕西省第六批非物质文化遗产代表性项目。陈春苗，这个在建筑队帮丈夫刷涂料的农家妇女，已经逐渐成长为当地草编产业的领头人。

2. 举办培训，链接资源，助力产业发展

2015年4月，笔者与时任桥南镇妇联主任的张静大姐一同动员庙底村姐妹们到村外的幼儿园参加外地草编技术人员举办的摇篮编织技巧培训。那时候村里人还不知道玉米皮也能用来做草编产品，很多人找借口说自己忙，不肯参与。张静大姐找人在幼儿园做好午餐，让村干部在大喇叭里通知大家："姐妹们拿上碗筷到幼儿园吃午饭啦。"被吆喝来的很多姐妹吃完饭不好意思离开，就跟着动手学起了草编。李明巧、王秋爱、孙央娃等，就是在早期参加培训过程中最先成长起来的草编能手。

陕西嘉义邀请杨凌农业专家和当地农业技术人员举办的12场生态农业技术培训，更是将技术送到田间地头。连同举办的请进来、送出去的电子商务培训，陕西嘉义使参与过培训的诸多妇女对市场营销和电子商务有了系统的学习和探讨。

协助陕西嘉义项目团队完成系列能力建设和提供技术支持的专家、学者，5年来几乎没有间断过。前后两期项目累计举办生态农业技术、草编技术、个人及组织发展能力提升、电子商务及市场营销培训等共61期，聘请生态农业、草编、合作社、网络与市场营销等专家、学者47人次，组织妇女骨干及村民代表赴铜川、南郑、安康、阜阳等地参观12次，参加过各类能力建设培训及外出学习者高达 1774 人次（见表 1）。

表 1　庙底村各类能力建设培训累计举办次数和受益人次

单位：次，人次

类型	次数	受益人次
生态农业技术类培训	12	680
草编技术类培训	18	593
个人及组织发展能力提升培训	11	300
电子商务及市场营销培训	8	101
外出参观、学习	12	100
合计	61	1774

陕西嘉义项目团队一次又一次地奔赴社区，协调全村妇女参与社区基线调研和社区规划。项目团队紧密跟进项目关键环节，探讨项目困难应对策略，陪伴妇女骨干及社区组织领头人渡过难关。项目团队在组织妇女座谈和培训，提供合作社配股资金，配备合作社展厅所需物品以及纺车、织布机、草编原材料、音响、旋耕机、核桃脱皮机等设备上的投入，累计达到 200 余万元。

3. 促进合作，陪伴社区组织成长

在草编技术系列培训的过程中，村里逐渐涌现一批草编技术能手。看到陈春苗有带动大家推广草编技艺的热情和决心，笔者和项目团队通过提供配股资金、援建活动场地、提供合作社能力建设等方式，动员妇女走合作发展的路子。

为了鼓励妇女合作发展，陕西嘉义项目团队在租住的农家大院里，召集草编骨干讨论合作社章程，给合作社起名字，共同绘制草编产品 LOGO。项目团队陪同机构理事、资深社会工作专家杨晖、刘莹等走访合作社骨干，帮助她们健全各项管理制度。4 年来，陕西嘉义先后邀请陕西省委政策研究专家解读《农民专业合作社法》，邀请安徽省南塘村兴农合作社理事长杨云标、山西省永济市蒲韩种植专业合作联合社理事长郑冰、西安市灞桥区乐思薯红薯专业合作社理事长胡小黎分享其成功经验，邀请多年推动农民合作社组织发展的陕西科富农村妇女科技服务中心理事长赵惠艳带领村民讨论合作发展的方法和步骤。第一次来西安参加合作社培训的陈春苗，刚刚成为合作社的发起人，正挣扎在村民不理解、家人不支持、村干部不看好的低谷期。她前一天晚上还在打退堂鼓，让赵金元重新物色领头人。听了杨云标老师讲的南塘合作之路后，她找到问题的症结所在，茅塞顿开。回到村里后，陈春苗主动组织大家跳起了广场舞，忙里偷闲带着姐妹开展养老活动。她说："云标老师是我的楷模。"

借助中央电视台和当地媒体入村采访促成的草编媒体效应，陕西嘉义推动这群妇女于2017年1月成立了巧娘草编合作社。陕西嘉义提供玉米皮和麦秆等原材料，购买草编定型机和轧边机，并将老村部改造成了一间可以容纳20余人从事草编手工体验活动的手工艺品展厅。陕西嘉义为妇女及贫困家庭加入巧娘草编合作社提供了30000元配股资金（每户入股500元，项目赠股500元），与办理入社手续的妇女一一签署配股协议书。在地方政府的高度重视和大力支持下，周边的妇女和老人陆续投入草编产业发展中。不到3天时间，草编小组从最初的4人发展到60余人。项目团队协助巧娘草编合作社申请商标，注册"巧娘草编"域名，建立电商平台。巧娘草编合作社拥有了4间展厅、2间草帽车间、10台草帽机、1台高温定型机、1台压边机，草编能手20多人。巧娘草编合作社新增贫困创业人员80余人，经济效益增加80万元。合作社现有社员86户，辐射带动周边群众5000多户，其中贫困户300多户，直接带动贫困户实现年收入20000元，增长了46.8%。

因为一场手工艺品大赛、一对麦秆灯笼、一位省级非物质文化遗产传承人，陕西嘉义项目团队不仅将这些妇女逐渐聚拢到一起，还协助这群乡村巧娘开发了外贸婴儿摇篮、玉米皮收纳筐、草鞋、麦秆灯笼、风铃、麦秆小挂件、玉米皮地毯、沙发坐垫、隔热垫、蒲团、果篮、杯垫等40多种工艺品的加工及培训交流等业务，丰富了产品的种类和花色。巧娘草编合作社逐步发展成集传承、设计、生产、培训、加工和销售定做于一体的专业合作社。

陕西嘉义携手埝子村留守妇女，通过弘扬乡土传统文化，发展草编产业，在村庄养老、电商销售等方面带来了诸多令人振奋的变化。以陈春苗为代表的乡村妇女以自己的智慧、团结和勤奋，成长为撑起家乡变化的"半边天"。巧娘草编合作社在2020年接待了来自中国残联、全国妇联、陕西省文化和旅游厅、陕西省工信厅等各级领导的视察。同年5月15日，巧娘草编合作社获得渭南市妇联授权挂牌的"渭南市巾帼技能培训基地"荣誉。这是该合作社自2017年入围全国妇联举办的"中国妇女创业创新大赛"，获得

"省级文化助力扶贫示范单位""省级非物质文化遗产'临渭草编'传习基地""临渭区易地搬迁扶贫车间""临渭区就业扶贫社区工厂""区级妇女创业就业基地"等称号以来,再次获得的殊荣。巧娘们团结邻里、推动地方特色产业发展的故事,受到民政部官方微信公众号和多家媒体的报道。陕西嘉义因这一项目获得了各级政府的高度肯定,赢得了更多的行政支持,拓宽了机构的筹资渠道。

(四)吸引消费者入村体验,拓宽产品销售渠道

草编和生态种植产业逐渐发展起来后,更多乡村妇女开始关心产品的销路。原先靠小商小贩上门收购的产品销售模式,显然压低了产品的价格。陕西嘉义项目团队为提升村民的定价权,拓宽产品销路,让贫困妇女公平地享有网络资源,在赋权贫困妇女方面提到搭建电子商务平台的构想。

乡村妇女上学少,会电脑的少,所以都不愿意接手电子商务的相关工作。陕西嘉义项目经理赵金元联系武功电商培训学校,选送张望辉、陈有强等4位村民接受电商培训。4位村民拿到结业证书后,制定了淘宝店的管理制度和经营目标。长期经营和销售农资的妇女骨干王贞养是一期项目的村级协调人,被大家推选为电商平台负责人。她和学过电子商务营销知识的儿子张望辉,于2016年7月注册成立了"陕西恒然四季农业科技开发有限公司"(简称"恒然四季")和"塬上原"产品商标。2017年,恒然四季销售青皮核桃、蜂蜜、农家柿子醋等50000元,2018年实现了年销售过百万元的目标,2019年突破了1000万元销售大关。全村及周边的优质产品源源不断地销往全国各地,既解决了农产品销售难的问题,又提高了农产品的知名度。

不过,由于草编产品外包装体量大、网络销售成本高等原因,线上销售的优势似乎很难发挥。倒是外出参展带回来的"订单",基本上解决了产品销售需求。大多数"订单"是通过非遗宣讲进校园及省内外大型产品展销活动带回来的。2017年杨凌农业高新科技成果博览会特色精品农业馆展销期间,巧娘草编合作社主打的玉米皮花瓶荣获"后稷奖"。这些持续不断的产品展销活动,有效地拓宽了产品销售渠道。然而,仅靠这些"订单"似乎还不够。如何促进生产者与消费者之间的互动,使这二者建立良好的信任关系,是该项目在应对市场困境方面需要探讨的重要问题。

2017年8月6日,陕西嘉义项目团队以"相约乡村 感受传统手工艺风采"

为主题，与桥南镇政府一起邀请来自西安、渭南两地的 70 余位关注妇女发展、传统手工艺及乡村文化传承的公益组织成员和城市游客，入村观赏了 300 余件参赛手工艺作品，鼓励游客体验纺线、织布、草编手工制作的乐趣，品尝农家饭菜，与埝子村妇女交流各自的生活感受，畅谈城市人群对手工艺品、生态农副产品的期望和需求。据不完全统计，截至 2019 年底，巧娘草编合作社已经接待省内外游客、学者、政府官员 15000 人次以上。参访者通过参观、体验，对非遗草编技艺和文化有了更多的了解，草编生产者也发现了消费者对草编作品的期待和要求，明确了产品的改良方向。

三 有关公益组织介入乡村振兴的一些思考与感悟

在长达 5 年的社区发展实践过程中，陕西嘉义项目团队反思最多的是公益组织的角色与定位，公益组织参与乡村振兴的专业化，以及构建多元社区治理体系的策略等。

（一）公益组织的角色与定位：赋权增能，助力同行

作为扎根农村社区的发展工作者，陕西嘉义项目团队深知：村民是发展的主体，尊重乡土知识和经验，不将自己的想法和意志凌驾于服务人群之上，是发展工作者要坚持的基本原则和理念。在协助埝子村妇女从事各种生产创收的过程中，陕西嘉义项目团队与诸多专家、学者携手走过了一段难忘的乡村振兴之旅。

1. 扎根社区，助力同行

衡量农村社区发展项目是否具有可持续性，或者看村庄的内生动力有没有被激发出来，公益组织一定要扮演好"协助者""信息和技术的提供者""使能者""陪伴者""助推者"等角色。为鼓励村里的妇女按照自己的兴趣和特长组建创收小组，陕西嘉义项目团队的主要任务是携手技术支持与培训专家，满足妇女的能力增长需求，协助巧娘草编合作社建立规章制度，放手让合作社通过每月例会去讨论解决她们的问题。在困难面前，陕西嘉义项目团队协助合作社成员梳理共同面临的问题与困难，探讨解决这些问题的有效办法。在长期的陪伴过程中，陕西嘉义项目人员和埝子村的妇女建立了深厚的感情，以及难能可贵的信任关系。这样的关系不只体现在日常的走访、座

谈和培训中，也体现在相互间的尊重和理解上，更体现在过去几年的深度陪伴上。

2.多重路径，赋权增能

赋权妇女，是陕西嘉义促进性别平等的目标和追求。如何为妇女赋权增能？在操作层面上，陕西嘉义项目团队采取了以下四条路径：一是协助妇女获取适用于自身的资讯，如举办多种实用技术培训，提供宣传小画册，组织骨干外出参观学习；二是帮助妇女获得迫切需要的短缺资源，如从事草编产业的场地、展厅、加工设备、启动资金，以及调动妇女加入合作社的鼓励金等；三是构建妇女支持网络，培养妇女骨干，组建兴趣小组，推动妇女组建合作社，从而支持每位妇女；四是鼓励妇女进入社区组织管理班子和村委会等，使其拥有决策权，如在成立巧娘草编合作社的时候，鼓励妇女走上领导岗位，合作社下设的7个部门，有6个部门的负责人是女性。在陕西嘉义项目中脱颖而出的王贞养、陈春苗不仅入了党，还当选临渭区人大代表。她们代表广大乡村妇女发声，替自己和姐妹做主，展现新时代女性的风采。

（二）公益组织参与乡村振兴的价值：扬长避短，发挥专业优势

公益组织没有行政调配和资源投入的优势，要谋求自身的社会价值，就必须在服务的专业化和灵活性上下功夫，从而更好地发挥自身的作用与优势。

1.在借鉴与传承的基础上，增强团队的社区发展能力

陕西嘉义核心成员及理事会成员，大多长期在西北地区开展参与式社区发展项目，具有深厚的参与式的工作理念。陕西嘉义在传承和检验这些工作手法的过程中，逐渐积累起妇女类社会工作的本土经验，比如运用文艺演出、趣味竞赛、小组比拼、评比奖励等方式动员社区参与。对于如何将以往的参与性社区发展理论与当下的社会工作理论有机结合，创建乡村振兴战略下的社区社会工作体系，从而使公益组织在乡村振兴中发挥更加重要的作用，陕西嘉义仍有很长的路要走。

2.灵活回应不同人群的需求

公益组织秉持从社区需求出发、自下而上、关注弱势人群等工作理念与方式，在深入基层、灵活回应服务人群需求方面有自身的优势。陕西嘉义在持续增强堵子村妇女及社区自我认同感方面的一系列做法，都是在实践的过程中不断捕捉并甄别服务人群的想法和需求，比如：当看到有那么多妇女每

天都花费很多时间"掐辫子"的时候，项目团队应该给予对方怎样的回应，下一个活动应该怎样做，这一切都发生在特定的场域中。埝子村每年一次的手工艺品大赛与"老物件"摄影大赛一样，都不在项目原定的活动计划范畴之内。但是，陕西嘉义只要发现这样一些活动能够激发妇女的潜能和热情，就会灵活而快速地回应大家的需求。只有这样，这样才能更好地发挥公益组织的作用与优势。

（三）构建多元社区治理体系的策略：种下梧桐，引来凤凰

公益组织参与乡村振兴，响应的是党和国家的号召。公益组织在任何时候都要坚持党的领导，在政府的主导下发挥自身的作用。尤其是作为外来机构，在进入一个陌生的村子前后，一定要加强与地方政府各个部门之间的日常沟通和交流，用实际行动赢得政府的认同与支持。在埝子村项目启动后的一年多时间里，基层政府能够提供的支持非常有限。但是，在埝子村妇女草编产业取得明显成效之后，乡镇政府为巧娘草编合作社争取到600万元资金，建成宽敞明亮的草编生产大楼。省文化和旅游厅、市妇联、区人力资源和社会保障局等部门先后到巧娘草编合作社挂牌以及解决合作社经费、设施短缺等问题。仅2019年以来，巧娘草编合作社就接待国家部委、省市级政府领导100人次以上。各级政府部门的重视与支持，为草编产品走向更加广阔的市场打下了良好的基础。随着草编产业的发展，巧娘合作社这棵"梧桐树"也吸引到媒体中的一只只"金凤凰"。中央电视台"美丽中国乡村行"栏目、陕西省农林卫视、《陕西农村报》、《华商报》、《渭南日报》、渭南电视台等各级媒体对埝子村妇女从事草编情况的大量报道，吸引了很多消费者慕名而来，对当地产业发展起到积极的推进作用。

四　结语

陕西嘉义携手乡村巧娘增强社区内生能力的四维一体实践，体现了公益组织参与乡村振兴的责任与担当。这一切离不开各级政府的支持。事实证明，只要找准定位、明确方向，运用灵活而专业的社区工作手法，公益组织就能在乡村振兴中发挥自己应有的作用，赢得政府和媒体的诸多关注与支持。

3

以文化为切入点开展的少数民族乡村振兴

——以西双版纳布朗族村寨为例

申顶芳[*]

一　案例简介

党的十九大报告首次明确提出"实施乡村振兴战略"，以"产业兴旺、生态宜居、乡风文明、治理有效、生活富裕"为总要求，致力于解决中国发展不平衡不充分问题、满足人民日益增长的美好生活需要（叶兴庆，2018）。乡村振兴战略作为谋划新时代乡村振兴的顶层设计，是系统、宏观、科学的战略决策（李朝阳、王东，2019）。地方在进行顶层设计时不走"向城市看齐"的路线，就必须传承、发展农耕文明，走乡村文化兴盛之路。2009—2016 年，笔者、岩勐、岩章往、岩坎三和岩香南等人（下文称为"我们"）在云南省西双版纳州勐海县章朗村，以文化为切入点，对该村的生计发展、生态保护和文化传承问题进行干预。章朗村逐步恢复了良好的自然和文化生态，探索出适宜的经济发展方式，实现了乡民淳朴、乡风文明和真正的"生态宜居"，为全面振兴奠定了坚实的基础。

二　千年古寨的抉择

（一）森林为什么被开了"窗"

章朗村是一个布朗族聚居村，共有 260 多户，1200 多人，面积 5.47 平方公里，海拔 1330 米，年平均气温 21.5 摄氏度，年降水量 1530 毫米。该村

---

[*] 申顶芳，昆明市呈贡区梦南舍可持续发展服务中心理事长兼执行主任。

耕地面积近万亩，主要有茶园 5000 多亩，甘蔗 3000 多亩，水田 1000 多亩。2008 年，笔者到章朗村时，其经济总收入 143.7 万元，农民人均纯收入 1402元，常年外出务工人数 136 人（占劳动力总人数的 16%），在省内务工 12人，其余大部分在泰国。章朗村民到泰国务工一是由于该村地处边境，二是因为泰国工资收入更高。

布朗族是一个拥有悠久历史的民族。史学界一般认为其源自古老的"百濮"族群。布朗族有着极为丰富的口传文化，至今仍然保留着独特的民族语言、服饰、歌舞、风俗习惯。该民族超过 40% 的人口（约 5 万人）居住在西双版纳州，而章朗村是中国布朗族人口最多的村寨。

据村民整理的村史记载，章朗村有 1300 多年的历史，由帮拥和动波两个村寨合成。"章朗"为傣语，译为汉语则"章"指"大象"，"朗"指"冻僵"，"章朗"就是指大象冻僵的地方。章朗村的布朗语名称叫"色把"，译为汉语是指森林中的老虎。当地流传着一个故事：玛哈烘和雅坎皮（僧人的法号）从斯里兰卡取经路过帮拥、动波两寨，大象到此后跪地停止不前。两位高僧认为这是佛的旨意，让他们在这里传教，于是他们决定在这里传教，开启了当地布朗族信仰佛教之篇章。

2009 年，笔者进入章朗时，发现村子周围森林郁郁葱葱，其中不乏百年以上的古树。村寨周围古树如此之多，森林面积如此之大，笔者还是第一次见到，因此很好奇。

通过走访，笔者了解到章朗村的布朗人相信万物有灵，其灵都有欲望，欲望一旦得不到满足，恶者变得更恶，善者则不愿行善。村民认为鬼神大都依附于森林之中，对森林极为敬畏。村寨附近划定一片树林作为竜林。竜林范围内的一草一木都被视为神圣，任何人不得砍伐或攀折。除了祭祀神灵，任何人不得进入圣地进行其他活动，否则将招致厄运。

1998 年章朗村民自发在象山修建白塔，建好后村民把整座山（约 700亩）划定为保护区。修建白塔之前的象山是村民的薪柴林。白塔修建好后，村民在"滴水"（竣工）仪式当天组织了一个"围山"仪式，之后再也没有去那里砍过任何树木。

章朗村民这些保护森林的行为，源自章朗传统文化对当地村民精神上的约束。当这种约束与自然结合，就形成了文化信仰规约，对自然保护意义重大。例如，村民在建村立寨时，需要对村寨范围内的景观进行功能区的划分，符合布朗族文化要求的村寨必须规划出寺庙（佛教活动的中心点）、班约（村子僧人进阶的地方，通常是一棵大树）、圣井（开门节和关门节取水祭祀的地方）、桑康（送老年的地方）、腊别牙瓦（迎接新年的地方）、西皮（竜山）、坟山、牙娘牙拥（护寨林）、那甘（水神林）、亚糯（男人祭祀猎神的树）、护路林等。另外，村中流传着种类丰富的故事，留存着许多文化地标，包括大象水井、大象滑倒的地方、公主坟等。

最近备受推崇的生态文化保护理念"自然圣境"就是基于文化的约束性而形成。世界自然保护联盟（International Union for Conservation of Nature，IUCN）把"自然圣境"定义为：对本土族群或社区具有特殊精神和信仰意义的区域，包括陆地和水体。著名民族植物学家裴盛基将"自然圣境"定义为：泛指由原住民族和世居民族以传统文化信仰为依托建立起来的，以保护自然生境中的动植物及其生存环境为目的，得到当地社会公众承认和尊重的富有精神与文化信仰意义的特定自然地域（裴盛基，2015）。

章朗周围的森林中有一些树木正在枯萎，某些地方枯死的数量过多，仿佛为密林开了"窗"，"开窗"的地方多数是村民在下面种植了农作物。笔者知道，此种情况若不能及时制止，整片森林可能会被毁坏。

（二）问题及原因分析

章朗村寨周围的森林被"开窗"只是问题的表象。通过深入了解，笔者发现两个深层次问题：一是传统文化的约束力正在逐渐减弱；二是村民具有强烈的经济发展愿望，可是回应愿望的方式失当。

传统文化的约束力为什么减弱？在被"开窗"的森林中，有建村立寨时规划的景观，也有文化地标范围之内的森林。按理说，这些地方应该受到村民的保护，但现实中却没有。自20世纪90年代初开始，章朗出现外出务工潮，多数青年人前往泰国，少数人到内地和沿海发达省份的城镇打工。当时，村民选择去泰国的原因是劳务报酬比村子里高。在村子里，每个劳动力每天收入约6元人民币，而在泰国每天收入能达到100泰铢（兑换人民币约30元）。正是从那时起，外出者往返于村子和务工地成为常态。返回村子的人，把外面的文化带了进来，与村子的传统文化产生碰撞，对传统文化造成了猛烈的冲击。1998年亚洲金融危机发生后，泰国的工作机会减少。2000年以后，普洱茶价格逐步攀升，在家务农的收益得到提高，外出务工者大量返乡。这也导致村子的情况更加严峻：村里有威望、有影响力的老人一个个离世，还健在的老人不愿意讲话，不想管事，坚守传统文化的人越来越少，人们没有了约束；中年人传统信仰不坚定，社会责任感弱化；青年人思想浮夸，喜欢吃喝玩乐，常酗酒滋事等。村子因此变得不安宁，生活不健康。另外，村民参与节日仪式的态度不积极，青年人穿其他民族的服装，唱其他民族的歌曲。部分村民把节日仪式理解为吃喝玩乐，挥霍攀比之风盛行。一系列的反常现象说明村子正在发生巨变，传统文化正在衰败。

村民对经济发展具有强烈的愿望，可是回应的方式不恰当。2000 年以后，普洱茶逐渐被消费者接受，茶叶价格一路走高。章朗的部分村民为了获得更大的经济利益，开始在村寨周围的森林里开展茶叶种植。茶树虽然喜荫，但要长得好还需要一定的光照。因此村民用各种方法把茶树周围的树木弄死，让更多的阳光照射进去，对森林造成了较大的破坏。

上述两个因素叠加在一起，导致了森林"开窗"，造成了村寨文化传承、生计发展和生态保护无法平衡的局面。

（三）制定方案

笔者认为理解社区要具有生计、生态、文化和社会等多元的视角，对社区问题的分析要系统，回应方案要具有整合性。重中之重是方案的制定要有社区参与，能够得到他们的认可。

1. 发掘村子内部的协作者

所谓"协作者"，可以是个人，也可以是组织，其功能是协助服务群体制定目标，统筹资源，推动相关人群参与，努力达成目标。发掘协作者，笔者以需求、问题和兴趣为切入点。"需求"是指人们为了满足某一目标，在一定条件下的理性选择。实操中应该从不同的角度和层次去识别需求①。"问题"是由某些条件限制造成的困难和障碍，即村民面临的一个个具体问题。"兴趣"是一种倾向性的探究活动，探究途径从"是什么"到"为什么"。激发和维持兴趣的核心是体验到成功的快感。"成功的快感"产生的前提是要有成功，但是有成功不一定有成功的快感。除此之外，还需要从知识技

---

① 亚伯拉罕·马斯洛在 1943 年的《人类激励理论》中将人类需求像阶梯一样从低到高按层次分为五种，分别是生理需求、安全需求、社交需求、尊重需求和自我实现需求。

能、自信心和责任心三个维度对协作者进行增能。应该将协作者的需求、问题和兴趣与增能视为同一过程。在章朗村，我们发掘的协作者有很多。本文重点介绍岩章往、岩坎三和康朗三担三位协作者。笔者认为岩坎三和康朗三担当时主要是从"问题"和"兴趣"出发，岩章往则主要是从"责任心"出发，他们的基本情况如下。

岩章往，从1992年到2003年先后担任村副主任、村主任、村支书等职务，对于农村工作有着很丰富的经验。他对1990年后章朗发生的事看在眼里，急在心里，可并没有搞清楚为什么会这样。

岩坎三，从泰国打工返乡的青年。2002年，他从西双版纳职业学院毕业。由于国内毕业生分配工作的政策有变化，他没有被分配到政府和事业单位，于是去了泰国打工。2005年，他回到家乡，被村民称为"伙子头"①。他发现村子里有很多变化，觉得生活没有本地人的味道了。例如，他发现"赕"②的时候，青年人不唱布朗族的歌曲了。他觉得村子里有一种"去布朗化"的状况，这让他感觉很别扭，想做一些事情。

康朗三担，还俗的僧人，出家为僧期间僧阶为"都"（村民俗称为"佛爷"，年龄一般在20岁），还俗后尊称为"康朗"，在村寨中受到广泛的尊重。他是岩坎三之后的伙子头。他想为章朗村的巨变出一点力，把布朗族的传统文化传承下去。

2. 文化、生计和生态整合的回应方案

2011年，我们认为若要对"开窗"事件进行有效的回应，需要把文化、生计和生态整合，只从单一方面进行回应可能会效果受限。刚开始，我们认为章朗有生态茶和生态旅游两个可能的选项。大家经过认真分析，发现发展生态茶更具有可行性。原因有三：其一，当时章朗的交通还很闭塞，从西双版纳州州府景洪到章朗约100公里路，车程大概5小时；其二，村民与外来者的接触还比较少，汉语交流不流畅，接待游客有一定的困难；其三，也是

---

① 在章朗的传统文化中，"伙子头"是布朗族村寨男青年组织的领头人，负责组织、协调和管理男青年人。"青年组"是布朗族村寨的自组织，有男青年组、女青年组之分。女青年组的领头人叫"姑娘头"，其职能与"伙子头"类似。青年组织在章朗具有维护村寨治安、组织娱乐、开展公益活动和协助村干部和其他自组织管理村寨的义务。

② "赕"可以理解为"奉献和分享"。章朗的老人认为能举行不同层次的赕：赕帕、三双西赕、赕维先等，并且在日常生活中遵守佛教戒律，这样人生会变得美满。

最重要的一个原因，发展生态旅游难以在短时间内获得收益。而决定发展生态茶种植，当时也有三条理由：首先，茶叶一直具有经济属性，并且随着普洱茶被越来越多的消费者接纳，普洱茶产区的茶叶价格提高，其经济功能体现得更明显，章朗就是如此；其次，茶叶在章朗还具有文化属性，章朗的很多仪式需要茶叶；最后，章朗有800多亩古茶园，它混生在森林中，形成了"上层乔木，中间茶树，下层草本"的稳定结构，古茶园中从不暴发大面积的病虫害，管理中不需要任何的农药和化肥，是生态茶园的典范。

综合考虑所有信息后，我们提出：把章朗茶叶打造成独特、绿色、卫生、有技术含量的生态产业。所谓"独特"，包括三点：一是布朗文化，二是千年古寨（章朗村已有1000多年的历史），三是自然圣境（800亩古茶园位于自然圣境中）。所谓"绿色"，是指注重保护森林，严禁在茶园中使用农药和化肥。所谓"卫生"，就是在茶叶采摘、加工到出售整个过程中要注意保持清洁。所谓"有技术含量"，就是要注意总结和学习茶叶种植、管理和加工技术。

（四）主要工具

本项目主要使用了社区调查、考察交流、专业人员参与调查和小额资助社区探索四种方法。在协作中，我们将这些方法与协作的增能视为同一过程，除了强调事情的成效，更看重协作者和社区的成长。

1. 社区调查

所谓的社区调查，是指社区的人自己或在外来者协作下对某些议题和内容全面、深入了解的过程。协作社区调查时，我们不是只注重对知识和问题的探究，还重视社区内部成员的情感链接。在协作上，我们重点考虑以下四个方面。其一，学习传统知识和技能，比如手工艺、医药、歌舞、管理制度、历史故事、村寨历史等。其二，发现社区的问题，共同寻找解决问题的方法，比如村寨文化传承、集体林管理、环境卫生治理等。其三，挖掘社区文化的内在价值。内在价值是文化体系的内核，是文化体系的根本性质和基本特征，是文化体系的高度凝练和集中表达。内在价值需要文化主体的共同认定。其四，联络感情，提升社区团结与凝聚力，增强对家乡的热爱和对社区文化的认同感、自豪感。社区调查有三个特点：①调查主体是社区内部人员，外来人员只起辅助作用；②调查目的通常具有多样性，其中情感驱使所占的比重往往很高；③方案设计比较开放、灵活，核心是充分发挥调查者的主动性。

现实中，愿意在社区内开展调查的人毕竟是少数人。如果我们的工作方式不具有包容性，那这些少数人的想法就很难实现。同时，一个社区项目过于关注少数人的想法也可能是个问题。所以，我们在操作上开发出一套机制：一是成立调查小组，让有兴趣的人一起开展调查；二是由对某个议题感兴趣的人邀约一定数量的支持者（通常 15 人）来参与调查，人数达到要求就可以开展。

2. 考察交流

考察交流的实质是要促进村民的交流和学习。我们在组织活动时强调四点：①让参加者对外界状况进行了解和学习；②为社区提供"镜子"，进行文化对照，是促进反思的重要方式；③寻找同路人，消除心理上的"孤单和害怕"；④提供展示自我的机会。外出考察和交流需要协作者与参与者进行充分的准备，也要尽量搭建让参与者展示自己个性和才艺的"舞台"，让他们在过程中尽情"表演"。所以，组织考察需要精心设计，尽可能满足上述四点。

在操作中，通过考察来反思存在一定的困难。首先，反思的概念本身就很复杂。它是一种思维方式，也是一种态度。从思维方式的角度理解，反思是指"为改善思维而对思维的思考"。从态度的角度理解，反思是指对那些过时的或者现存的、与理想状态要求不相符的事物重新思考和修订。其次，村民的习惯是注重行动，重视行动产出的结果。正是这个原因让村民养成了提出问题后就想直接解决问题的做事方式，不太注重对问题的分析。事实上，社区里需要解决的诸多问题只是某些行为的结果，若要更好地解决它，需要分析造成这一结果的原因，从原因着手去回应它。如果一如既往地直接面对结果，那么很难把这个事情处理好。最后，反思要直接促成行动，进而带动社区解决相关问题，只有这样才会得到村民的认同。如果一定时间内无法形成行动，只是处于不停地思考、讨论等层面，多数人会认为反思太空、太虚，落不到实处。

3. 专业人员参与调查

我们认为在村寨发展中，专业人员参与调查是对村民开展调查的补充。专业人员参与调查，知识面往往更广，视角更丰富，方法更有针对性。在梦南舍的工作中，我们以社区调查为主，以邀请专业人员调查为辅。邀请专业人员参与的调查通常有以下几种情况：①村民在相关议题的调查中，知识储备明显不足；②村民的认知需要突破和碰撞；③需要提交专业性较强的、相对权威的报告。

4. 小额资助社区探索

小额资助是指在项目实施时，为村民提供的一笔专项支持资金。其目的是鼓励村民将想法变成行动，让村民愿意去摸索、实验和实践。具体的操作为：①村内成立小组管理资金，小组成员主要包括小组长（统筹所有事务）、出纳（管理收支）、会计（记账）；②明确资金使用方向，主要包括文化传承、生态保护、村内公益、社区调查和生态生计方式等；③小额资助的使用需经村民大会全体决议，由资金管理小组做预算；④资金使用后，在村内进行张榜公示。

小额资助是调动社区参与非常有效的方式之一，但是现阶段存在一些问题。例如，社区管理财务的方式如何与国家要求的财务制度结合？如何让管理更规范？我们的做法是先按照社区认可的方式管理，再由外部财务人员协助，使之符合国家的财务管理制度。这样做虽然无形之中增加了大量的人力和物力成本，但是可以保障小额资助管理的合法性。

三 以协作者为主体的干预措施

我们发掘的协作者有明显的共性，即满怀"乡愁"，就是对记忆中的家乡有眷恋之情，对现状失衡有担忧之心。留住协作者的乡愁，推动社区文化传承成为自然而然的事，也成为我们干预的着力点。

（一）青年人开始传承文化

从泰国打工返乡的岩坎三接手的青年组已面目全非。唤醒青年组是岩坎三的职责，也是回应他希望为家乡做一点事的最好切入点。于是，我们积极发掘青年组的兴趣及其对村子的责任。首先选择让青年人学习布朗弹唱（布朗族的传统歌舞）。开始的时候，部分青年人的父母觉得这是浪费时间，不愿意支持孩子去学习。岩坎三就以下达任务的方式让青年人去学习，并明确要求在"赕"的时候必须用布朗歌来对唱。然而，只有少部分青年人象征性地学了几首。只要有人愿意去做，我们就能看到希望，认为会带来改变。正是因为拥有相信改变会发生的信念，才有了后来发生的一切。

活动开展 6 个月后，我们发觉青年人对布朗歌舞感兴趣了。他们觉得唱布朗歌还是很不错的，不会唱布朗歌的人与会唱的人在一起觉得很亲切。为了强化氛围，岩坎三又组织了青年人的晚会，让会唱布朗歌的人上去表现。其他的人看到后，觉得会布朗弹唱很有面子、很优秀，很多青年又羡慕又向往。社区里的老人也觉得上去弹唱的年轻人还不错，挺有意思的。所以我们组织了布朗弹唱学习活动。

另外，开展公益活动也是青年组织的基本职责之一。借着青年人积极性的高涨，岩坎三又组织青年开展村内的公益活动，例如硬化村内的小路，修建"沙拉房"（凉亭，让过路的人有休息的地方），保护名木古树，在节日时为孤寡老人洗澡，老人去寺庙纳佛时为其端茶倒水、送食物。我们鼓励参与的青年人把所开展的活动当作学习的机会。做了这些事情后，村子里的老人觉得青年人的状态变好了。青年人因能在为村子做贡献的同时学到传统知识而感到满足。

之前出现在章朗村青年身上的各种不良习惯逐步被改掉，青年人得到章朗村民的认可，我们也得到理解。项目举行阶段性总结时，岩坎三说："过去，我们当中有一些青年人外出务工不好意思说自己是布朗族，现在说我们是布朗族的一分子觉得很自豪，因为我们有很多优秀的文化传统。"

青年人做事越来越有动力，很多青年希望参与进来。后来我们以 6 个骨干为核心，成立了 3 个调查小组，分别调查布朗歌和弹唱、民风民俗以及青年组织。3 个小组分头做调查，约定时间共同探讨和分享，总结和反思村寨现状，讨论文化传承、生态环境保护和生计发展。

（二）从文化传承到生态保护

青年人的蜕变，给章朗注入了新的活力，也把记忆中熟悉的传统文化带回现实生活中。这是我们继续深入开展工作的基础。

2011 年，我们组织章朗村民到德钦县考察交流，主要内容是传统文化的调查与传承。考察团成员之一岩章往说：我看到传统文化对德钦人的影响，以及对人与人、人与自然和谐关系的影响。在羡慕他们的同时，我更迫切地希望传承和弘扬布朗族的传统文化，也想通过传统文化重新链接人与人之间的关系、人与自然的关系，并建立新的平衡。传统文化的传承不一定需要依靠一个组织或者一个团体，人人都可以成为载体去传播和发扬。再者，章朗村里为了发展经济而做出的一些不利于生态平衡的事，如为了扩大茶叶种植规模而去砍树和围树等行为，都应该及时纠正。

从德钦考察回村后，岩章往在村里组织了一次分享会，把他在德钦考察的见闻向村干部和有威望的老人进行汇报，引起了强烈反响。老人们的"乡愁"被唤起，他们决定出手制止村民种茶破坏森林的乱象。在村干部、有威望的老人和岩章往的协调下，青年组用两天时间把村民违规种植在森林中的茶叶全部清除，避免了章朗周围的森林进一步遭受破坏。

2012 年，我们邀请业内专家在章朗做了两个调查，并产出了《布朗族与茶》和《章朗村农药使用及风险情况报告》两个调查报告，有力地促进了我们执行之前提出来的规划。《布朗族与茶》从章朗村茶产业现状，祖先传茶的古老传说，章朗茶叶种植、加工、销售及用茶方式演变，茶与章朗布朗族的社会生活，章朗茶产业的出路等方面进行了总结。通过调查发现，我们坚定了文化、生计和生态融合发展的思路以及保护生态的理念。《章朗村农药使用及风险情况报告》发现村民在茶叶种植中主要使用 6 种农药，全部是低毒和中等毒农药。调查还发现，不同类型的茶叶，病虫害管理难度不同，按管理工作量大小可分为台地茶、大树茶、古树茶。古树茶和大树茶病虫害少，管理难度小。台地茶病虫害以介壳虫为主，对植株有较大影响。茶小绿叶蝉、黑刺粉虱、茶饼病、茶蚜等均有不同程度的危害。勐海县茶叶科学研究所、县农业局茶叶技术推广服务中心的专家认为："通过重新营造茶园的环境，可以有效地避免病虫的危害。"村民认同这个说法。

2013 年 4 月，我们参照村民把象山划为保护区的做法，对象山（村民俗称白塔山）、寺院、竜山（坟山）、风景林、水源林以及文化地标（总面积3000 多亩的区域）举行了"围山"仪式，把它们划定为保护区。

2013 年 7 月，我们开始采取多种方式，推动禁止在茶园中使用农药和化肥的工作。一是邀请专家到村内开展生态茶园建设技术培训。二是组织村民到已建成生态茶园的村寨考察交流，借鉴别人的成功经验。三是成立实验小组，尝试无化（不用化学品）管理茶园。四是广泛宣传农药、化肥对人体和环境造成的危害。五是进行本地传统知识调查，了解与茶叶和谐共生的树种，并购买树苗发放给村民栽种，其中樟树就发放了 5000 多棵。六是推动村子建立严禁在茶园中使用农药、化肥的规章制度。

　　章朗禁止村民使用农药还有这么一个故事。2013 年 7 月，章朗村干部和有威望的老人达成共识，全面禁止村民在茶园中使用农药和化肥，并制定了最严格的规定："如果哪块茶园中使用农药和化肥，就把上面的茶树砍了。"很快村干部组织了村民大会，会上村民没有反对。可是，当天下午就有一位村民在茶园里使用农药被举报了，村干部组织青年组去把他的两亩茶树全部砍断了。自此，村民再也没有在茶园中使用农药。2013 年底，章朗的生态茶园初步建成。

（三）改善茶叶加工的卫生条件和技术，提高茶叶品质

　　我们采取的主要是考察、培训和日常倡导三种方式。考察在不同阶段的组织意义不一样，总体来说是打破村民固有看法和观念，让村民看到新的可能。当时，影响茶叶卫生的原因主要有四个：一是村民装鲜叶的工具随意，有些农户用装过化肥的编织袋装茶叶鲜叶；二是晾晒时，把茶叶放在地上，不注意卫生；三是加工的时候没有清洗锅具的习惯，会累积茶垢；四是在有异味的地方存放加工好的茶。这些我们认为的问题，很多村民并不觉得是问题。如果不能让村民意识到相应的消极影响，我们针对相关问题去开展活动就可能造成误会。我们组织村民到其他做茶叶比较好的村落考察，由考察接待地村民介绍经验时把相关问题带出来。我们再协助他们总结，大家就很自然地认可了上述问题。之后就需要解决问题，培训是解决问题的重要方式。我们组织的技术培训包括：茶园的环境建设和栽培管理，茶叶加工和品鉴。茶叶加工又包括采摘、萎凋、杀青、揉捻、晒干等程序。品鉴最有意思，就是要让村民掌握鉴别茶叶品质的技术，包括对茶叶条形、颜色、香气和口感的鉴别等。村民掌握品鉴技术后，就更容易理解和接受其他的理念和技术要求。岩坎三、岩章往和康朗三担都是非常棒的品鉴师，也都是比较好的加工茶叶师。后来，他们成为笔者在其他村开展相关培训的专家。一次培训能够解决的问题总是有限的，要让培训效果真正持续稳固，需要协助村民养成新的习惯。我们通过日常倡导，协助村民养成新习惯。日常倡导指在跟进项目开展活动时和平时与村民交流时，我们会有意识地进行讲解和宣传，同时鼓励骨干日常与村民接触时宣讲相关的知识和技术。日常倡导在我们的所有活动中频次最高。每次去跟进项目，只要与当地人交流，都尽量抓机会开展

倡导。

章朗的生态茶园建成后，茶叶价格一路上扬，每公斤古树春茶从 2011 年的 200 多元上涨到 2019 年的 1000 多元，小树茶春茶也由 2011 年的每公斤 30 多元涨到 2019 年的 150 元左右。2013 年之后，章朗茶叶价格上涨，除了得益于中国经济的腾飞，以及普洱茶受市场青睐，还得益于自己的努力。图 1 表明了 2013—2019 年村民经济收入的变化。2019 年，章朗农民人均纯收入 12000 元，是该村所在乡镇农民人均纯收入唯一超过万元的村寨（罗桂华等，2020）。

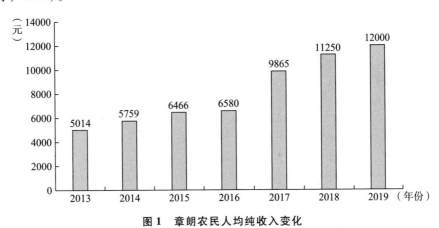

图 1　章朗农民人均纯收入变化

四　持续巩固成果

前面的工作已为章朗的发展打下一定的基础，如果继续支持下去，我们认为社区的发展会更好。为了巩固成果，我们采取了三种方式：一是继续推动章朗村的文化传承，通过与村子的阿章①等合作，推动召开"布朗族传统文化交流会"；二是继续开展茶叶的提质增效；三是组织村民每 3 年"围山"一次。

2013 年 6 月，项目组在章朗村组织了第一届阿章交流会，共有 5 个村寨

---

① "阿章"译成汉语可以称为"老师"。他主管着社区里与佛教相关的祭祀活动，还是社区与寺庙沟通的桥梁，是社区管理寺庙的代理人。成为阿章的人必须是"康朗"，同时需要成家有小孩、没有离异，并且必须得到村内有威望的老人认可。此外，在道德方面是表率，愿意奉献、不计较个人得失，也是成为阿章的条件。

的代表参与。交流会得到其他布朗族村的积极响应。之后历届参与村寨的情况是：第二届 11 个，第三届 18 个，第四届 24 个，第五届 32 个（达到顶峰）。第五届之后，项目组为了减轻组织协调工作的压力，将规模保持在 20 个村左右。在第三届交流会上，参与者将"布朗族阿章交流会"更名为"布朗族传统文化交流会"，因为参与人员大多数不是阿章，讨论的内容也超出阿章文化的范围。

布朗族传统文化交流会恢复了中断已久的布朗族村寨间的传统联络机制，重建了布朗族社区间更高层次的交流互动平台。交流会的内容以布朗族传统文化为主轴，延伸到社会、经济、自然等方面。交流会还突出参与者的实地考察，分析和反思各村存在的问题，商议未来的发展方向。如何保护森林、发展生态茶、管理寨子、治理垃圾、传承文化、节约过赕是参与者热衷讨论的主题。交流会有效展示了章朗村取得的成绩，也促进了章朗村向其他布朗族村的学习。例如，第七届交流会的举办地是老曼峨村，他们的佛教文化传承和茶叶加工品质都有着明显的优势。通过交流，章朗村学习到相关的理念和技艺。

2016 年项目结束后，章朗村民延续了项目的发展思路，集资 300 多万元修复村子的文化地标，保护森林，发展生态茶叶，改善人居环境。近年来，章朗村相继获"云南省文明村""云南省爱民固边模范村""云南森林乡村""西双版纳州先进基层党组织""勐海县先进集体"等多项荣誉称号。关于人居环境的改善还有这么一个故事：

> 随着生活方式改变，垃圾成为令当地头痛的问题。每当有外来者进村交流考察，村干部就需要用高音喇叭反复通知打扫卫生，经常是叫喊几次，却只有三三两两的老人和妇女出来，出来的人所带的工具还破烂不堪。协作者看到这个现象，很想推动社区改变，但是不知道从哪里下手。

> 一个偶然的机会，岩章往观察到寺院很干净，他找到转机。章朗村的人经常会去寺庙，他们的习惯是到寺庙院子前先把鞋子脱了，然后光着脚进去。如果枯枝落叶和尘土被风带到寺院里，村民还会主动去打扫，寺院因此保持得很干净。有一天，岩章往去寺院突然意识到，如果村民用对待寺院的方式对待村子，那垃圾的问题是不是就可以解决了？

在一个重要的仪式上，岩章往向来参加仪式的村民提问："我们来寺庙干什么？"没等村民回答，他接着说："是不是来净化我们的心灵？"

在场者齐声回："是。"

他接着问："要让我们的内心得到净化，是不是先得让寺院干净？"

在场者齐声回："是。"个别激动的人指着寺院的环境反问道："这是不是很干净？"

他回："是很干净。难道我们的心灵干净只用在寺院，到家就不用管了吗？"

在场者回答："当然不是，在家也要保持干净。"

他又问："我们的家都不收拾，那么脏乱，在那种环境下我们能干净吗？"

大家陷入了沉默……

片刻之后，岩章往接着问："我们的村子都不收拾，那么脏乱，在那种环境下我们能干净吗？"

沉默……

过了好久，有一位长者出来发言，说："我们来寺院是为了净化内心，所以我们保持寺院的干净。我们回到家也要保持内心干净，在村子里也要一样，所以我们应该像对待寺院一样去收拾家，打扫寨子。"

长者的发言得到响应。自此，每到傣历初八和十五，就有很多人去打扫村子里的卫生，寨子干净了很多。

自此，村干部没有为打扫卫生这事发过愁。

五　反思

（一）建立稳固的信任关系是合作的基础

建立和维护与村民的信任关系是首要工作，应该贯穿合作过程的始终。在章朗案例中，有以下三点经验。

第一，以学习的态度进行合作。为了让我们的学习更有效，可以借助人类学理念和方法，如参与式观察法。此外，还可以借助参与式发展理论和方法，重点要反思我们进入村寨开展工作时的态度。

第二，理解和尊重。解读村寨的现象时，应该站在村民的角度看问题，切忌用外来者的标准进行评判。对于部分现象，我们可能会觉得不合理，但是村民对此有自己的理解，我们要充分尊重他们的理解。当然，对于那些我们认为不合理的现象，在善意的前提下可以和他们进行对话，引发他们的重视和思考。

第三，有计划地让村寨在合作项目中做主。作为外来者，始终要相信村民有能力办好自己的事情，现在办不好只是缺少一些条件和机会。转化到实际操作上，就是从村民擅长的事入手，让他们做决策。

（二）农村工作需要有文化视角

文化是人类长期适应所处环境的产物，由历史、环境、人际关系和社会心理等不同元素融汇而成。从文化入手，可以避免"水土不服"。我们所理解的"文化视角"主要有三个特点：①文化是不断变化的，这种变化是与环境相互适应的结果，外来者要理解这种关系；②文化对其拥有者具有精神上（内在）的约束，且有对应的行为规范；③文化拥有者基于文化内核形成了理解与看待事物的逻辑和审美。培养文化视角最为重要的是态度，例如要倾听、耐心、谦虚，重视村民的意见。另外，要注重观察和体验，简单概括就是"同吃同住同劳动"，深入参与村民的生产生活，在过程中进行观察和研究。还有，可以阅读人类学经典民族志与合作社区相关文献，以及有设计地开展调查和研究。

在农村社区，特别是少数民族社区开展工作，如果去实施项目的人员不具有文化视角，往往会造成文化冲突，使项目不能正常实施。

（三）注重发掘和培育协作者

外来项目能否持续发展，关键在于当地村民是否理解和认同。章朗的工作是通过有意识地发掘和培育协作者，并与之合作，共同开展活动而实现的，因此收效颇佳。

图 2 展示的是 2012—2016 年章朗村协作者参与策划和执行活动情况。其中，协作者岩章往参与的活动共 60 多次。他总结说："虽然做出很大牺牲，但是在过程中碰到的困难和挫折磨炼了我，让我得到更多收获。我对传

统文化的理解和体会更加深刻，对传统文化的热爱度倍增，学到很多优秀的东西，受到很大启发。这将会对我今后人生发展起很大的促进和帮助作用。见到村民对我们推动的项目活动那么拥护和肯定，把传统文化当作精神和责任对待，我非常高兴，非常欣慰，也非常骄傲。"

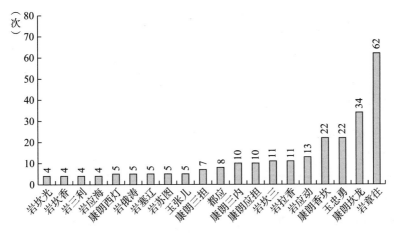

图2　章朗村协作者2012—2016年协作活动统计

（四）对问题的理解要系统

章朗的案例将"生计、生态和文化"整合，制定的方案也具有系统性。在章朗的案例中：同样的事物，只要我们转换角度，对它的理解就会改变。例如，"自然圣境"是文化与生态的综合体，如果只从其中一个角度看并不完整。还有，青年人在推动布朗族文化传承的同时，改善了内部社会关系，促进了生态保护，也提高了村民的经济收入，这一系列的改善得益于对文化、生计和生态的系统性理解与整合。

（五）生计、生态、社会和文化协调发展是社区可持续发展的关键

章朗村的问题起因是村民要发展经济，可是他们选择发展经济的方式冲击到传统文化并破坏了自然生态。后来在我们的项目干预、当地协作者和村民的共同努力之下，村民找到了当地文化传承、生态保护和经济发展有机结合的发展路径，有效地回应了之前社区存在的问题。随着村民经济收入的提高，以及青年人不断与外界接触，2015年以后，章朗村的经济状况越来越好，人们也开始改善居住环境。新建的房屋全部采用钢筋混凝土材料，并从

坝区邀请傣族和汉族建筑师。然而，这导致布朗族传统建筑风格逐渐逝去，也使与建筑相关的传统文化受到冲击。另外，青年人更容易接受新事物，在学习茶叶加工技术和网络销售方法方面比中老年人更快，收入也比中老年人更多。但是部分青年利用经济成果来影响和挑战村内的传统文化。例如，经济条件改善后，一些青年相互攀比，重消费和娱乐，轻视赕。章朗村内的平衡再次被打破，新的矛盾又在村里出现。对此，村里该如何找到新的平衡？村庄的生计、生态、社会和文化动态协调发展关系还有待进一步探索和研究。

参考文献

李朝阳、王东，2019，《文化振兴视角下乡村环境设计研究新思考》，《艺术设计研究》第 4 期。

裴盛基，2015，《自然圣境与生物多样性保护》，《中央民族大学学报》（自然科学版）第 4 期。

罗桂华、汪涛、刘运军，2020，《兴产业 增收入 富百姓——勐海县巩固提升脱贫攻坚成果见闻》，《西双版纳报》4 月 22 日，第 3 版。

叶兴庆，2018，《新时代中国乡村振兴战略论纲》，《改革》第 1 期。

第四部分

公益力量对接生态振兴

以社区传统文化为根基推动保护生物多样性

李自跃　刘海英*

《国家乡村振兴战略规划（2018—2022 年）》在总体要求中提出人与自然和谐共生，树立山水林田湖草是一个生命共同体的理念。在实施乡村生态保护与修复、完善生态系统保护制度进程中，社会组织与相关部门深入基层社区，以细致扎实和不断创新的工作作风，挖掘、保护、利用传统文化，发挥其在凝聚人心、淳化民风中的重要作用，让基层社区成为生物多样性保护主体，长久持续开展行动。社会组织将生态多元价值与农户利益、短期利益与长期利益统筹考虑，能够确保乡村社会充满活力、和谐有序。本案例以传统文化为切入点，探索社区生物多样性保护的内在动力，是对中国生物多样性保护制度和实践的有益补充与完善。

高黎贡山是印度板块和欧亚板块碰撞挤压后形成的山体，它以独特的地理地貌、丰富的动植物资源而著称于世，被誉为"世界物种基因库""大地缝合线""生命的避难所""野生动物的乐园"。"高黎"是景颇族一个家族名称的音译，"贡"在景颇语里是山的意思，高黎贡原意即高黎家族的山。

云南腾冲地处高黎贡山保山段的西坡。高黎贡山孕育了腾冲的民众、农业及丰富的生物多样性。腾冲人称她为母亲山。毗邻高黎贡山从北向南，有被誉为腾冲母亲河的龙川江。龙川江上游有世代与山河共居的村庄。这些年，大塘、永胜、永安社区的居民做山林调查，勘龙脉，敬神山。他们探究村庄布局，做垃圾清理、生态种植。他们在寺庙里进行环境生态教育，讨论古树与河流保护，更深入地讨论当地的生态道德观、和谐社区的内涵，从最初关注活动发展到对生态价值观的追问。即便在 2020 年新冠肺炎疫情期间，大塘老年协会的几位老人依然定期巡鱼。这个行动已经坚持 4 年。大塘鱼类

---

* 李自跃，社区伙伴（香港）北京代表处项目经理。刘海英，社区伙伴（香港）北京代表处副首席代表。

中的全裸裸重唇鱼只能在高黎贡山的低温水中生存。如果不加以保护，后果难以想象。

"越是国家提倡保护的，越容易引起百姓的关注，同时也会给这个物种增加保护的难度"，云南高黎贡山国家级自然保护区保山管护局腾冲分局（以下简称"腾冲分局"或"分局"）李昌连（原局长）如是说。这是很多保护区遇到过的难题，当保护成为管理部门的"独角戏"，缺少当地居民真心持续的参与，生态保护的工作往往就会变成一厢情愿。

2011年，社区伙伴、腾冲分局开始与腾冲北部的界头、曲石、明光三个乡镇，保护区周边及县城的腾越镇周边社区的老年协会和其他社区组织合作，以非经济因素为动力，推动以自然和文化为基础的社区为本的生物多样性保护行动。若这个实践放弃以经济利益驱动的动力，另辟生物多样性保护的路径，走得通吗？如今回看这"十年一剑"，分局与社区这些年修炼的非经济动力的生物多样性保护"功法"，的确令社区生活及人与自然的关系变得不一样了。

一 缘起：几番争执碰撞出的以社区为本的生物多样性保护思路

分局是按照国家法律、制度来对保护区实施保护的。保护区内的动物、鸟类、昆虫，虽然属于保护区，但也会随着季节变化在保护区内外穿梭。比如冬至雀夏季在海拔比较高的地方生活，冬季就迁徙到有浆果的低海拔地带。马鹿、水驴等动物都会根据季节变化在保护区内外往返。如果社区没有保护的觉悟，这些物种一旦出保护区，难免会遭受捕杀之灾。越是国家提倡保护的，越容易引起百姓的注意，这个物种可能很快就会灭绝。所以光靠某一个保护部门，根本无法将一个物种保护好，更何况整个腾冲600万亩土地面积，森林面积约400万亩，而保护区只占63万亩，绝大部分是当地人的生活生产之所。因此，当地村民应该是保护主体，应充分调动村民参与到保护中，让他们成为守护者。

（一）初次合作，几番争论

和几乎所有保护区的经历类似，世代居住在高黎贡山的村民，靠山吃山，靠水吃水，进山砍柴、采药、打猎。成立保护区以后，因保护区和村庄隔离，村民生计受到影响。为了回应上述问题，20 世纪 90 年代很多国际项目进入中国各地保护区，做社区共管的试验。"社区共管"是国际上采用的一种保护区管理模式，将参与式引入保护区的工作中，希望社区成为保护主体，同时发展社区的各种经济活动，保障社区的生计。

腾冲分局也执行过社区共管的国际项目。为减少村民对高黎贡山的依赖，腾冲分局尝试过节柴灶、沼气，也做过林下经济、替代经济。2007 年，社区伙伴曾与分局合作，希望对保护观念进行讨论、对传统文化做调研。由于村民没有多大兴趣，李局长及分局伙伴觉得没法搞。有两件事曾经让李局长搞不懂，很纠结。

一次是村民希望购买一点水泥、碎石，他们自己投工投劳来改善进村的几十米路，但社区伙伴不支持这样的基础设施建设。李局长和村民都不理解，这是老百姓想要做的事情，而且花不了多少钱。国际项目都是这么做的，为什么社区伙伴不可以？这让李局长怀疑这个项目是不是有问题，做这个项目还有意义吗？

这个疙瘩没解开，又发生了另外一场争论。当时因为牛羊散养，在路上大小便，村庄里有很多污水顺着道路往下流到母亲河龙川江，造成污染。分局与当地百姓讨论后，想搞一个台阶式的污水沉淀池。结果社区伙伴说这是固定资产投资，不在支持的范围内。李局长就更不明白了：这是有利于环保的事情，为什么不做？带着一串的疑问，分局与社区伙伴终止了这个项目，没有再开展下一期的合作。

（二）打开纠结：换个思路做社区调查

不久，社区伙伴提出一个新的建议：不妨从分局的能力建设视角出发，看看是否有更合适的事情做。纠结中的李局长同意了。

腾冲分局始建于 1983 年，设有三科一室，下设自治、大塘、界头、曲石、大蒿坪、整顶 6 个基层管理站。分局与社区伙伴都看到在过去的社区共管中，当地怎么保护森林主要是由一些外来的专家说了算，分局和社区是以一种被动的方式接受一些理念和做法。作为保护区的推动者和参与者，要让社区居民转换意识，首先自己要有意识地转换推动工作的技巧。所以这个项目最初是从分局的能力建设开始的，聚焦在意识和协作能力的培养上。2011

年，该项目第一期设立 6 个小基金，支持分局与当地社区就传统文化与生物多样性保护的不同议题进行社区调查。部分调研的内容和地点与分局过去的项目和方法有衔接。

分局之前在界头镇大坝社区的山脚村有一个国际合作的保护项目，保护区就在村子上方。为了让村民保护树木，项目提出"绿色银行"的概念，意指保护树木就像储蓄一样，树木会长大，也是在增加资源和财产。村民的确在保护树木，但有一些人在这里挖石材、泥沙。他们虽然不砍树，但挖走了石沙，对环境依然造成破坏。村民还振振有词：你让我保护树，我也没有破坏树啊。

分局在这里开展调查和访问时发现，村后那座连着高黎贡山的山是村庄的龙脉，当地人把龙脉看得很重，认为其是好风水所在。风水先生探查龙脉，用"草皮经"寻风水，和村民探讨龙脉风水与环境的联系。懂得龙脉知识的村民分享"接龙脉"的作用及其历史渊源。他们认为，森林如龙脉毛发，河流似龙脉血脉，山石像龙脉骨骼，土壤是龙脉皮肤，保护龙脉就要保护区域森林、河流、山石、土壤。只有保护龙脉，村子才能人畜平安、五谷丰登。在调查过程中，每家每户都出点钱，社区举行了每 10 年进行一次的祭祀活动。后来就没有人再去挖石头、土和沙子，保护得比以前还好。

传统的社区保护就是保护森林，这次从本土文化入手的调研活动启发了分局的工作思路。他们意识到文化是社区的根基，通过人们的文化禁忌或神圣观念进行生态保护，更容易在当地扎根。因为文化与自然共生，也相互依存。自然环境参与了文化的产生、形成、发展和利用，文化与环境密不可分。这些知识产生于当地，是当地人世代使用并传承的，不是外来的、硬塞给他们的，是他们生命中的一部分，与他们的生活息息相关。

回溯早期的合作，社区伙伴为什么"执拗"地坚持不投入基础设施建设？从社区工作层面来说，停留在基础设施的建设上，只能解决单个问题，往往不能引发社区对问题的更深层思考，从较根源的方向着眼回应问题，达到可持续的改变。另外，这更与社区伙伴多年秉持的工作理念相关。人是大自然的一部分，人与自然的关系丰富而多元。如果仅靠现代科技和外在的法律、制度约束做生物多样性保护，当没有约束和经济激励的时候，保护的动力也会随之消失。社区伙伴认为，即便没有外在的经济激励和法律约束，只要挖掘和强化生物多样性保护的内在动力，社区依然会有自觉的保护行动。

内心与大自然的连接和自我觉醒，将成为社区骨干持续为社区带来积极改变的内源动力。那么，如何建立连接呢？

二 建立人与自然的连接，找到内在动力的密码

建立与大自然连接的密码就在传统文化里。通过探索生态观，参与者能够理解传统文化与生物多样性保护的关系，甚至进一步深化，建立人与自然的情感、心灵的连接。一个整体的、深度达到价值观层面的认识，才是推动保护行动的内在动力的源泉。而推动这个认识的深化贯穿整个项目过程。

（一）建立日常生活与生物多样性保护的关系

项目从文化和自然两个角度入手，挖掘传统文化，探索村民与自然连接的方法和路径。分局先从重建这个关系开始，设立传统文化与生物多样性的小基金项目，通过文化调查连接生物多样性保护。把文化视角带入社区，是相信每个地方都有其独特的文化去承载和适应社区生活的方方面面，包括人与自然之间和谐共存的智慧。在调查中，村民一起讨论、回看村寨的历史变迁，村里动物、植物、周边环境的变化，农耕与神灵、自然和下一代的关系，农田生物多样性和本地品种的保护，等等。村民生产生活里的方方面面，都与文化和生态保护息息相关。

除了上文提到的龙脉调查，明光镇自治村还做了神树敬仰的调查。村民认为神树可以为村民避邪恶、防灾难，破坏它会生怪病、有灾难发生。保护神树需要保护它的环境，只有这样它才能活。在界头镇官家寨村，村民讲述了自然崇拜与生物多样性保护的故事。当地人说："白岩露头，本寨不用搞计划生育"，意思是假如砍伐了白岩下边的树木，从山外能看见白岩，该村寨的人就要灭绝。

村里的这些传统文化，村民生活里见到、听到过的这些活生生的例子，在小基金项目做调查和环境教育的过程中重新被唤起和讨论。村民将这些熟悉的场景和知识与生物多样性保护建立了联系，对生物多样性保护有了不同理解。

分局与社区伙伴鼓励当地人从社区文化脉络角度探索日常生活、生产与自然、家族精神和生态保护的关系。腾冲的汉文化是从中原传来的，历经几百年的商贸、文化交流，形成了独具特色的腾越文化。汉文化中对山神、水

神的祭拜，以及山神庙、寺庙这些建筑，在村民与自然的密切互动中保留下来。很多有关生物多样性保护的文化和知识贯穿在他们的日常生产、生活以及重要的祭祀礼仪、道德伦理和宗教信仰当中，有着不可替代的价值和意义。腾冲的祖坟后一般会堆厚土来纪念山神。当地人认为那就是山神所居之处。祖先要埋在山上，要先得到山神的同意。祭祖这个活动本身是文化活动，但是与自然有很强的连接。祭祖也是家族做传统教育的时刻，将人与自然、与家族、与祖先的连接都囊括其中。然而，这几十年人们的敬畏之心淡了。一些祭山神的仪式要么不做，要么简化。人与自然的多种连接被割断之后，捕杀野生动物、砍伐森林这些破坏自然的现象变多了。

此外，腾冲项目通过对农耕价值和传统美德的挖掘以及对社区与自然相处的探讨等，找到一些新的连接途径。对传统文化的挖掘、整理和提炼，都以当地人为参与主体。当地人对知识具有拥有感后，会产生使用知识的自觉性。索晓霞（2000）认为，传统知识大都具备可持续的特性，这是由其维护和保障传统生计和生活方式的基本功能所决定的。传统知识往往与宗教信仰、伦理道德等相联系。从这个层面看，它是当代提倡的所谓保护强调的物质性和功利性所远远不能比的，是人性和生命的另外一种经济。

（二）以树图为行动逻辑和工具，探求文化背后的深层价值观

通过初步的调查和讨论，被忽视或者沉睡、埋没的人与自然的关系脉络开始多起来，但这个连接感还不是很强，对传统文化与生态保护关系的理解更多停留在表面，没有很好地呈现现象背后的价值。社区不清楚这些价值从过去到现在是怎么变迁的，将来又会面临什么样的风险。

项目开展的前3年，社区居民只是跟着分局的步伐，分局让做什么，他们就做什么，他们谈论的问题不那么深刻，也不那么主动。当地文化和传统背后的意义是什么？保护的动力是什么？社区传统文化与保护动力之间更清晰的连接一直实现不了。一直到2013年，社区伙伴李自跃基于冰山理论的启发，开发了树图并以此为行动逻辑框架，将文化的表象、背后的价值、社区的行动统一起来，提供了一个可行的思路。

以社区为本的生物多样性保护的行动逻辑以树图来呈现：根（传统文化）—干（社区组织、个人及其与自然的互动）—树冠（景观）。蕴含丰富的生物多样性保护元素的传统文化为根，如敬畏自然、信奉自然、尊重自然

等核心价值。树干为人与自然互动的连接点，包括个体的参与、社区组织以及组织行为。通过培养社区组织和协作者，让社区看到传统文化，并内化为保护自然的动力，让文化真正滋养自然，输送保护意识与行动。树冠为呈现的外部景观，包含风水林、水源林、护寨林、寺庙周围神树林、物种等内容，也体现社区的外在行动。

在"价值—社区组织—呈现形象"框架之下，分局做了更有方向性的具体协作，激发社区找到各自的核心价值，如大塘的道德信仰价值、自治尼扒组织的平安价值、界头传统农耕社会的农耕价值、大蒿坪的公益心价值、曲石对森林河流的感恩价值等。

村民虽然提出这些想法和模糊的概念，但仍然不够深入，内涵也不清晰。传统文化在当地流传上千年，是他们自己创造、使用的，本是他们自己的东西，只是他们没有理清楚、归纳好。在讨论中，外部协作者发挥作用，用各种方法如层层剥笋般不断刺激他们思考，深化他们的认识。这个过程也是意识转化的过程，从不是一蹴而就的，往往需要持续数年。其间思考与行动并行，相关的实践也丰富了对核心价值观的理解。

大塘社区的生态道德观就经历了这样的过程。大塘老年协会早先提出的是孝道，在当地寺院活动中也讲孝道。同时，该协会提出不卖过期的产品、有毒的农药、残次的产品。继续讨论下去，该协会由不卖有毒的农药延伸出不毒杀鸟类、不杀鱼类；再慢慢延伸到土地，探讨村里哪些土地好，哪些土地不好，为什么不好。大家认为土地也是有生命的，可以种庄稼，还可以让其他生命生存。土地不好了，村民认为是因为用农药、过度种植，土地不堪重负，所以要关爱土地。从土地讨论到水，水里面有水生生物，人污染了水不道德，对下游不公平。这些讨论引起对水的记忆。当地人讨论到小溪里有水神，大河里有河神，大海里有龙神、海神。他们认为，现在的自然灾害那么多，有泥石流、海啸，是因为这些神灵不高兴，发怒了。他们一步步讨论河边祭祀仪式，引出传统的东西。大自然是养育我们的大空间，要爱自己的家园就要修道修德。修什么样的道，就会收到什么样的德。

经多轮探讨学习，生态道德观内涵逐步丰富，但在社区的认同面比较窄。分局和社区伙伴认为，认同面窄表现在两个方面。一是认同和理解道德观的只是极少数社区骨干，他们依托生态道德观来做道德教育和鱼类保护宣传。其他人员要么不谈生态道德观，要么谈生态道德观时将之与其他事情隔离，而不是作为社区的核心价值观来谈，呈现不太理解或者不认同或者没有内化的状况。二是鱼类保护的基础是生态道德观，但大塘社区村民对生态道德观理解不深，基础不牢靠。在对未来鱼类保护好后会怎么办的想象上，大塘社区村民不自觉地回到偏向现代主流的思考方式，比如开展乡村旅游、青年创业，没有彻底跳出"自然保护是为人类所用"的窠臼。这反映出人与自然的深层关系没有建立起来，大塘社区村民没有将生态道德观作为指引。

成熟的协作者敏锐地捕捉到一些情况，引发社区更深入的思考。自2014年提出概念后，大塘老年协会通过基线了解、调查、访谈、会议等方法对社区再做调查，以社区文化为基础探讨生态道德观：由对人施道扩展到对祖先、土地、环境、河流、鱼类的施道。

从意识转化的过程来看，行动是由浅到深入、从具体到抽象逐步展开的。首先建立人与自然的关系以及人与人之间的关系，进而对传统文化的价值产生认同，在道德信仰和心灵层面与自然有深刻的连接，发展出文化自信。文化自信进而催生文化自觉，促使村民形成一定的身份认同和价值使命，产生持续的内在动力。李局长说，人的教育才是真正可持续的生态保护工作的核心，而内在动力才是持久的、深沉的。

三　干的培养：理念、视野、能力互相支撑

这些年，协作者举办了大量的活动，但活动从来都不是终点和目的，参与者的意识提升才是重点。相关的工作从理念、视野、能力三个层次来推进改变，具体体现在以下几个方面：小基金是助燃剂，通过小基金项目发现有公心的能人，做他们想做的事情；增强社区主体性，议题体现在社区生活文化的方方面面；活动的方式多样，如社区调查、宣传教育、跨区交流、开阔视野的学习。

（一）通过小基金，激励社区组织开展一些社区调查和社区文化活动

小基金项目以极小额的资金为对话载体，强化主体意识，让社区群众自己分析原因、寻找问题的根源，从源头上治理生态恶化的问题。如永胜社区的沟水是不环保的，是由不良的生活方式和乱丢垃圾的行为造成的。大塘的鱼类数量剧减是因为人们的过度捕杀。永安居家环境差是由人们消费观念变

化和不认真清理卫生死角、监督力度较小所致。各个老年协会都针对自己的问题进行了一些反思。

小基金资金非常少，不足以成为老年协会做事的动力，但提供了一个契机。小基金探索文化与生物多样性的方法，激发了大塘老年协会、永胜老年协会、永安老年协会、桥头老年协会老有所为的热情。老年协会通过社区调查，将利于生物多样性保护的案例、故事、信仰，以及社区历史变迁对生物多样性的影响等挖掘整理出来，向社区中青年分享，引起他们的关注。他们也做了一些体验性尝试，比如将村民组成小组对蜜源植物进行监测与保护，组织村中学生做山林调查、画神树、画龙脉、对歌、讲故事、接受自然教育，等等。他们还曾以蜂为议题，在社区展开蜂与人、蜂与农作物、蜂与蜜源植物关系的讨论，让社区对生物多样性保护的视角从森林拓展到农田。另外，他们开始挖掘一些民间艺人，计划恢复社区内组织间连接，构建内部互动网络，在社区创造学习氛围。

小基金的使用原则是推动生物多样性保护观念或方法的学习，培育社区组织能力，不支持硬件购买。小基金的功能不是表象上的资金支持搞活动，而是培育社区组织的能力。小基金项目带动社区更多人参与，特别是激发年轻人的参与兴趣，进而有可能生发出其他活动，进一步提高效益。通过小基金活动项目，沿龙川江的村庄有了交流机会，共享彼此的经验，形成生态保护的合力，在区域内营造了良好的公共生活氛围。

（二）社区调查与社区行动

让村民调查自己社区的文化及他们所关心的问题，让他们关心村寨的事务，识别出问题所在，并且通过协作、讨论，对本土事务有深入的和不同角度的认识，进而共同想办法解决问题。通过社区调查，促使社区内部形成交流、学习的氛围，多方启发村民思考当地传统文化在人与自然和谐相处方面的独特性和不可替代性，引起大家对生物多样性、人地关系等议题的讨论。这些讨论带来了自发的山林保护、鱼类保护等行为。社区调查和社区行动不一定是按照先后顺序来做的，很多时候是同步进行的，是调查—发现问题及分析—方案制定—实践—经验总结/反思—再调查的动态学习过程，也是参与者实现文化自觉的过程。在边调查边行动中，大家认识过去和现在的状况，对未来有了整体的思考。

　　永安社区是一个历史比较悠久的地方。村民在历史上以经商、务农为主，也出过很多读书人。社区调查发现，除了农耕文化外，龙灯也是当地人比较骄傲的记忆。"文革"后老艺人纷纷过世，舞龙灯一直没有办法传续。老年协会在调查后产生恢复龙灯的想法。然而，舞龙灯需要70多人，包括十二三个小孩。外出务工的人很多，要找到这么多人不容易。另外，舞龙灯吹号、敲鼓等角色分明，还需要培育懂技艺的人才。

　　分局赞同并提供小基金支持这个行动。分局不是对龙灯有兴趣，而是希望通过这个过程，探讨老年协会如何将这么多人团结到一起，把大家的心聚起来做事。果然，老年协会在这一过程中遇到不少难题，但在永安文化里，承诺了事情不做会发生灾难，老年协会相信这个道理。原来的合作方村委会撤出，老年协会就去利用自己的人脉找各种资源。缺少孩子参与，老年协会里的退休老师就去找学校校长，让其推荐学生参加。学校老师又去做家长的工作。学生家长认为孩子参加龙灯排练就可以不在家里玩手机，便欣然同意。龙的制作也遇到问题。老年协会开始时想请外人帮助扎这条龙或直接在网上购买，但不符合当地人的想象。最终，社区村民索性自己学起来，把永安镇上懂技艺的人请来在当地做，从找竹篾编开始一起参与扎龙。

　　经过一番组织和准备，舞龙灯进行得很顺利，且并没有就此结束。老年协会还举办了一个传承仪式，见证一些关键的角色和技艺从老年人传到中年人、青年人，并给参与的小孩发荣誉证。老人们对孩子们说：也许你们这一辈子只参加这一次，所以要发这个证书。

　　舞龙灯虽不是直接回应社区保育，但激发了社区的共同体意识，培养了下一代与地方情感的连接。长远来说，这次活动有利于培养出有责任心的下一代，成为生态环境保护的动力。

　　桥头社区通过社区调查及讨论，提出"和谐社区"的概念。因为桥头社区是由几个异地搬迁的村子合并到村集镇上，村民来自不同地方，有不同生活习俗，社区会产生很多矛盾。桥头老年协会开始组织跳广场舞，后来想从传统文化、道德的视角做一些事情，于是提出"和谐社区"这个概念。老年协会也在社区帮助困难家庭开办小卖部，号召邻居去那里买东西，让困难的群众有尊严地活着。

　　对于老年协会的这些讨论和行动，分局同样以小基金形式予以支持。桥头社区关注人与人的关系，这似乎并不在保护区的职能范围内。但分局认为生物多样性的保护工作如果只是做保护区里面那一块，保护区就会成为一个孤岛，孤岛的保护也会消失。保护区流出的水都进入龙川江，桥头村也在龙川江的边上。桥头如果没有一个和谐的社区，对环境也不会友好。和谐社区，不仅是人与人之间的和谐，也包括人与自然之间的和谐。解决人的问题，也是解决人与环境的问题。以前大塘社区一位村民来这里看亲戚，随处可见垃圾和大小便，脏得饭都吃不下去。通过老年协会的工作，社区自己自觉行动起来。现在江边溪边都是水清岸净的。这位村民的亲戚说，变化是天翻地覆的。

（三）跨社区的交流学习与行动

2019 年冬季，桥头老年协会的刘尚科、林枝鹏到泰国参加了对另类市场经济的学习参观。他们领略了不一样的农村和大自然风光。一望无际的平洋大坝，边收边种的水稻，让人感受到人与大自然和谐相处的氛围。他们也看到很多公益心强的能人，把村民的利益和发展当作自己的事来做。刘尚科、林枝鹏回来说，应发动和团结更多的人参与社区的事情，进一步利用自身的优势去开展传统的、生态的、自然的活动。

社区伙伴经常开放一些机会，邀请伙伴参加类似的交流和学习活动。国内外、跨地区的互相交流学习是项目常用的开阔视野、提升认识的方法。社区伙伴依托在当地的评估和参与外面评估，推动老年协会间的交流。此外，社区伙伴还采取邀请外来组织举办专题培训和组织村民到外地参加学习的形式。土地伦理培训、"快乐农耕行"活动都是比较好的开阔视野、深入探讨理念的机会。

这些交流和学习内容，也是基于伙伴的需求而选择的。当老年协会已具备一些传统文化视角，需要看到更深层的价值内涵时，社区伙伴引入土地伦理培训，让他们看得更广，对自己的文化做些归纳。实地的现场交流与分享丰富了参与者对土地伦理内涵的理解。各个村村民从人与人的关系、人与动植物的关系、人与神灵的关系、人与土地的关系、人与自我的关系五个维度，对自己的村子进行了一些梳理，尤其是理解传统禁忌背后的意义、祭祀活动背后的意义。村民陈立明说："之前一直喜欢用'迷信'来解说的一些仪式，现在理解到这是祖先留给我们的科学，是人类与神灵的连接。"

四 树冠：改变、经验与启发

腾冲分局、社区伙伴与当地居民一道，10年来一直坚持探索以非经济性激励为动力来推动社区积极参与生物多样性保护。项目通过大量的活动，带出讨论和体验性感悟，激发社区的危机意识，建立内心与自然的真正连接。这个过程也是挖掘和呈现传统文化以及建立社区文化自信和自觉的过程。如今，大塘老年协会的积极性、主动性已表现出来，初步形成生态保护方面的本土视野和长远规划。他们提出把鱼类保护长期坚持做下去，用生态道德观的理念保护大塘生态环境。高黎贡山保护区周边的社区永胜、桥头、早三、永安、新庄老年协会受到一些启发，也开展了生态保护方面的活动。永胜社区主要以生态社区内涵探索和建立为目标，以减少社区污染和不健康元素、增加生态元素为行动方向。永安社区以文明社区和永安文化传承为目标，关注环境卫生和传统文化调查，以恢复举办龙灯节为契机促进社区动员与团结。桥头社区老年协会目前还没有明确的目标方向，现阶段因有新移民搬迁户，主要以构建社区和谐关系为主题，开展了多次以新老住户关系和谐为主题的交流活动和清理河道垃圾活动。

（一）社区骨干的成长：从自乐到利他

社区里的人，尤其是老人、民间艺人，他们的经历中蕴含很多宝贵经验，是多少年来在与自然的互动过程中形成的，应该得到尊重。在腾冲的文化里，人们对老人比较尊重，称其为"老者"。"老人"和"老者"的内涵不一样，老人，往往意味着做不成事情。而腾冲的老者地位很高，在祭祖、对年轻人的教育中都扮演重要角色。在腾冲还有一句谚语"老人要有老人的样"，看似普通的一句话却体现出腾冲老人有做年轻人榜样的责任。这些尊老的文化底蕴在腾冲比较厚重。

老年协会擅长组织活动，依托自己的生活经验优势和对村子事务的公心，开展一些公益活动和社区治理服务，成为农村最富活力的民间草根组织，常被称作乡村的"政协委员会"。老年协会的宗旨是老有所为、老有所乐。分局在这10年里不断寻找一些传统组织、发展一些组织。老年协会虽然不是传统组织，但做事的愿望很强烈。在本项目中，老年协会从实现"老有所乐"转变为积极参与社区治理，致力于"生态社区"和"和谐社区"建设，增强了社区成员对老年协会的认同感，将老年人的智慧传给后代。

老年协会动力越来越大，愿意付出自己的时间，主动找农户和外面部门进行合作，但主要工作手法是做宣传员，用说教的方式，偶尔依托寺庙、祠堂做一些体验教育活动和社区调查。此外，老年协会逐步从最初的只看活动，转变为关注理念的探索，如生态道德观、生态社区、传统美德、文明社区等，但在挖掘社区内涵方面进展缓慢，在提炼抽象理念方面的能力也需要提高。另外，老年协会也不断面临新的课题：如活动的参与者多为家长和协会会员，社区里的多元群体如何动员起来？尤其是怎么才能让年轻人参与进来？

（二）分局：位置感不断变化，生物多样性的保护系统观建立

经过 10 年的项目实施，腾冲分局对以非经济因素为动力推动社区为本的生物多样性保护行动的认同感更强。从传统文化视角开启生物多样性保护的思考，整个项目团队也慢慢转变过来。分局认为，遵守法律是底线，但仅仅靠外在的制度和法律约束是不行的，也是不可持续的。以当地的文化保护当地的东西，这个内在的动力更持久。社区伙伴提出的思路是对中国生物多样性保护制度和法律的补充与完善。

分局通过参与社区调查培训、组织社区调查、协助问题分析总结、调查结果的运用、小基金项目的实施、外出交流学习等，提升协作能力，开阔视野，慢慢跳出常规的工作思路和工作方式。分局相信，调动社区的力量来推动保护区的保护工作是一条可行之路，并对一些核心概念有了共识。他们总结出社区为本保护行动的经验模式。该模式包括三个要素：①保护的一体性，景观、作为支撑点的社区组织、核心价值缺一不可；②保护需要融入当地长期积累的人与自然互动的文化结晶，文化与当地人的日常生活、生产、礼仪、仪式不可分割；③要想实现社区发自内心的自觉自发保护，心灵层面的触动是关键。

分局不仅立足于单个社区的生物多样性保护，还从区域的视角，将不同社区的保护看作一个系统。各个社区设置不同的保护议题，各个村庄、各个议题之间不是独立和割裂的。例如，根艺产业的发展会大量破坏大树，甚至是上千年古树；区域性种植烤烟会对土壤造成破坏。项目团队及时与村民进

行讨论并分享案例，拓展村民生物多样性保护的视角。生物多样性保护不仅仅是要保护龙脉、神树、一片森林以及某个物种，更要用开放的态度，采用传统生态圈的概念，以河流来连接不同社区，推进社区之间的互动。项目团队慢慢发展出生态观在不同层面的脉络，如动植物没有边界，共享龙川江的水，上下游污染相关。大塘社区在龙川江源头，沿江而下，桥头、永安、永胜三个社区的老年协会也加入项目活动中，建立了区域性的河流生态保护和交流支持网络，让社区之间能够保持积极的互动和互助。从教社区居民怎么做，到跟着他们一起做，再到陪着他们一起做，分局经历了从主导者到协作者的过程。

（三）经验和启发

人的意识转变和内在动力的培养很重要。以社区为基础的保护发展项目，培养当地社区组织和骨干力量的内在动力。只有社区组织自发自愿地去发现问题、解决问题，才能有持久的动力和能量保护生物多样性。在陪伴的过程中推动内在力量的改变，不只限于某一两个灵魂人物，而是以社区组织（如老年协会＋村委会）为平台推动社区村民集体行动。虽然社区为本的项目通常需要更多的陪伴时间，但其潜在的益处和发挥的作用是不可忽视的。

社区为本的调查是一个重要的方法。村民通过调查，发掘和确认共同的社区文化、知识、经验，有助于形成社区一体感。村民会逐渐认识到社区想做什么，怎样做才会对保护生物多样性有利，对社区有利，对自己也有利。

当地人对文化知识有拥有感，才会更自觉地使用。应以当地社区文化为根，不断挖掘其文化内涵。应增强文化活力，让村民有主人翁意识和对自己文化的自豪感。

应加强相同区域内跨社区的交流。因区域文化和地理生态环境在同一个生态圈内，社区之间的相互碰撞会让整个过程的学习和思考更深远，同时让有共同理念的人彼此相连，共同走下去。

参考文献

索晓霞，2000，《无形的链结：贵州少数民族文化的传承与现代化》，贵州民族出版社。

2

社区治理视角下的水源地保护实践

李文荟[*]

临石村位于成都市郫都区唐昌镇西南，地处成都市最大的饮用水源河——柏条河的上游，处于饮用水源一、二级保护区内。水源保护是当地工作重中之重。治理不是易事，河流保护是一个公共议题。谁来保护，如何保护，如何协调农村生产生活与水源保护的关系等，成为政府、沿岸村庄面临的难题。成都城市河流研究会（以下简称河研会）的加入为河流保护带来新思路。在招商局慈善基金会的资助下，项目将村民生活条件改善、能力提升和社区公共事务参与有机结合，以村民为主导、以社区自组织为载体，探索如何实现社区可持续发展和环境保护的双赢目标。这3年中，招商局慈善基金会鼓励项目自主探索，陪伴项目持续成长，紧扣问题，层层深入，在不断解决问题的过程中实现积累，形成一个纵向不断深入、横向不断丰富的可持续成长格局，为社区治理和环境保护提供一种创新有效的解决方式。

一 乡村振兴背景下水源地保护的困境与突围

（一）农村水环境治理的困境

实施乡村振兴战略，是党的十九大做出的重大决策部署，是决胜全面建成小康社会、全面建设社会主义现代化国家的重大历史任务。"产业兴旺、生态宜居、乡风文明、治理有效、生活富裕"作为乡村振兴的总要求，为新时期农村发展指明了方向。实现乡村振兴，生态宜居是关键，而做好农业农村污染防治是建设生态宜居美丽乡村的重要基础和前提。目前，中国农业农村的面源污染问题、人居环境问题仍十分突出，防治基础相对薄弱。防治过

---

* 李文荟，招商局慈善基金会高级项目官员。

程涉及多方主体，影响广大农民的切身利益。

郫都区位于川西平原腹心、都江堰灌区的上游，水资源丰富，境内八河并流。辖区内的成都市自来水六厂、七厂承担着成都市中心城区80%以上的供水任务，柏条河、柏木河、徐堰河3条河流是其主要取水口，水质优劣直接关系到成都近500万人口的用水安全。临石村位于郫都区唐昌镇西南部，地处柏条河和柏木河之间，处于饮用水源一、二级保护区内。村庄面积3885亩，户数775余户，常住人口2276人。根据2019年统计数据，村民人均收入为24000元左右，经济来源以种植花卉、常规蔬菜为主。

为做好水源地保护，中国从国家到地方层面都出台了法律法规和政策，着力解决农村水环境治理中的突出问题，探索建立农村水环境治理保护长效机制。国家层面出台了《中华人民共和国水法》《中华人民共和国水污染防治法》《饮用水水源保护区污染防治管理规定》等，四川省出台了《四川省饮用水水源保护管理条例》《四川省〈中华人民共和国水法〉实施办法》《四川省城市排水管理条例》《四川省实行最严格水资源管理制度考核办法》《加强农村水环境治理助力乡村振兴战略实施工作的方案》，成都市出台了《成都市饮用水水资源保护条例》《成都市水资源管理条例》《成都市水生态文明城市建设试点实施方案》《成都市人民政府办公厅关于实行最严格水资源管理制度考核办法的通知》等。

自2012年起，郫都区每年安排专项资金用于饮用水源保护，将一级保护区内的居民全部撤离，同时淘汰落后产能，关闭和搬迁畜禽养殖项目（《成都日报》，2017）。2016年，在当地政府推动下，柏条河岸百米以内住房被拆迁。作为临石村村民一大经济来源，也是污染源之一的蔬菜、花卉种植也被限制。村民开始向绿色生态农业方向转型，将菜地改为生态湿地。但这只是个开始，自上而下的水源地保护措施在临石村落地中遇到困难，村民不愿意参与，水源地保护的压力都落到政府身上。一方面，环境保护和村民生计发展向来是一对矛盾。村民过量使用化肥、随意丢弃垃圾等生产生活习惯导致的面源污染威胁虽在一定程度上被缓解，但水源保护地的种种规定也直接限制了村庄发展。如果这些问题无法妥善处理，就会导致村民产生不满情绪。另一方面，针对河流保护这个公共议题，接下来谁来维护、如何维护这个成果，如何处理个体与公共的关系，特别是如何让河流两岸村民主动关注且持续参与这一公共议题，成为政府、沿岸村庄面临的难题。

（二）社区善治为生态振兴注入源头活水

乡村治理是国家治理的基石，治理有效是乡村振兴的基础。长远来看，乡村治理的效果决定着乡村振兴的质量与是否可持续。因此，要实现乡村振兴，必须保证村民在其中的主体性，不断增强乡村治理对生态振兴的良性促进作用。这其中，需要有政府从管理到治理思路的转变，也需要有村民参与公共事务意识和能力的提升。促使这两者形成合力，是社会组织发挥独特价值的空间。社会组织作为公众参与环境保护公共事务的一种有效组织形式，代表着环境保护的公共利益，也最贴近村民，是村民参与治理的重要载体，能够承担起环保宣教、技术支持和能力建设等作用。

河研会成立于 2003 年，以"保护河流，保护环境，促进城乡可持续发展"为使命，在流域环境和水生态修复研究、农村面源污染防治、公众环境意识建立和推广、社会各方力量动员等领域具备专业能力。早在 2005 年，河研会就进驻距临石村只有 10 公里的安德镇安龙村开展水源地保护工作，包括污水治理、村民环境意识培育、可持续乡村打造。河研会 10 年的社区工作为安德镇水源地保护带来看得见的改变，也得到安德镇镇长张明红的支持。后来，张明红调任唐元镇①党委书记。应其邀请，河研会于 2015 年底进入临石村，试图探索以村民为主体推动水源保护与生态乡村发展的可持续路径。

早期安龙村的探索以"生态设施—生态家园—生态农业—可持续乡村—构建河流保护带"为思路，以生态乡村建设视角来系统解决社区环境问题。该模式以生态设施的技术支持为重点，得到村民支持。不过这一模式后期导向了生态种养，用于替代传统种植并解决村民生计问题。随之出现的问题是需要投入大量人力，市场又缺乏购买力。为此，河研会花费大量精力解决消费端问题。村民则更多关注自家生态种植和销售，参与社区公共环境事务的动力不足。以环保技术为核心的项目思路未能走通。在安龙经验的基础上，河研会开始探索推动村民参与公共事务的环保模式。从 2016 年起，河研会开始培育社区自组织——临石村护水队。"让社区成为自我问题的解决者、自我解决问题方案的实施者"，这与招商局慈善基金会发起的"招商局·幸

---

① 唐元镇已于 2019 年撤销，其所属行政区域划归唐昌镇管辖。

福家园"乡村社区支持计划（以下简称幸福家园）的内核非常一致。幸福家园关注乡村社区治理议题，为专业社会组织提供公益资金、能力建设、知识生产等支持，以"社区发展"为载体，以"培育社区自组织"为抓手，推动社区多方协作与资源整合，培养村民的公共参与意识和能力，推动社区可持续发展。2017年起，幸福家园持续陪伴着河研会在临石村的探索，也见证了河研会从一个关注河流环保的技术型机构，转型为一个由环保议题切入的社区发展机构。

二 "社区为本"破解环保难题

河流保护具有公共性、流域性、系统性等特点。在河研会看来，这个公共议题不仅要靠"规定"，更需要把问题回归到社区，激发河流沿线村民的行动。

（一）"利己优先、先私后公"式社区动员初见成效

河研会在农村社区深耕十几年，发现推动村民参与公共事务，最基础也最核心的是从村民出发，从利己角度让村民感兴趣并建立与环境的关联。对于村民来说，河流保护议题涉及个人生活、能力提升、社区公共事务、经济发展等一系列问题。河研会站在系统性角度，跳出较专业的面源污染议题，坚持"是否与村民生产生活方式息息相关""是否对切实满足村民环境改善需求有所帮助"两个核心点，从学习到实践，将河流保护议题"拆解"到与村民息息相关的生活中。

结合在环保技术上的多年积累，河研会在进入临石村前，对村民生活状况和需求进行了充分调研与分析，设计了农药使用、健康与环境、食品安全与生活、饮水安全、污水处理等主题活动和生态参访，让村民切身感受到河流保护与自身的关系。比如为了让当地村民（尤其是乱排污水的村民）了解水源污染的危害，河研会邀请了成都做水质检验的专业机构和医院医生，到村里给大家上了生动的一堂课。首先，检测员在护水队和村民陪同下，到不同农户的房前屋后或者农地沟渠取来水样，进行化验对照。起初所有水样别无二致，但检测员用相关试剂和仪器检测后，一些水样中的有害物质就被检测出来，且含量明显高于正常值，而它们正是农药中的重要成分。接着，医

生对有害物质超标与肿瘤、癌症之间关系的讲述，让村民切实感受到随意倾倒污水的危害性。此后，村民们都自觉配合进行排水净水改造，将生活生产污水引入修建的人工湿地净化。

在生态参访中，河研会结合流域保护议题，让村民了解所处的岷江流域的生态状况以及上下游的关系，并从多个角度向村民展现生态发展的全貌，涉及农业、妇女、环境、健康等不同议题。在这一系列学习参访中，村民感触颇多并有了更多反思和疑惑。河研会随即开展了一系列工作坊，如河流观察、垃圾堆肥、生态农业、生态食材制作等。这些工作坊帮助村民从自身利益出发，逐渐对生态环境有了相对整体和多层次的理解，能够从系统的视角看待居所—土地—河流—垃圾。

在生态学习过程中，村民不断积累知识和实践，眼界越来越宽，对生态议题的兴趣也越来越大。专业上的发展给予村民不断的激励，也持续改变着村民的态度。紧接着，一些村民骨干主动提出生态实践的想法，比如修建能解决家庭污水的人工湿地、用于处理农田生产垃圾的堆肥池，以及发展与健康、食品安全、土地紧密联系的生态农业，等等。

生态设施的建设和运营，不仅增强了村民骨干对生态理念的理解和认可，更成为传播生态理念、发展村民骨干的有效途径。比如在村民江大姐家修建生态设施过程中，河研会技术人员会就每个步骤和他们仔细讨论，解释原理，现场手把手示范技术细节，并根据他们的生活习惯调整方案。由此，村民不仅学会了如何操作，还不断加深了对生态环境与自身关系的理解。设施修好后，村民自然而然转变成使用者、管理者和传播者。而周边邻居从刚开始"看稀奇"到后面羡慕，慢慢理解了环保行动，不再嘲笑他们是"捡垃圾、没事干的"。后来，在河道清理和垃圾分类过程中，江大姐周边的村民都成了积极参与者。

生态农业则是回应村民多元生计需求的一个探索，也是保护水源、解决农村面源污染问题的重要一环。有了前期安龙村的经验铺垫，一些村民对生态农业产生兴趣，河研会便为他们提供学习机会、链接外部资源，推动他们进行尝试。不过基于对安龙村实践的反思，河研会避免了以机构为主体对生态农业的推动，而是以引入外部资源为主。

生态接待是在生态学习和实践基础上拓展出来的新尝试，通过游学、生态主题活动接待、宣讲等收费项目来支持村民生计发展。生态接待增加了村民与外界交流的机会，也激发了村民更多兴趣，比如村民在生态接待中开发出环保墙绘、生态农耕体验、生态设施解说、品尝生态食材、体验米糠洗碗等特色生态活动。临石村村民向外界分享对生态和环保的理解，以及社区的变化，真实而生动的故事打动了很多参访者。

此外，河研会还鼓励临石村民将实践和感受表达出来，协助他们注册了微信公众号，开展了各种实用技能培训，如如何使用微信、如何拍照、如何讲故事等。

在公共领域，河研会没有"理念、情怀为先"，而是运用"先私后公"这一性价比最高的动员方式，充分尊重人"利己"的动机。只有先用足"利己"，再用"利他"这一稀缺资源，才能最大限度调动更多人的行动。在这一过程中，临石村逐步涌现了十多位村民骨干。这些村民骨干后来自发成立了临石村护水队。

（二）从关注个体发展到公共性建设

随着知识和实践的不断增加，村民的态度逐渐发生变化，部分村民的参与度也不断加深。特别是生态接待增加了村民与外界的互动，成为村民从个体视角转向公共视角的引子。但只有引子还远远不够，需要更多公共意识的"刺激"。为此，河研会尝试从公共议题切入，鼓励村民持续开展护水行动、培育公共文化、打造公共空间，同时寻找政府、媒体、学校等多元力量的支持，持续激励村民主动参与社区公共事务。

通过生态学习和生态实践，临石村部分村民萌发出环境意识，有了关注社区公共事务的想法。特别是针对最严峻的河道垃圾问题，他们开始自发开展清源活动，然而他们"出师不利"，被其他村民笑话是"捡垃圾的"。此时，河研会意识到需要给予他们充分的支持，以保护刚萌发的、来之不易的公共意识。为此，每次学习结束后，河研会都以外部身份召集大家一起清源，来减轻村庄舆论带给他们的压力。这种将学习与参与公共事务相结合的方式，也潜移默化地增强了村民骨干的公共意识。

公共文化的培育也是形成公共意识的重要一环。让更多村民走出家庭，拥有更宽广的视野、更积极健康的生活方式和公共精神是"护水"之外的"副产品"。在临石村，村民用护水诗歌、小品的方式来表达对家园的爱护，展现低碳友好的生活方式，实现还清流于大海的梦想。护水队胡大姐说："每次一起清理河道，就特别开心，就像一个聚会，边劳动边摆龙门阵。"后来清源行动变成了清源聚会，还有了共同口号——护水就是护家园。清流文化的公开表达不仅增强了护水队的自豪感，也更容易吸引其他村民的关注。护水故事被写入唐元小学乡土教材——《清流环保实践课程》中，更是一件里程碑式的事件。村民感受到护水行动不仅能守好绿水青山，还能为下一代的教育和未来做出贡献。

社区的参与不是局限在目标对象的参与上，还要关注社区其他资源的卷入和参与，包括基层政府、社区其他自组织、社区公共空间和公用设施等如何贡献于项目，各方参与主体之间如何协作，等等。其中，社区公共空间是增加社区社会资本的重要场所。在距成都饮用水水源柏条河只有150米的地方，当地村民捐赠了一处老房子的10年使用权。河研会与护水队借助招商局慈善基金会的资助和公众筹款，将其改建成临石村水环境中心。公共空间由护水队运营，增加了村民聚会、学习、外部参与的机会。村里的集体活动越来越多，社区氛围也越来越活跃。

从个人领域走到公共领域的过程非常艰难，不仅要持续营造公共意识的氛围，还需要有外界的肯定与支持。除了在外部参访中不断获得的肯定和自豪感外，媒体的广泛报道以及当地镇政府、村两委对行动合法性的肯定给村民带来的成就感，亦尤为重要。这也是项目能持续开展的一个重要前提。对此，河研会有意推动镇政府、村两委层面的关注和参与，使镇政府、村两委成为河研会和护水队实施项目的重要支持者，比如搭建平台推动护水队在村议事会、村民大会上发言；协调镇政府与上游的村干部沟通，为护水队到上游的村庄宣传员提供支持；活动开展邀请镇政府、村两委参与、提建议等。此外，村委每年都有一定的公共服务资金，用于社区环境治理和沟渠清理。通过几年合作，2020年临石村委会主动参与临石村社区垃圾管理场地和硬件设施资金投入计划，并考虑将部分公共服务资金交给护水队来管理使用，承接社区环境治理的部分任务。

（三）从个人到社区自组织培育，让村庄一起行动

在行动中，河研会不断回顾最初目标——使整个水源地得到有效保护。河流保护具有公共性和流域性的特点，需要河流沿岸村民集体行动加以实现。自组织培育成为河研会从技术型机构向社区发展机构转型过程中非常关

注并持续探索的议题。

随着村民逐渐理解河流保护的价值和意义，并形成专业上的积累，一些认可生态理念且愿意参与公共事务的村民，开始自发以小组形态关注家园保护。这些村民形成了自己的"主心骨"，逐渐实现了需求自主化、责任自主化，习惯于自己为团队发展花费功夫而不是靠外部要求。这个时候，临石村的水源保护工作开始进入新阶段。但是，几个人的力量还远远不够，需要将自发形成的松散小组转变为有规范、有管理、有目标、有效率的组织化团队，利用团队力量去撬动更多人关注水源地保护。因此，临石村开始组建护水队并持续行动。此后，村民发现关注的生态农业、社区公共事业等议题，都需要以培育组织为前提条件。比如，要以组织的形式对接市场，与村委会和政府部门合作及对话，自发寻找解决方案以争取更多资源。

从自发的志愿行为到有管理的自组织，形成组织架构、管理决策方式、服务或活动开展方式、财务管理方式，实现组织内部明确的分工协作，是组织发展的一个关键节点。其中，拥有公共资金的支配和使用权成为一个触发点。2017年，在招商局慈善基金会支持下，护水队有了一笔公共资金。河研会鼓励护水队自己讨论如何使用和管理这笔资金。从混乱到逐渐有经验，村民开始认真思考组织的管理和发展，在公共资金使用过程中逐渐完善了分工与协作机制，慢慢有了组织化概念。护水队建立规章制度，独立地与政府部门、游学团队开展合作，逐渐向真正意义上的组织化转化，在水源地保护中的作用越发显著。截至2020年底，临石村护水队共有稳定的成员20多人，其中核心成员8人，每月固定清源两次，并主动在村里做宣传。在护水队带动下，临石村垃圾量大大减少，村民逐渐养成主动清理垃圾、参与垃圾分类和回收等习惯。

清源之外，护水队自发衍生出很多工作。他们针对垃圾问题，主动提出解决方案——垃圾分类、堆肥回田，从源头减少河道垃圾量。2017年，成都市农业委员会出台《成都市农药包装废弃物及废旧农膜回收与集中处置实施方案》，鼓励回收危废（即有毒的农药包装等），并有相应补贴。但因宣传力度不够、缺乏执行主体等问题，该项政策在村里的实际落地效果并不理想。护水队以此为契机，于2019年起自发组织决定收集危废，包括组织社区村民、党员、村委会等多方主体开展讨论及行动策划、选择回收桶安置点、跟进村民丢弃情况、定期将危废集中到相关部门，并将售卖危废的钱用来购买小礼物，奖励主动丢危废的村民，等等。

我们发现，2020 年疫情中有自我组织能力的社区应对公共危机能力相对更强。前期河研会在临石村奠定了良好的社区基础，疫情发生后，在外部机构无法进村的情况下，护水队快速发起自救、互助行动，如自发创作顺口溜面向村民宣传防疫知识、收集村民丢弃的口罩并妥善处理、对公共设施消毒、帮扶弱势群体等，得到镇政府、村委会以及村民的认可与支持。基于与外界建立起来的良好关系，护水队能够帮助村庄获取口罩、消毒用品等防疫物资。这些社区自发行动能有效减少损失，并为更多社会力量的介入提供基础和空间。

（四）从点到面，把各个村连成网络

临石村的成功探索得到更多村庄关注。河研会在将临石村经验背后的理念、思路和技术引入其他村时，更多考虑的是在一个个点的培育基础上，如何更高效地"从点到面"，关注整个流域的有效保护。

永安村位于成都市郫都区唐昌镇，与临石村相邻，位于河段上游，同样存在环保难题。比如郫都区唐昌镇污水处理厂的出水全程经过永安村段，因污水处理能力有限造成环境问题，引发周边村民不满。村两委、镇政府、郫都区生态环境局、郫都区水务局压力很大；永安村小型养殖场的污水直接往河道排放，村民要生存，村委又没有执法权，陷入两难境地；永安村村民现有生活方式改变，如旱厕改水厕，导致生活污水量不断增加，而相应污水处理设施还不完善；永安村的秸秆、杂草等随意堆放在河岸周围或河道中，累积堵塞河道。凡此种种，永安村村委表示环保任务非常重，村民不理解他们的工作。看到临石村的变化，永安村村委多次邀请河研会到永安村开展工作，希望有专业性村民组织协助解决环境问题，提升村民环保意识。

在河研会看来，临石村、永安村项目均是河研会可持续生态乡村总体规划的一部分。2018 年，河研会将临石村积累的经验推广到柏条河上游的永安村。结合在临石村的经验，河研会在永安村探索形成行动—学习新知识—再行动—反思改进的社区自我成长过程。河研会通过组织外出参访学习，比如箭塔村社区营造、临石村清源、垃圾填埋及焚烧等，以及举办危废处理、堆肥、环保周等主题能力提升培训和社区工作坊，激发社区动力，并从中识别和培育真正的骨干。目前，清源行动已成为永安村每月自发组织的固定活动。河研会还持续引导护水队在护水之外产生新思路，比如在清源行动中将垃圾做好分类，探索垃圾减量、堆肥、农药危险废物收集及自行管理。护水队学会主动与村委会、镇政府沟通寻求物资支持，推着河研会等各方主体往前走。社区开始形成良好基础，村民开始主动思考很多问题并付诸行动，还自发就增加厨余垃圾收集桶、农膜收集桶、其他垃圾收集桶，以及选点进行了讨论。永安村一年内取得这样的成果，就是因为临石村"以社区为本"经验背后的理念、思路和技术发挥了作用，大大缩短了前期的社区动员时间，促进了村民的积极参与。

河研会推动村与村之间的联动，发挥村民自组织的主体性，鼓励临石村护水队发挥示范和传帮带功能，有效助力永安村护水队发展并带动上游的村庄。临石村护水队走出去输出经验，实现了自我价值，更激发了他们的积极性。当然在此过程中，河研会会关注两个村之间的资源平衡，避免竞争，同时促进合作。比如每次活动会邀请 4 名护水队队员，其中永安护水队 2 名、临石村护水队 2 名，如果其中两个更有经验，就能协助另外两个能力稍弱的队员，共同进步。接下来，河研会将继续关注以点带面，把水源地连成网络，从具体问题和需求切入，结合各村的发展情况和节奏，推动村民带动村民、村集体带动其他村集体孵化护水队，带动更多村参与护水行动。

三 护水的未来发展方向和挑战

2017 年至今，"幸福家园"已持续资助河研会 4 年。透过临石村、永安村的环保实践，我们看到孵化扎根社区的护水队、开展社区层面的环保实践在开展生态保护中的价值和意义。在"幸福家园"支持下，河研会用小额资金撬动社区村民、村委、地方政府等多方参与和投入，不仅有效回应了护水议题，更为社区培育了有能力、有公心的骨干以及规范的村民自组织。他们作为社区的内生力量，主动发现社区需求并持续参与，大大提升了生态振兴、乡村振兴的有效性和持续性。

这些社区的改变与河研会的持续陪伴支持密不可分。河研会在此过程中积累了培育护水队"点"上的有效经验。接下来，为瞄准整个流域保护的大目标，河研会需要将工作做得更系统有效，以回应两个重要问题。第一，做"点"的经验，是否可以自我可持续、更广泛地复制和拓展？如何有效拓展？

截至 2020 年底，河研会已孵化出 5 支护水队。这些队伍的发展程度不同，甚至形成一个梯队。这 5 支护水队对应着不同发展方向和诉求，如何给予针对性支持是个挑战。第二，除了做"点"和扩"点"，还需要考虑哪些重要工作内容，才能使工作成体系？临石村、永安村的案例始于地方政府的诉求，在河研会协助下，这两个社区在水源地保护上取得务实且创新的工作成果。不过，河研会并没有将工作止步于社区层面，而是清楚地认识到政府的角色和资源在护水议题中的不可或缺性，以及扎根社区的护水队对于政府的重要价值，持续通过一些探索促进与政府的互动。最终，河研会希望凭借探索的经验和有效路径，影响政策出台，在水源地持续产生积极影响。不过在这一过程中如何"使力"，有不少挑战。

具体来看，最先成立的临石村护水队经验最为丰富。经过 4 年发展，他们期待承担起更多的职能，向正规化机构发展。一是希望把工作做得更大，能名正言顺地外出宣传与交流，让更多社区参与进来，促使更多人看到并接受环保理念。二是希望直接承接项目，有些误工费补贴。虽然之前受到政府广泛关注，但更多是宣传支持，获得的资金支持很少。2019 年，新华社主办的《半月谈》对护水队参与基层环境治理模式进行典型案例报道。为此，郫都区委专门进行了考察并要求全区党员干部向临石村、永安村学习。2019年，两村护水队接待了郫都区各个街道（乡镇）1000 余人、近 30 家外地机构和政府部门的参访团队。2019 年，护水队开始向参访团队收取一定的生态讲解费用，用来支付村民的误工补贴。但随着水源地护水队影响力扩大，参访人数持续增加，护水队骨干成员对护水工作和农活之间的时间分配越来越难以平衡。同时，一些政府部门主动找到临石村护水队，希望购买他们的服务。这就要求护水队必须正式登记注册。经过多轮讨论，护水队队员期望获得正式身份的意愿强烈。2020 年初，成都市郫都区水源地之家社区服务中心正式登记注册。这家注册的机构以推动更多社区的参与和行动为目标，希望借助政府购买服务实现可持续发展。该机构陆续申请到区总工会、区水务局等部门的资金支持。此外，区总工会计划将每年的党建活动地点设在临石村并将其作为工会志愿者培训基地。

事实上，护水队对于机构运作非常陌生，因此挑战非常大。如何写项目申请书、答辩、策划和执行活动、开发课程、管理财务以及整理知识等，这些都需要河研会从零教起。另外，零散性的政府购买项目，再加上管理费比例过低，使机构可持续运作的难度很大。如何管理团队，比如谁来专职、劳务费如何分配，都是护水队面临的棘手的挑战。河研会也在反思，这是不是他们所擅长的内容，是不是一个要大力推进的方向。

一些后续成立的护水队，大多还在前期发展阶段。他们并未考虑注册，而是结合自己的生活方式参与护水，活动形式灵活的同时不确定性也更大。这些护水队长远来看也要考虑可持续的问题，比如将护水与村民的生计结合。结合的方式可以考虑引入生态种植、堆肥等技术，形成更加多元的生计渠道，比如投资生态旅游接待、将村民培训成水源地保护的专家进行外出宣讲和举办工作坊赚取一定的培训补贴，从而实现自我造血。但环保议题"公"的成分更多，如何把握"公"与"私"的关系，如何调和护水任务和生计矛盾，让村民有持续的、内在的激励，是河研会考虑的重要问题。而目前项目活动确实无法帮助村民增加收入（或稳定地增加收入）。如果村民对环保议题有过高的经济期待，会产生负面影响。对此，河研会的思路是加入文化视角来做新的尝试。河研会将护水内化到村庄的文化层面，使村民在护水过程中不过度关注经济价值，而是认识到环保还有另外的价值。对于村民来说，这样就能逐渐形成习惯和自发性行为，将环保融入其自身生活。比如尝试通过护水志愿者深入社区，挖掘民俗文化故事，农业灌溉、水资源管理等民间管理模式以及生活方式和管理模式的变迁，让更多村民认同护水价值；结合当地节日习俗，将护水行动通过宣传性活动落地，打造成村民本地"新习俗"；等等。不可否认的是挑战依然存在，如村民对文化的淡漠、对民俗活动敏感性的把握等。

由浅到深、由点到面的不同尝试，这些生发出来的不同可能性，各自发挥什么作用？哪些要着力去发展？如何更高效地壮大护水队的规模？如何梳理和总结背后的本土经验并形成知识产出？如何在更多点复制经验，并推动更多资源、行动者加入该领域？这些都需要河研会进一步探索。

四　总结与反思

（一）乡村振兴工作应纳入治理视角

由于环保议题涉及"更大群体的利益"，参与即代表成本投入，因此容易"搭便车",也很容易成为宣传式、一次性或一部分人的行动。河研会环保"社区化"的实践,其实走出了一条有效的新路子。而这背后的一个关键要素,就是水源地环保主体——生活在水源地流域的村民,他们以怎样的角色和形式参与环保,能否形成责任主体意识和参与能力。这在一定程度上决定了环保资源的投放是否有针对性以及资源撤出后成果能否可持续,是否会造成新的问题。这是社会组织能够体现并发挥独特价值的领域,也是社会组织应该做大做强、实现引领的领域。

不过,仅仅关注人的发展、自组织的发展只是一个面向。环境治理需要拆解并落地到具体的事,不同事情有不同条件和要求。随着议题往深处发展,项目会发展得愈加系统,涉及的内容会逐渐丰富,对河研会的要求也会越来越高。其中包括环保技术的输入、社区动员和组织孵化以及与政府的关系协调、资源对接等方面。河研会需要就议题不同发展阶段生发出来的问题、需求和增长点给予有针对性的支持或资源链接。对于护水队的不同发展方向,如何看待其在整个目标和行动体系中的价值,涉及整体护水工作能否有效和可持续开展,需要河研会通盘考虑。

(二)政府与社会协同过程中的关系把握

在河研会的案例中,基层政府将乡村振兴的自主权逐渐交到村民手中,并为社会组织、社区开展工作提供支持和空间。在这个过程中,河研会重点把握住了两个关键点。首先是把握住了双方的目标共同点,即真正解决社区问题。河研会凭借专业技术,以解决问题为出发点,协同镇政府开展工作,帮助社会组织争取行动空间,也将社区村民带动起来,促使多方力量在社区拧成一股绳。河研会通过社区参与的方式,实现了自下而上的、可持续的社区治理。其次,河研会在与镇政府的合作中,尤为注重凭借专业技术解决问题,从而向镇政府展现社会组织的价值。在工作开展中,河研会特别关注到一些令政府棘手的问题,并愿意主动"啃硬骨头"。比如有个村民小组与村委会有矛盾,抵触护水活动。河研会主动介入,作为价值中立方进行社区走访,发现老年人更有动力参与护水行动,于是安排临石村护水队协助该村民小组成立不同年龄阶段的自组织,分析他们的关注点和需求,并设计相应活动,先把该群体动员起来,再带动更多村民关注。在动员的过程中,河研会有意识地促进这个村民小组和村委会交流互动。村民小组与村委会关系的缓和，帮助河研会赢得了镇政府和村委会的高度信任。这为往后其进行资源争取、获得行动支持奠定了非常好的基础。这些做法和成效影响着镇政府做事的思路与方法，为后续政府购买社会组织服务，实现政府职能转变提供了重要的铺垫。

社会组织在与政府的协同中要帮助基层政府避免陷入两种误区。首先，乡村振兴是一个持久的工作，需要警惕"自上而下"式推动、碎片式指挥和支持导致的形式化和对社区的伤害。基层政府需要尊重社区的主体性，把握社区工作节奏，把目标放大放长远，推动行动体系化。其次，要避免基层政府包办乡村振兴的工作。基层政府需要重视社会组织在治理中的独特价值。政府职能转型改革的推进以及社会组织的发育（特别是专业性能力的增强），这两方面将推动社会组织进入更深层次的社会治理领域。社会组织需要与政府推动改革的趋势呼应起来，积极承接转移的政府职能和购买服务项目，在乡村振兴更广、更深的领域带来更多积极成果。

参考文献

《成都日报》，2017，《〈半月谈〉：郫都改革开路，农业变金矿》，9 月 4 日，成都全搜索·新闻网，http://news. chengdu. cn/2017/0904/1908626. shtml？phone = yes，最后访问日期：2021 年 2 月 3 日。

第五部分

公益力量对接组织振兴

1

社会力量介入乡村的多重定位
与乡村治理体系构建

——以河南省信阳市郝堂村为例

贾建友[*]

实施乡村振兴战略，是党的十九大做出的重大决策部署，是决胜全面建成小康社会、全面建设社会主义现代化国家的重大历史任务，是新时代"三农"工作的总抓手。中共中央、国务院印发的《国家乡村振兴战略规划（2018—2022 年）》，以及 2018 年 1 月 2 日公布的《中共中央、国务院关于实施乡村振兴战略的意见》等一系列政策文件，提出产业振兴、人才振兴、文化振兴、生态振兴、组织振兴等相互联系、相互作用、相互促进的乡村振兴五大战略。可以预见的是，该战略的实施不仅会对当下的农村各项工作起到重要的指导作用，更会对未来较长时期的农村发展产生广泛而深远的影响。社会力量作为不同于政府、企业的独特力量，如何通过全面反思参与乡村振兴过程中的实践经验与工作得失，探索和总结在乡村振兴战略下有效介入乡村发展的路径和长效模式，在这一国家战略进程中做出重要贡献并且彰显乃至实现自己的独特价值，就显得至关重要。基于此，本研究将从社会力量亲历者的视角，围绕河南省信阳市郝堂村从一个凋敝的小山村到全国"美丽乡村"首批创建试点乡村、多次登陆央视新闻联播的十多年发展过程，全面解析社会力量在其不同发展阶段的多重定位与选择，进而提出社会力量介入乡村振兴应当在清晰定位的前提下审慎进行。社会力量介入乡村振兴，应当坚持多重性定位原则，即只有在准确定位社会力量、政府、村级组织、村民不同角色基础之上，社会力量才能对自己清晰定位，并且这个定位要有随乡村发展的不同时段、不同状态而有所调整的前瞻性。只有在这样的战略定

---

* 贾建友，中国乡建院乡村发展顾问。

位下，社会力量才能在介入乡村、参与乡村振兴过程中，切实保障农民的主体性地位，促进乡村全面发展，进而提高乡村治理能力，构建和健全现代乡村治理体系。

一 社会力量要在乡村振兴战略中找到实现自我价值的途径

（一）关于社会力量的界定

社会力量在不同的语境下有不同的含义。一般社会力量可以简单定义为除政府和事业单位以外，在有关部门登记的合法的社会团体、公益组织、企业和个人等。在本研究中，因案例所具有的特点，所以关于社会力量沿用这一较为宽泛的界定而非严格的定义。即本研究所界定的社会力量是除案例所在地领导项目实施的党委、政府和事业单位以外，所有的企事业单位、社会团体、公益组织和个人。

（二）社会力量在组织振兴方面可能的政策回应与政策空间、价值实现途径

对于乡村振兴战略提出的产业振兴、人才振兴、文化振兴、生态振兴、组织振兴五大战略，从理论上社会力量都有可能的政策回应与政策空间。然而，在实践当中，因为理念、目标、定位、工作方法以及所处的外部环境不同，不同的社会组织开展的工作会有不同的侧重点，研究的关注点也会明显不同。要说明的是，因受案例中主要社会力量的理念与目标定位的限定，本研究的关注点集中在乡村组织振兴这个战略上。

"乡村振兴，治理有效是基础"，"建立健全党委领导、政府负责、社会协同、公众参与、法治保障的现代乡村社会治理体制，坚持自治、法治、德治相结合，确保乡村社会充满活力、和谐有序。"这是《中共中央、国务院关于实施乡村振兴战略的意见》中关于乡村组织振兴的纲领性表述，同时也明确给出社会力量在参与乡村组织振兴中的定位与空间，即在法治的保障构架下，接受党委领导，协同、参与建立健全现代乡村社会治理体制。参与乡村组织振兴的社会力量，如果在这个定位与空间中积极探索解决如何实现"乡村振兴，治理有效是基础"这个基础性问题，不仅能有效回应乡村组织

振兴战略的相关政策，在乡村振兴中做出重要贡献，而且能够彰显乃至实现其独特价值。

（三）选择郝堂村作为案例的原因

笔者接触过不少社会力量主导或参与的乡村建设、乡村发展项目，许多案例具有一定的代表性或典型性。选择郝堂村作为研究对象，是因为此案例有着非同一般的意义。

第一，从 2009 年开始进入郝堂村至今，笔者较为完整地参与和见证了郝堂村从一穷二白的破败小山村转变为全国"美丽乡村"首批创建试点乡村、多次登陆央视的十多年发展历程，在时间线上没有间断。

第二，作为参与者和亲历者，笔者较为完整地见证了"中国乡建院"这个新生社会力量。在郝堂村的发展过程中，一个新生的社会力量经历了从无到有、从有到强的成长过程，时间与空间的变化相对清晰。

第三，在郝堂村与中国乡建院相伴发展的过程中，笔者因特殊的机遇和原因，同时具备了"扮演"多方力量的决策者、参与者、协同者、观察者、研究者等不同角色与不同视角"观察"的便利，这是选择本案例作为研究对象最大的价值所在。

鉴于以上原因，本案例的研究将更多地采取白描叙述方式，以场景展示为主。笔者期望用感性的方式尽力还原复杂条件下的研究对象，带给读者更为丰富的信息和思考，而非过多用分析议论方式进行简单化和符号化。当然这只是个人的愿望。

二 "谋出来"的郝堂与"画出来"的郝堂

郝堂的发展过程如果用最简单的文字来总结就是先有"里子"，后有"面子"，发展的方法用简单的文字来总结就是"谋"与"画"。

（一）郝堂从"里子"到"面子"的发展变化

2009 年秋，时任河北大学中国乡村建设研究中心主任的李昌平和兼任该中心研究员的笔者进入郝堂。这个河南省信阳市平桥区的贫困甚至有些破败的小山村，与许多贫困的山村没有太大的差别。人口、收入、产业、交通等数据的罗列很难让大家有直观的感觉，但有两件事情可以涵盖许多数据传达的信息。一是进入这个村之后，手机就没有了信号。村里和外界的联系方式主要是固定电话，想用手机必须爬到村委会对面的山坡上才会有信号。二是村委会中午热情地招待县乡领导和我们一行人一顿大锅饭。这顿饭是一锅米饭，外加用两个铝盆分别盛的菜，一盆土豆加几块肉，一盆萝卜加些千张（豆制品）。所有人都在村委会院中的一张地桌旁，或蹲或坐。这就是这个村当时招待客人的最高规格。

就是这样一个小山村，2009—2019 年十年间的巨大变化不仅让外界高度关注，连本村人也常常感叹想不到。其间最大的变化有两次，或者说两次洗礼。第一次是 2009—2011 年的"夕阳红养老资金互助合作社"村社共同体重建实验。合作社成立和发展的过程是村中的"精英"和普通村民达成契约、互相学习、相互说服教育的过程，也是达成一致目标、统一行动纲领的过程。这次洗礼完成了村庄人心聚拢、集体资产原始积累，有了村庄腾飞发展的政治、经济、组织资本，通俗地说有了村庄发展的"里子"。第二次是 2011—2014 年的以"郝堂茶人家"建设为契机的新农村建设实验。这次实验以"一号院"张厚建家开始改造和郝堂居家养老服务中心建设项目启动为代表，开始了基于建筑改造的经济发展、文体教育、生态环保等全方位的工作推进。郝堂完成了适应逆城市化趋势下的"三生（生产、生活、生态）共赢"的新农村建设实验模式，通俗地说是有了村庄发展的"面子"。至此，郝堂实验开始进入收获的季节。2012 年前后，《中国社会科学报》《经济参考报》《人民日报》等国家和地方媒体陆续刊发报道。2013 年，郝堂成为河南省唯一入选住建部首批"美丽宜居村庄示范"名单的村庄，并被农业部确定为全国"美丽乡村"首批创建试点乡村。2015 年，郝堂获"2015 年中国人居环境范例奖"。2017 年，郝堂入选民政部首批全国农村幸福社区建设示范单位。2015—2017 年，郝堂连续几次登上央视新闻联播、新闻直播间。地方媒体的报道更是数不清。郝堂从里到外焕发出的美丽与生机，获得了社会各界高度的关注与认可，自然吸引了无数人前来休闲旅游、参观学习、调研考察。

郝堂发展期间还有一个重大的事件，就是中国乡建院的成立。2011 年，以李昌平、孙君等为首的一批民间乡村建设领域的人士开始组建一个以乡村建设、规划设计为主，专门为农村服务的专业团队。中国乡建院注册成立时只有十几个人，而且多数是没有工资以奉献和爱好为主要动机的"志愿者"。2013 年开始，中国乡建院的运营才逐步走向规范化。2019 年，中国乡建院成为一个拥有 8 个工作室 120 余名员工的专业化团队，服务范围覆盖全国 20 多个省（区、市）的 200 多个村庄，享誉乡村建设领域。

（二）郝堂的"谋"

郝堂的发展既不是某位领导的一次最高指示，也不是某位专家的心血来潮，更不是个别村民的困境突围，而是在当地党委、政府领导下，汇集各方力量"谋划"的结果。仅以笔者的粗略统计，无数次的"谋划"从人员上看，以地方党委、政府领导为代表的体制内人员，除当时的村支部书记曹纪良、村主任胡静以及村两委班子成员外，主要包括时任信阳市市长（后任信阳市委书记）郭瑞民，时任平桥区区长（后任平桥区委书记）王继军，时任平桥区副区长吴本玉，时任平桥区科技局局长禹明善，时任平区桥区五里店街道办事处党工委书记郭卫东、主任苏永华、副主任兼包村干部孙德华（后任主任）等市、区、街道的主要领导和部门领导。以李昌平、孙君为代表的外部专家团队，包括河北大学、中国社会科学院、华中科技大学、北京大学以及北京绿十字生态文化传播中心、信阳乡村建设协作者中心、谢英俊乡村建筑工作室等许多高校、研究机构与建设团队的专家学者。郝堂的村民则包括上至夕阳红养老资金互助合作社的老人，下至小学一年级的学生，几乎各个年龄段的人都有参与。仅从郝堂当时开展的规划设计工作组人员构成与其他地方相关工作的组织机构之区别可见一斑："40% 为专业设计规划人员，20% 为艺术和文化工作人员，10% 为社区管理人员，15% 为村干部，10% 为政府官员，5% 为村里老人。其中村支部书记与村主任有一票否决权。"如果从谋划召开会议角度去统计，更是非常大的数字。除笔者多次亲自参与的各级专门会议之外，根据"郝堂村建设记事"做的不完全统计，郝堂单是 2011 年就召开村支两委会议 15 次、村党员大会 2 次、村民小组长会 23 次、村民代表大会 4 次、全村村民大会 2 次。单看数字是没有感觉的，这一年仅笔者与李昌平、禹明善和村支部书记、村主任的彻夜长谈就有三次，与其他领导的沟通或专门会议更是数不清。这样政府、专家、农民一起的"谋"放在许多地方几乎是不可想象的。

（三）郝堂的"画"

在许多人的眼中，郝堂是一个"诞生"于画家笔下的典型。如果来郝堂参观考察的人问村民这些房子的来历，他们会说："这都是画家画出来，我们比照着盖的。"但更确切地说，郝堂的房子是以孙君为首的规划设计团队至少分三步"画"出来的。孙君进入郝堂了解郝堂的方方面面之后，并没有动笔，而是在禹明善和笔者等人陪同下，利用一周多的时间，没日没夜地开车跑遍了信阳附近的县，考察了许多原生性的村落。那段日子对于晕车的笔者来说真是难忘又难熬的时光。考察的目的只有一个，用孙君的话说就是要找到"敦敦的豫南风格"。动笔之后，许多人家房屋改造的样子，是与房屋主人沟通多次并修改之后再定下来。最终村民和村主任都认可之后，才算基本画完。之所以说基本，是因为许多房屋在施工过程中可能还会修正原有的设计方案，进行再次更正或完善。只有房屋所有方案全部完工之后，这所房子才算真正"画"好。正是这样的经过反反复复多方合力"画"出来的房子，打破了"千村一面"的僵局，让郝堂的风景和气质呈现唯一性，让所有来到郝堂的人都有一种眼前一亮的感觉。

三 社会力量介入郝堂村的初始定位与切入点

（一）"公民论坛"与"另类学者"的相遇——发展理念的相近是社会力量介入郝堂村偶然之中的必然性

郝堂的发展和许多事情的发展一样，表面看起来是一种偶然，深究起来会发现有一种必然因素。李昌平，有 17 年的乡镇基层工作经验，先后四次担任乡镇党委书记，曾在 2000 年上书朱镕基总理"农民真苦，农村真穷，农业真危险"后辞职打工，辗转多年却初心不改，始终致力于乡村研究与乡村建设实践，是一位著述颇丰、很有影响的"三农"问题专家，也是一位没有评过职称的"另类学者"。王继军，1997 年在信阳县（后为平桥区）挂职副县长时就主导、创办了"公民教育与现代思想论坛"（简称公民论坛）。无论是王继军调入其他县区任领导，还是他重回平桥区任区长、区委书记，在近 20 年的时间里，这一论坛基本上没有间断过，陆续邀请过全国近 200

位专家教授到平桥区为党政干部举办专题讲座。根据讲坛内容，王继军还亲自整理编撰了近千万字的"启蒙与开放"系列丛书。正是这个公民论坛，让二人的相遇成为必然。2009年，李昌平在平桥区的"建设新农村先建新金融"专题讲座，让时任平桥区区长的王继军产生了很大的兴趣，"能不能在平桥做这个实验呢？"

（二）"村社共同体"从合作社的"社员内部互助"破题——介入郝堂村前的"远谋"与学者的初始定位

"村社共同体"是李昌平多年乡村研究与乡村建设的一个远景目标，核心是实现村庄的四权（产权、财权、事权、治权）统一和三位（经济发展、社区建设、社区治理）一体。而这个远景目标落地实施的第一步或者说切入点是什么？就是李昌平从2005年开始反复实践的内置金融合作社，其实质就是合作社社员内部的资金互助。平桥区开展实践的村庄，其未来就是要成为一个四权统一、三位一体的村社共同体。这个共同体当然也顺应当时大家的叫法，称为新农村。作为切入点的内置金融合作社同样有一个让农民更容易理解的称呼，叫"夕阳红养老资金互助合作社"。

（三）"村主任的困惑"与"学者的懒惰"——介入郝堂村的"计谋"与切入点选择

在平桥选择实验点的过程是一个戏剧化的过程。郝堂本来是最不受关注的。笔者曾陪李昌平走过几个村子，有领导蹲点的重点村，也有先进村，但以李昌平多年的农村经验来判断，都不理想。最后一站才到的郝堂。在郝堂，李昌平与村主任胡静的相遇，许多媒体写得非常详细。其实村主任胡静的"困惑"很简单，想为村里的老人做一点事，但既没资金又没思路。而李昌平给出的建议也很简单，成立一个养老资金互助合作社。条件是由村主任找到几位村民作为发起人，每人2万元，3年内不要任何收益。再找几位老人入股，每人2000元。这项工作完成之后，再打电话联系。将这些安排完，李昌平就回了北京。

10天之后，胡静完成这些工作。李昌平又带人来到郝堂，开始讨论章程，讨论各种业务流程与制度。在群众眼里，这是一群懒惰的学者，章程只有一个简单的草稿，其他的任由社员们在村委会不停地"吵"，一直吵了两天两夜才吵出一套章程。业务流程与制度更是一个字的草稿都没有，全凭工作人员在黑板上来回地写了改，改了再定。又是折腾一天后，才有一套简陋的业务流程与制度……事后一直在场的禹明善曾开玩笑说，一些不耐烦的村民说我们是一群懒惰的"假专家"，那些东西是他们自己搞出来的，我们这些人肚里根本没有"货"。其实这正是李昌平对自己的定位——"协作者"。也正是这些村民自己搞出来的章程与制度，成为郝堂村干部、村民的共识，也成为未来村庄发展最坚实的底层逻辑。

四 不同社会力量参与郝堂村发展中的多方定位与协调

（一）"里子"寻找"面子"的故事——抓住发展是农村的第一要务

2009年10月12日，郝堂"夕阳红养老资金互助合作社"开业。2010年2月7日，合作社召开第一次社员大会，进行首次分红，首批15位老人每人分红320元。从某种意义上讲，郝堂发展的"里子"或者叫内生动力算是有了。在后续长达近一年的时间里，各方都在积极思考和寻找具体的途径或者说发展的"面子"，许多类似偶然其实必然的因素再次体现出来。2008年，禹明善曾经带人参观过孙君在湖北五山堰河的实践，李昌平也看到过孙君写的《五山模式》，但他们却失之交臂。2010年冬，笔者在北京与李昌平、孙君等一起吃饭时，他们才知道二人原本是邻居，住的地方只隔一条马路。一番长谈之后，李昌平一句"有时间到郝堂看看"，开启了孙君与郝堂、与中国乡建院的缘分。

2011年初，孙君进入郝堂。与平桥区区长王继军、副区长吴本玉、科技局局长禹明善等党政领导干部、村两委干部等许多人的交流，让孙君大受感动。对农村相近的认知、相通的发展理念、干部的热情淳朴与群众的人心齐整，都让孙君心动不已，"都是好伙计啊！"随后，孙君受平桥区政府聘请，在郝堂开始了"郝堂茶人家"的调研规划工作，"里子"与"面子"也算正式合一。

（二）"先入为主"与"后来居上"——不同社会力量介入同一村庄后的相互磨合与定位变化

从一般规律上讲，进入同一个社区的不同社会力量往往都会有"先入为主"的惯习，这也是民间所认可的惯习。然而，一些社区发展的问题往往是这些惯习带来的。进入郝堂的孙君与李昌平等人自然会面临同样的问题，但不同的是处理问题的方式。李昌平在许多场合从"先入为主"的角色上主动退下来，将孙君推到"后来居上"的角色之中。而孙君在多种场合对李昌平尊重有加。我们大家都明白，只要理念一致，谁站在聚光灯前都不重要，重要的是我们大家的理念或者说理想变为现实！李昌平当时常讲的一句话就是"我们都是协作者，我们要在协作中学会协作"。在一次次相互讨论、相互配合的协作中，有才气却又风趣健谈的孙君，让一群参与郝堂乡村建设的人成为无话不谈的朋友，也成了他的"好伙计"。沉稳智慧而又深具包容之心的李昌平成为关键时刻大家决策的"定调者"，担任随后成立的中国乡建院理事长，而孙君成为第一任院长。仅就笔者接触的，2012 年开始逐步进入郝堂的社会力量不少于 20 家。"郝堂村建设记事"以及平桥区内部简报等资料所显示的数量则更多。这些社会力量接受了中国乡建院倡导的发展理念，在当地党委、政府的统一领导下，成为当地农民的协作者，在自己擅长的专业领域为郝堂的发展做出各自的贡献。

（三）"到底谁是乡村的主人"——在以村民为主体的乡村治理格局中，各方力量都是协调者与被协调者

郝堂与其他农村一样，贫困时面临诸多问题，若要实现从内到外的脱胎换骨式的发展，面临的问题会更多。这些问题最终都会指向一个问题——"到底谁是乡村的主人？"正式一点的表述应当是"如何体现村民的主体性？"郝堂在这个问题的处理上，有一句话比较通俗易懂："一切设计实践是为了农民，实践主体是村干部和农民。"

郝堂实践的过程，本质上也是乡村治理活动中各方力量寻求定位、角色调整、重新构建治理格局的过程。地方党委、政府的领导不再是单一的决策、命令，而是明显具有了框定政策法律边界、调配资源、协调各方力量等服务功能。专家等其他的社会力量也不是扮演"救世主"的角色，而是承担用专业知识在地方党政领导体系下服务村庄的角色。用一句话可以总结，就是在以村民为主体的乡村治理格局下，各方力量都是作为协调者与被协调者存在的。单纯论述是没有感觉的，两件小事就可以反映出这种治理格局下的各方力量博弈方式。

在"郝堂茶人家"总体规划设计过程中，有孙君等专家与政府共同划下的几条红线：一是"不搞大拆大建，原则上不砍树、不填塘、不挖山、不扒房"；二是"农民的事，农民说了算"；三是"专业的事，领导以专家的意见为主，专家又以村干部意见为主"。

郝堂在整个改造过程中一直把握着一个基本原则——村民自愿。对于愿意改造的住户，平桥区财政进行财政补贴，使用节能环保建筑材料，严格按照沟通好的图纸施工。但在改造村河边的一处房屋时，那一户村民，无论乡村两级谁做工作，就是不愿意改造，政府给补贴也不行。面对这样的情况，个别干部认为在显著部位留存这样不协调的房子，会破坏整体的景观，提出是否用强制的办法。与会的专家和村干部则提出不同意见，专家的理由最终被接受：一所房子就是一个时代的记忆，留下房子既能不侵犯农民的权利，又能留下时代的记忆，一举两得。这个房子就这样一直被保留下来了，而那户村民也没有被当成所谓的"钉子户"，一如既往参与村里各种活动，还开了一个小商店挣钱。

"郝堂茶人家"项目被列入《2011－2015年信阳市平桥区省级可持续发展实验区总体规划》后，从目标到时间都有了明确要求。在实施的过程中，孙君等人一家一家地慢慢画，李昌平等人只管走村串户"闲聊天"。设计人员四处转悠着找那些没用的破砖烂石头、旧门窗。施工人员则是慢腾腾地盖了扒，扒了再盖。村民们更是哪天想通了，哪天再开始改造。那时的郝堂与其他地方如火如荼的新农村建设相比，只有一个字——"慢"！就是这样，沉在下面做工作的村干部仍然感觉任务太重。李昌平、孙君也经常嫌太快了。这样的速度在政府那里很少见，政府有点着急了。区委书记王继军最多时一周在郝堂村待三天，这让以村支部书记曹纪良、村主任胡静为首的村干部压力倍增。经过领导、专家、村干部两次沟通之后，市、区的领导虽然还是经常来村里，但来的频率明显降低。而且最大的变化是，这些领导来了之后，面对干部和群众，只问有没有困难需要解决，从来不下指示，不批项目。王继军曾表示，政府习惯讲效率，可农民的事急不得。尊重群众意愿是态度，更是方法。

五 社会力量在郝堂村成熟后的再次定位与主导性形成

（一）"夕阳红的故事"与"画出来"的村庄——在多方力量助推下，郝堂村走进公众视野

"郝堂茶人家"项目在实施的两年中，与政府有个约定，即不宣传，不报道，不接受外来领导视察。可以说仅是这种信任和坚守，平桥区的党委、政府主要领导干部，就超过了许多地方的干部。也正是各级党委和政府、各行业相关专家、村干部与农民各方近4年的埋头努力，基层干部"脱三层皮"（孙君名言）的代价，使项目于2013年基本完工，使郝堂在公众面前惊艳亮相。郝堂从2013年开始正式接待游客，平日游客就要数百、上千人，逢年过节尤其"五一""十一"高峰时有上万游客涌入，车子堵在村口半个小时进不了村是常事。从《人民日报》的专栏，到各级报纸杂志的相关报道与研究文章，有的从内置金融视角专门解读郝堂"夕阳红的故事"，还有的从规划设计视角专门解读郝堂"画出来的小山村"，还有的从乡村治理与发展视角专门解读"郝堂模式"，等等。更让人想不到的是，这样一个豫南普通小山村竟然两次上了央视的新闻联播，还在央视的新闻直播间中播出长达30分钟的特别节目。

（二）"看不出来的设计才是最好的设计"——主导性社会力量的形成与各方力量的再次定位

郝堂的成功亮相，从表面上看只是规划设计带来的村庄外貌改变，实质上，郝堂的改变并非单一的空间规划设计，而是经历了从"夕阳红养老资金互助合作社"到"郝堂茶人家"一个系统性的乡村综合发展规划设计。这种设计已经远远超过传统规划设计所涵盖的内容，还体现了项目倡导的"看不出来的设计才是最好的设计"理念。除了规划设计始终遵循以自然为本的设计理念之外，还有更多隐藏于规划设计背后的内容。我们从"郝堂茶人家"总规摘要的文本中关于规划定位的主要任务栏目摘录几则，就可以看到一般参观者看不出来的一些理念和工作内容，这也勉强算是郝堂"里子"与"面子"共同的内核："创新和健全新时期村干部管理考核机制。建设以村

民为主体、以资金合作为核心的综合性村社一体化合作经济组织。建设以茶文化为核心的有历史感的现代新农村。开展以家庭、社区为中心的健康教育和健康促进活动。"当然从某种意义上来说，能记录在案的是可以看到的，更多的是没有记录的设计。那就是在郝堂实践过程中，以李昌平、孙君等为代表的各种社会力量主导性力量的形成，以及各方力量自觉或不自觉的再次定位。以李昌平为代表的河北大学中国乡村建设研究中心这一初期的主导性力量，在以孙君为代表的绿十字进入郝堂并成为实质性的主导力量之后，成为协作方。二者合作成立中国乡建院之后，再次成为新的主导性社会力量。其他进入郝堂的社会力量，基本上要遵守既有的规划和统一的理念，扮演协作者角色。以中国乡建院为代表的社会力量进入平桥区，与政府一样，都是市场的平等合作者；进入郝堂，则与政府一起成为农民的协作者；项目结束，郝堂的发展进入独立运营轨道后，社会力量又成为政府、农民在市场上的平等合作者。

（三）"郝堂价值"存在的意义是什么？——郝堂作为乡村发展与乡村治理多重典型的现实考量与未来追问

虽然郝堂的美丽之处有目共睹，郝堂的成功经验已经众说纷纭，再谈郝堂的价值或者郝堂存在的意义有些"上纲上线"或者说"故弄玄虚"，但作为一个由理念到落地、由理想到现实全过程的参与者，如果不从这个角度来谈，它的意义将打很大的折扣。

郝堂存在的意义用三个关键人物的三句话来总结比较形象：李昌平的一句"大话"叫作"前三十年看小岗，后三十年看郝堂"，孙君的一句"车轱辘话"叫作"把农村建设得更像农村"，王继军的一句"反对话"叫作"农村是有价值的，农民是有尊严的，农业是有前途的"。

但在有着20多年基层工作经历的笔者眼中，郝堂的意义或价值更为现实地体现在乡村治理的现实与未来考问上。

乡村治理的主体是谁？这个问题的答案在本案例中不证自明，在其他失败的案例中也可以找到反面的答案。

乡村治理的直接受益者是谁？或者说乡村治理是为了谁？这个问题的答案在本案例中不证自明，在其他失败的案例中也可以找到反面的答案。

在乡村治理中的多元共治中，多元主体之间的关系应当如何处理？如果这些除农民之外的乡村治理主体之间的关系都处理不好，何谈乡村的多元共治？

政府在乡村治理中的角色是什么？地方政府在乡村治理中无疑处于领导者的地位，但如果政府只限定于这一种角色、一种单一的行为模式，那么乡村治理中的许多原则将成为空谈。

社会力量在乡村治理中与地方政府、农民之间的关系应当如何定位？社会力量自身在介入乡村治理过程中如何定位与发展？这个问题比较复杂，留在后面做专门分析。

六　社会力量介入乡村发展的多重定位与选择及其可能性结果

（一）社会力量介入乡村发展的不同定位及选择在实践中的可能性后果

根据笔者 20 多年基层工作经验与乡村研究所涉及的一些资料来看，近年来社会力量介入乡村发展的方式或者说定位一般有以下几种。

一是"上帝视角"或者"救世主"定位。一般持这种定位的社会力量，多有较强的实力或良好的声誉，有强大的资源支持，也有非常明确的理念和操作流程。这种社会力量进入乡村，虽然会给乡村带来全新的理念、不同的话语、严谨的操作，但可能的后果，用乡村的话讲，是来"要钱"的（即要把钱耍出花样的意思）。项目开展时，运行正常；项目结束，人员离开后，很快又会被打回原形。多数效果只是出现少数几个会讲该类社会力量话语的人。

二是普惠或者慈善定位。持这种定位的社会力量，多数以资源实力为最大优势，秉持的理念并不明确或比较单一，操作流程也比较简单甚至不够严谨。用乡村的话讲，是来"派钱"的。这种社会力量进入乡村，虽然短期内会给乡村带来明显的改变，或是人的快速动员或是村社外貌的改观，但可能的后果是，乡村一些人只是看在钱的分上，陪他们"玩一把"而已。"人来烧水、人走茶凉"，是最简单的概括。

三是试验者定位。持这种定位的社会力量，多数为研究型社会力量，其最大的特点是有自己明确的理念或理论诉求，但资源实力相对较弱，操作流程也比较简单。用乡村的话来界定，是来"烧钱"的。这种社会力量进入乡村，对乡村的改变相对较小，也比较慢。其可能的后果是，研究报告完成，实验结束，乡村除短期留下的一些谈资外很快就"雨过地皮干"。另一种可能的后果是，社会力量长期维系资源输入，目标乡村成为一个"理论盆景"或实验田，虽然无法大面积推广，但可能会对乡村极少数人的思想或理念造成潜移默化的影响。

四是资源抽取者定位。持这种定位的社会力量，多数是以支持、支援农村发展之名，行对农村资源抽取之实。其最大的特点是对政策的风向很敏感，又具有很强的鼓动性，理念或口号让人眼花缭乱，但赚起农民的钱来，却"稳准狠"。用乡村的话来界定，是来"捞钱"的。这种社会力量进入乡村可能的后果是，社会力量或者由"圈地生财"变成"圈地为牢"，或者捞完一笔走人。农民被普遍收割一至 N 次，乡村留下一堆烂摊子，或留下一串注定成为历史遗留问题的问题。

（二）社会力量介入乡村发展的失败率相对较高的主要原因在于错误的定位

无论是从时间还是从空间角度来进行简单的回溯，在个人的直感上，社会力量介入乡村的成功率并不理想，失败率相对较高。如果不能及时总结成功的经验、对比分析前期失败的原因，将成为今后社会力量介入乡村并助推乡村振兴的一个迈不过去的坎。从笔者的研究与实践来看，社会力量介入乡村，相对成功的原因较为简单，那些定位清晰、切入点合适、操作得当的基本上都能够成功，而失败的原因却非常复杂。在成功的原因中，清晰的定位是作为前提存在的。一般来说，社会力量与政府、基层组织、农民的定位应当简单而清晰地集中于以下几点。

社会力量的定位——方向引导、理念倡导、操作指导。

政府力量的定位——组织领导、政策引导、法律规范。

基层组织的定位——组织引导、实施协调。

农民的定位——实施主体。

只有在这个简单清晰的定位之下，才谈得上后续的切入点选择、操作流程制定、长效机制建立等。而反观诸多失败的案例，多数是最重要的定位就已经错了。

一是前期错误的定位。如"上帝视角"或"救世主"定位，明显与当前的乡村社会组织结构有冲突。一个强有力的党政领导体制与作为领导力量延伸的乡村基层组织，共同构成了乡村较完整的社会组织体系，并且这个体系具有较强的动员能力。在这样的社会组织结构中强行楔入或空降一个"救世主"，社会力量根本不可能有足够的能力或空间将项目真正落实到乡村，更谈不上建立什么长效机制。

二是定位的单一性。社会力量的定位过于单一，也是介入乡村失败的原因之一。有的社会力量定位于理念倡导并没什么问题，但进入乡村需要的不仅仅是单一的演讲、沟通。社会力量面对地方政府或基层组织时，还需要方向引导；面对基层组织和农民时，还需要专业性的操作指导；面对农村各种复杂问题时，还需要提升应对或解决能力。多重定位带来不同能力要求，本质上由定位单一性表现出来的能力明显不足往往成为社会力量介入乡村失败的表面现象。

三是中后期的定位与乡村发展不匹配。有些社会力量的前期定位没什么问题，问题出在项目开展过程中。虽然项目开展或者乡村发展已经进入新的阶段，但社会力量自身的定位仍然不随之调整进行适应或匹配，这会在双方之间造成一些冲突。比较严重的冲突多数会将社会力量挤出乡村甚至使双方走向对立。比如有的社会力量在项目发展到一定阶段之后，本应当增加资源的投入或引入新的社会力量，保持项目实践的完整性，但由于资源不足、理念坚持等原因而固步自封，导致项目慢慢萎缩。有的社会力量在产生一定效果之后，开始将项目视为"私人领地"，或者以"缔造者"自居，一味坚持自己的原有定位，或者客观上与地方组织或农民争名、争利，从而导致自己无法持续进入乡村，甚至被"扫地出门"。

四是社会力量之间定位错误。这种错误主要出现在同一区域的乡村有两个及以上社会力量介入的情况中。一些乡村社区由于区位、经济、文化等原因，会出现多个社会力量同时进入或分期进入的情况。现实当中，一些多个社会力量介入的乡村社区却没有产生公众预期效果的原因有很多，其中社会力量之间定位错误是重要原因之一。社会力量之间定位错误从现象上看是因为要"争当老大"或者"各自为政"，严重的会出现相互排挤、相互攻击。出现这样的状况，失败将成为必然。

（三）社会力量介入乡村发展错误定位的后果及其对乡村治理体系的解构

从乡村治理理论上来看，在"治理主体"与"治理规则"两个基本元素中，社会力量作为体制外或"非体制性"的力量，是多元共治乡村治理体系中重要的一元。社会力量介入乡村振兴、参与乡村治理，应当遵循或完善现有治理规则。一旦社会力量介入乡村时存在错误定位，其一系列行为客观上反而会导致乡村治理体系解构。

1. 最重要的也是最隐蔽的解构是导致农民主体性的丧失

农民在多元乡村治理主体中是最重要的一元，其主体性的重要性不言而喻。可是当"上帝视角""救世主"定位的社会力量出现在乡村，乡村中的农民真把社会力量当"救世主"时，农民会彻底地丧失主体性。如果农民把社会力量看成"耍钱"的，陪他们去"耍"的话，那只是做了一场角色扮演的游戏，从乡村治理角度看也谈不上什么主体性。"派钱"的社会力量出现在乡村社会，农民则变成一个个排队领钱的符号，在想办法站到领钱的队伍中时，体现的是利益驱动的主动性而非农民的主体性。"烧钱"的社会力量出现于乡村，极少数农民或因认知或因利益而陪着去"烧一烧"，多数参与的农民其实是基于农村的人情、面子等凑个热闹而已。至于"捞钱"的社会力量出现在乡村，大多数农民只是主动或被动的被收割者，根本谈不上什么主体性。

2. 另一个比较重要但容易观察到的解构是导致乡村治理体系中治理规则的失序

中国乡村治理体系中的治理规则，无论是传统的"情、理、法"体系，还是当前提倡的"自治、法治、德治"体系，不仅有共通之处，而且在农村有着很高的认可度。当一些定位错误的社会力量介入乡村，其对乡村既有的治理规则造成的冲击与解构有时是非常巨大的，比如个别"救世主"定位的社会力量，在乡村可能会有意无意地培养一批特殊的人群，这批特殊人群极有可能会成为挑战既有秩序，甚至对抗基层组织的不稳定力量。个别"派钱"或"烧钱"的社会力量，也有可能会将农村的"懒汉"或"无赖"型农民拔高，从而导致农村的评价体系出现失衡。个别"捞钱"的社会力量，更容易因巨大的利益冲突，而导致乡村出现群体性事件，从而导致整个社区的大面积失序与乡村治理体系的解构危机。

七 结论

根据笔者近些年的研究与观察，一方面国内对社会力量介入乡村的总结与反思越来越多，另一方面社会力量介入乡村越来越谨慎。这是一个好的现象，社会力量介入乡村社会、参与乡村振兴，本就应当在清晰定位的前提下审慎进行。社会力量介入乡村振兴的定位，应当坚持多重性定位原则，即只有在准确定位社会力量、政府、村级组织、村民间不同角色基础之上，社会力量才能对自己清晰定位，并且这个定位要有随乡村发展的不同时段、不同状态而有所调整的前瞻性。只有在这样的战略定位下，社会力量才能在介入乡村、参与乡村振兴的过程中，切实保障农民的主体地位、促进乡村全面发展，进而提高乡村治理能力，构建和健全现代乡村治理体系。

2

基于爱德基金会乡村振兴实践的
组织化模式探索

温方方　谭　花[*]

温方方　谭　花[*]

一　爱德基金会参与乡村振兴的历程与政策回顾

改革开放 40 多年来，中国的农村贫困治理体系逐渐从粗放迈向精准，政策内容从以经济发展为主的开发性扶贫转向多维度的保障性扶贫。2018 年，《中共中央、国务院关于实施乡村振兴战略的意见》中提到，党的十九大部署实施乡村振兴战略，按照产业兴旺、生态宜居、乡风文明、治理有效、生活富裕的总要求，统筹推进农村经济建设，让农村成为安居乐业的美丽家园。中共中央、国务院印发的《国家乡村振兴战略规划（2018—2022 年)》中提到，乡村振兴战略所坚持的基本原则之一是："坚持农民主体地位。充分尊重农民意愿，切实发挥农民在乡村振兴中的主体作用，调动亿万农民的积极性、主动性、创造性，把维护农民群众根本利益、促进农民共同富裕作为出发点和落脚点，促进农民持续增收，不断提升农民的获得感、幸福感、安全感。"回顾爱德基金会（以下简称"爱德"）在农村地区多年的发展工作，自 1985 年成立以来，爱德在实践乡村振兴的道路上紧跟国家战略，步伐同频。爱德贯穿始终的是"以人为本"的发展理念。爱德尊重农民的发展主体地位，坚持农民是实现自我发展的主要动力，坚持一切发展工作的目的紧紧围绕最广大贫困群众的利益。

爱德于 1985 年成立，是中国改革开放后最早成立的社会组织之一。20世纪 80 年代，处于初创期的爱德采取直接帮扶的救济方式，从海外募集资金，在中国东部地区开展灾后救援、教育、助残、农村发展等项目，为有需求的贫困百姓雪中送炭。20 世纪 90 年代，爱德树立了农村发展事业的第二

---

* 温方方，爱德基金会研究发展部研究主管。谭花，爱德基金会社区发展与灾害管理部主任。

个里程碑，确定了从东部地区向西部地区转移的战略方向，开始在产业发展、环境保护、人才培养、文化保护、组织建设等多领域助力农村可持续发展。在新时代背景下，爱德顺应精准扶贫与乡村振兴战略的发展要求，更加注重发挥农民主体作用，挖掘农村自然、文化等自有资源的优势，立足产业和人才发展，不断激发乡村发展的内生动力。35 年间，爱德的农村发展之路在地域范围上经历了从东部到西部再到城乡融合发展的转变，其实践模式经历了从救济式扶贫到参与式综合发展再到乡村振兴的持续探索。爱德先后在全国 31 个省（区、市）521 个县开展了各类农村发展工作，直接受益人口达千万余人，间接受益人口超过 2.2 亿人。

二　广西凌云县瑶族社区可持续发展协会案例

本文从爱德诸多发展项目中选取"凌云县瑶族社区可持续发展协会"作为研究案例，主要有以下几方面原因。首先，20 世纪 90 年代至今，广西百色市凌云县项目区经历了爱德乡村振兴实践的整个过程，是爱德最具代表性的项目区之一。其次，凌云县瑶族社区可持续发展协会的路径和过程相对完整地呈现了爱德参与乡村发展的理念方法和路径机制，深刻地诠释了爱德在乡村振兴实践中对农民主体地位的尊重，对农民积极性、主动性、创造性的调动，是爱德践行乡村振兴的行动体现。最后，凌云县瑶族社区可持续发展协会以持续运作的项目为载体，在项目可持续运营的基础上，逐渐向社区辐射，发挥改善社区经济状况并提供公共服务的多元功能，是乡村振兴与持续发展的有益探索。

广西凌云县沙里乡位于凌云县南部，下辖 12 个村委会，152 个村民小组，215 个自然屯，3866 户，总人口 17055 人，其中汉族 4759 人，壮族 5678 人，瑶族 6582 人。1995 年，爱德扶贫项目落地凌云县。爱德从种植任豆树、封山育林、建设家庭水窖等项目扶持开始，逐步延伸到农村医疗条件改善、生态环境保护、生产生活设施建设、生产基金帮扶、种养产业发展、实用技术培训、人才能力提升等全方位的乡村发展。爱德的项目帮扶本质在于激发农民积极性，发挥农民主体能动性，辅以发展所必需的资金、技术、理念等，合力促成农民的脱贫致富与乡村的发展。本文所述案例凌云县瑶族社区可持续发展协会，即是在爱德小额信贷项目基础上，以组织化路径发挥农民主体作用的运作形式。小额信贷项目重点为农村女性提供小额贷款，为妇女开展家庭小规模经营提供启动资金，并提供相应的生产技术培训，鼓励她们通过自我能力的提升和勤劳经营改变贫困落后的状况。协会这一组织形式的出现，旨在发挥农民主体作用，创造平台让农民参与小额信贷的管理与运营，实现民管民受益，进而尝试探索新的乡村持续发展路径。爱德小额信贷项目自 2003 年开始组织化运作，发展至今已经历四个阶段。

第一阶段：新笋破土初成长。2003 年，爱德计划在西部地区实施小额信贷项目帮扶。爱德协同项目专家、广西项目合作伙伴、凌云县项目区群众组建了项目评估小组，针对当时农村的生产生活条件、农业生产状况、市场发育情况、社区群众的困难和期望等，开展了详细深入的调查。在调研分析和专家评估的基础上，爱德开始在凌云县尝试实施小额信贷项目。小额信贷项目重点以农村妇女为扶持对象，以发放小额信贷的形式提供资金支持，帮助妇女发展家庭种植、养殖等经营活动，实现创收增收。同时，爱德开展相应的农村实用技术培训，为妇女家庭经营提供技术支持。小额信贷项目落地伊始，县爱德项目办组织成立小额信贷组，由爱德项目办主任担任组长，项目乡镇的分管领导任副组长。爱德项目办与乡镇政府部分工作人员兼职组成工作团队，聘请社区信贷员开展入户动员、发放贷款等工作。小额信贷组的主要职能是开展社区贫困状况调查，了解借贷农户的家庭经济状况，对符合放贷条件的农户及时造册、登记、发放贷款，并负责后续借贷农户的资金使用计划、经营状况、到期还贷等工作。由此可见，建立之初，小额信贷项目执行小组已具雏形。从结构上看，项目组有明确的层级构成和职责分工。从功能上看，项目组已具备日常管理的制度雏形。

第二阶段：众竹扶持护枝成。2006 年，在项目执行 3 年的基础上，鉴于贷款户需求灵活与多样的特点，项目执行小组提出由农民自我管理小额信贷的大胆尝试。为了更高效地使用小额信贷资金，更有针对性地调整适宜的管理制度，满足贷款农户灵活多样的需求，保障项目目标的实现，社区群众发出积极呼吁。自此，由农民自我管理、自我运营的"凌云县瑶族社区可持续发展协会"挂牌成立。协会继续由爱德项目办作为业务主管。乡镇政府由原来的项目执行角色转变为协同监管角色。贷款农户在自愿的基础上选择是否加入协会，最初会员数量为 51 名，满足成立协会的最低成员数量要求。会员通过直接选举组建了协会的管理委员会，建立了包括会长、会计、出纳、生产主管、市场主管、各村组名誉会长等在内的协会组织架构。爱德项目办与协会管理层、会员代表一起充分讨论制定了协会的发展目标和计划，制定了《凌云县爱德小额信贷项目实施方案》和《爱德小额信贷项目管理章程》，并在大部分会员认可和同意的前提下，确定了协会的管理制度（如财务管理制度、相关生产管理制度等）。基本管理制度和组织架构初步形成之后，凌云县瑶族社区可持续发展协会正式开始由农民自主管理运营。

第三阶段：苗壮成长散枝叶。在成立之后，随着小额信贷项目的有序推进，凌云县瑶族社区可持续发展协会在项目区各个村屯的影响力逐渐扩大。早期的贷款户通过家庭种养的经营逐渐改变了贫困状况，对周边村民带来触动和激励。村民从早期的观望、质疑转变为认可并寻求机会参与。贷款户数量呈现不断增加的趋势，协会会员的数量也从 2006 年的 51 人增加到 2010 年的 1011 人，小额信贷覆盖 9 个村 176 个自然屯。规模的壮大对协会的管理提出新的要求。协会开始在各个村屯小额贷款户的基础上，组织成立各村屯的分会。每个村屯成立一个妇女发展小组（即小额信贷分会），通过分会的成员选举表决或由总会会长动员推介等方式产生各分会的名誉会长。协会共成立了 9 个分会。各个分会主要负责本村协会会员的各项事务管理，包含发放贷款记录、家庭经营跟进、技术培训评估、还款进程跟进等。同时，各个分会严格按照协会的规章制度执行管理，并在协会中及时上传下达各项活动事宜。协会对分会有业务指导、技术支持等功能。凌云县瑶族社区可持续发展协会已逐渐成长为具有扎实民意基础、成熟运作的协会综合体（见图 1）。

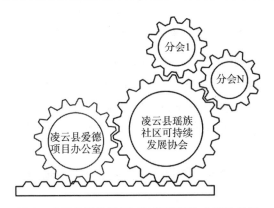

图 1　凌云县瑶族社区可持续发展协会运作机制

第四阶段：绿叶护根来反哺。此阶段，协会会员从 2010 年的 1011 人发展到 2013 年末的 4259 人。随着规模的扩大和业务的成熟运营，协会在项目区发挥的作用不再局限于日常的运营管理，而是逐渐向力所能及的社区服务延伸。其中主导社区服务的力量是显著成长起来的协会妇女会员。她们为家庭创收、增收，家庭地位得到明显改善。她们不仅拥有更大的家庭发言权和决策权，而且逐渐成长为乡村精英，开始主动参与社区公益事务。最初，凌云县瑶族社区可持续发展协会每年会使用部分小额贷款的利息收入，对会员进行家庭种植养殖经营、实用技术等方面的培训。后来利息收入的使用方向逐渐扩展到建立社区图书室，订阅《文摘报》《家庭医生报》《南方科技报》《家庭生活指南》《农村新技术》等报纸杂志，进而拓宽了农民获取农技知识的渠道。协会妇女骨干组织社区居民开展"沙里乡瑶族体育运动会"，并召集每个村组的协会会员组建村文艺队，逢年过节开展文艺汇演比赛。此外，协会还组织妇女入户照顾社区留守老人，辅导留守儿童的暑期学习，照顾其生活。协会动员社区全民参与各种有意义的公益活动和社区服务，营造出良好的社区人际关系和互助友好的民风（见图2）。

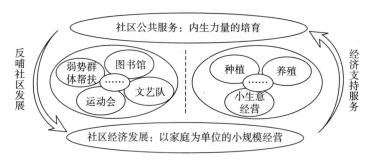

图2　协会开展公共服务反哺乡村社区发展

凌云县瑶族社区可持续发展协会的成员从发展家庭小规模种养经营，逐步延伸到对社区公共服务的关心、对社区良好关系的营造。她们同心协力，组织动员，关怀社区。这正是农民发展主体认知形成的最主要过程，也是贫困农村社区脱贫的重要内生力量的体现。

三　爱德乡村振兴实践的组织化探索

（一）凌云县瑶族社区可持续发展协会是如何成立的？

1. 农民发展家庭经济以实现脱贫的需求是协会成立的最根本动力

在凌云县瑶族社区可持续发展协会成立的过程中，爱德通过提供项目资金，为乡村发展提供经济资源。同时，爱德协调专家参与项目管理规范的建议与制定，为项目顺利有效实施提供技术支持。各级地方政府合作伙伴借助行政力量发挥强有力的组织动员作用，并协调政府各职能部门提供对口的配套资金和专业技术支持，共同促成了小额信贷项目的顺利落地。这种由外部援助直接空降社区的组织得以成立并发展的最根本动力，是农民脱贫致富的天然需求。小额信贷项目为农民提供了发展经营的"第一桶金"。协会面向潜在贷款农户设置了会员专享的激励政策。例如："凡是加入协会的会员，均享有优先获得贷款资金的权益，并可获得对应的技术咨询和培训服务，亦可共享市场销售信息。""为会员提供去附近县市参观交流学习、参加农产品销售博览会的机会等等。"协会通过以上诸多措施，增加农户对养殖、种植新技术的认知，开阔了农户的发展眼界，为家庭小规模生产经营保驾护航。

凌云县瑶族社区可持续发展协会通过"家庭致富"的目标设置，完成了第一批贷款户入会的动员激励。协会一方面瞄准有意愿的贫困农户，抓住农民需求的痛点，借助现有资源设计精准对口的项目，注入资金支持到户，让农民看到发展致富的希望和方法；另一方面借助组织化平台的优势，从技术和观念两个层面提高贫困农户脱贫致富的能力，帮助农户做好家庭经营规划，并提供种养技术培训、销售咨询等服务。协会为农民的生产经营计划提供助力，增强农民对发展主体地位的认知，激发农民参与的意愿和积极性。协会开始运作以来，其项目已覆盖 21 个村，发展了弄塘村四岭屯养猪示范点、弄丁村巴龙屯山羊养殖示范点，培养了一批通过桑蚕、山羊养殖，茶叶、食用菌、果林种植致富的农户。95% 的借贷农户取得较好的经济效益。小额信贷项目达到"扶贫到户、资金到户、效益到户"的致富效果。

2. 政府的行政动员与社区的信任动员是协会成立的保障条件

协会成立之初，注册的硬性条件之一是至少有 50 名会员加入。在农户自愿入会的前提下，以农户的切实需求和家庭经营条件为基础，凌云县爱德项目办与协会通过不同的方式对农民进行组织动员，兼顾了两个结合：一是自上而下政府体系内的行政动员；二是基于协会领袖个人威望所做的信任动员。这两种相结合的动员形式是协会成立的保障条件。

首先，凌云县爱德项目办下乡入村直接面向贫困农户进行小额信贷项目的宣传、培训和组织动员。凌云县爱德项目办原副主任在访谈中告诉我们："在推行爱德小额信贷项目中，地方政府起到关键的支持与推动作用。如没有它们的支持，光靠我们项目工作人员自身，很难在较短的时间内大规模进行农户基本情况调查和农户信用等级评定，也很难跟进小额贷款的发放与回收。爱德项目办工作人员、乡镇信贷员深入村屯，按照家庭结构、经济收入、劳动力数量等标准开展到户摸底调查，能及时把资料上报协会审查核实，对符合贷款标准的农户，也会定期向他们宣传小额信贷的管理和用途。"

在协会组建之初，这种建立在政府权威基础上的行政动员现实证明是十分有效的。地方政府引进了农民受益的扶贫项目，其可信度高，也易于打消农户的防备心理，这也是行政动员立竿见影的重要原因。

其次，基于乡村社区熟人圈建立的信任关系，在协会成立之初的动员中发挥了重要作用。各个村屯的名誉副会长直接对接贷款户，协助总会完成贷款管理流程。他们的本职工作多是村屯的干部，既有基于个人威望的信任基础，也有身为村干部的权力资源。他们凭借威望与权威得到村民的一般信任，游刃有余地开展持续的组织动员工作。凌云县爱德项目办原副主任在访谈中告诉我们：

> "名誉副会长大部分是由各个村的协会会员自己选举的，会员信任谁就把谁的名字报给协会。报上来的三分之二是村干部，三分之一是有威望的村民。""最初动员群众加入协会是很困难的，没有多少农户有贷款的意愿，群众对项目不理解。协会成立后，爱德项目办主任和名誉副会长基本就在村里，一家家跟群众做工作，跟群众交流贷款的需求意愿和计划，贷款后的投资经营会给家庭带来哪些改变，贷款期到后怎样能按期还款。有时跟着村里的姐妹到田地里，劳动时也跟着她们一起聊天，有时候晚上会住在村里。整整一年，也是那一年跟村里群众成了好姐妹，现在到村里，遇到她们，拉着不让走，煮好饭菜给你吃。"

这种通过长期互动建立的关系联结，促进了村民对会长的一般信任。一般信任则是实现动员的作用机制，成功消除了潜在贷款户的质疑，弱化了农户对于风险的预期和感知，促使农户积极经营并做出按时还款的承诺。

3. 乡村原有的治理结构与乡土精英为协会成立提供了天然的组织基础

合理有效的治理结构，是凌云县瑶族社区可持续发展协会良性运转的前提。爱德、各级地方政府合作伙伴、项目区群众需要在理念与目标一致的基础上，建立稳定的合作伙伴关系，明确各自的角色定位，建立共同参与的治理结构。凌云县瑶族社区可持续发展协会的治理结构由爱德，自治区、市、县、乡各级政府合作伙伴，协会管理层构成，它们分工协作，齐抓共管。具体组织管理结构如下：爱德负责项目的总体管理，包括项目计划、项目监测和财务管理，同时为各级合作伙伴提供项目的管理技术支持和理念引导。广西壮族自治区爱德项目办公室作为爱德项目的地方协调机构，负责协调县级政府项目领导小组、开展项目指导、协管项目监测等。凌云县合作伙伴（包含项目领导小组与爱德项目办公室）负责协调政府的配套资金，协调农业、林业、文化、妇联等各部门做好信贷户的技术培训等支持工作。凌云县爱德项目办、乡镇政府负责推进小额信贷项目的实施，督促和管理协会发展，保证信贷户合理利用信贷资金，脱贫致富。凌云县瑶族社区可持续发展协会主要负责协会日常管理工作，譬如年度工作计划的制订、贷款备选名单的确定、贷款的发放与回收，保证具体项目活动的开展（见图3）。

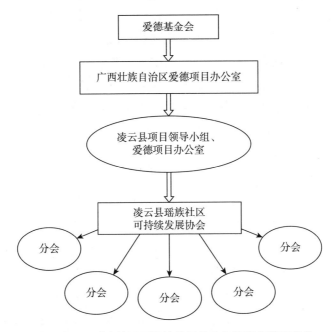

图3　凌云县瑶族社区可持续发展协会初期组织管理结构

权责明确的治理结构保障了协会的顺畅运营。落到乡村社区层面，乡村原有的治理结构与乡土精英为协会的成立，提供了天然的组织基础。凌云县、乡镇的治理结构在前期发挥了项目理念的上传下达、有效推进组织建设和制度建设的作用。协会管理层均是来自各村屯的骨干成员，他们一般在经验和能力上享有公认的个人威望。以他们为代表的社区精英，通过个人威望产生影响力，发挥基于一般信任的协会管理作用。协会的前期运行，正是借力了地方政府的行政资源和社区的精英力量。经济资源、政治资源和乡土精英三方的有机结合，促成了协会前期的快速有效运转。

4. 自上而下的集中决策是保障初创期组织正常运营的制度基础

凌云县瑶族社区可持续发展协会在日常运营中，需要就多种业务活动的开展进行不同层级间的沟通、协调并做出决策，如贷款户的确定、投资经营方向的选择、培训实用技术的选择、利息收入的使用计划等。这一过程不是单向的自上而下的决策与服从，也不是单向的自下而上的决策参与和权力主张，更多的是一种上下之间反复沟通与反馈的信息沟通回路。在协会成立之初，地方政府、爱德、社区群众代表等共同参与，协商确定了"以人为本""可持续性发展"的项目宗旨，确立了"重点面向贫困妇女贷款""建立互助互带、互助互保的联保机制"等项目原则。三方共同协商制定了协会章程、协会管理规范、协会发展的长期规划等。以上诸多方面的决策过程，都兼顾了地方政府、爱德、社区群众代表的三方意愿。但社区群众面对协会这类新生事物，尚不熟悉其成立、运作等各项管理机制。因此，协会在很大程度上依赖爱德项目办的威望来维持运营。此阶段是以自上而下的决策为主。这也是初创期协会的一般特点。

（二）组织是如何实现持续发展的？

1. "发展"的项目理念是组织持续发展壮大的关键动力

凌云县瑶族社区可持续发展协会从成立之初的"小额信贷项目组"到后来的"可持续发展协会"，组织建设和制度建设不断趋于完善。前期"小额信贷项目组"的目标在于"完成项目任务"。项目的组织管理工作由项目办成员兼任，项目的出发点是由"扶贫"理念主导，项目的主要内容为资金帮扶、资金监管和到期追贷。这种组织形式并不利于调动贷款农户的积极性。原因在于，一方面有些贷款户不理解贷款的形式，往往会将其与以往政府扶贫贷款联系起来，认为没有必要归还这笔资金，也不会很好地将贷款资金用到发展生产上去。另一方面，组织的管理架构难以持续发挥作用，因为爱德项目办和乡镇政府工作人员本身已承担大量原单位的工作，还需承担其他扶贫项目的管理工作，无法全心全意地投入小额信贷项目中。

凌云县瑶族社区可持续发展协会的组织形式基于"发展"理念，以"实现社区可持续发展"为组织目标。协会除了有贷款发放、回收等常规业务，还提供技术、信息和项目管理等培训，以提高农民群众特别是妇女同胞的整体素质和自我发展能力。协会管理架构上由群众选举产生，从会长到各村名誉会长等各级管理人员均由村民担任。这些在地人才一般能够安心参与协会的管理运营工作。这种产生协会管理层的方式有利于培养一支训练有素的管理团队，长期持续地投入协会管理甚至是社区管理当中。

2. 自下而上畅通的民主决策是保障组织发展的有利机制

随着组织架构趋于完善，协会所关联的决策主体包括爱德项目办、总会管理层、各分会会长、贷款农户等。鉴于协会支持群众自我管理、自我发展的定位，爱德项目办有意识地加强对协会管理层的锻炼和培养。协会会长、副会长等日益成长为独当一面的协会骨干。管理和决策的权限也从初创期的爱德项目办逐渐转移到协会。因贷款户基数大，各分会会长与农户联系紧密，协会上下层级间沟通的信息链较短，易于信息的传递与反馈，保证了决策的时效性和信息匹配的完整度。例如，协会在多年发展中经历了多次贷款额度的上调，调整资金额度的过程清晰地体现了完整的决策回路。凌云县爱德项目办原副主任在访谈中提到："最初每户贷款的资金是2000元，后来随着行情的发展，2000元资金量太少，做不了什么经营，农户就向各村分会长反映，提出上调贷款额度的想法，即怎么调整，什么时间调整。再由名誉会长把农户诉求提交到总会。总会根据情况在各村走访调查后，召集全体成员大会表决。只要80%的成员没有意见，就可以通过调整方案。"

自下而上畅通的民主决策是保障组织发展的有利机制，既有利于建立协会内部层级间的信任，也有利于初级组织及时有效地决策，从而实现最广泛成员对信息最充分的接收，促进组织对需求快速做出反应，保障组织作用的发挥。同时，自下而上畅通的民主决策也是农民主体地位实现的有效路径，为农民提供了畅通的决策参与通道。这种通道并非是用管理层"自上而下"的主导性代替农民"自下而上"的主体性，而是将二者有机结合，给予农民更多的表达权和决策参与权，充分尊重农民在发展中的自主选择地位。协会让农民参与项目计划、实施、监测、评估等整个运作过程，广泛征求并尊重农民的意见。这种理念和实践保障了农民自主参与社区活动的权利，把农民从置身事外的观望者拉入项目过程之中，使农民成为切实参与的践行者。

3. 社区公共服务的反哺式供给为组织发展培育了最厚实的民意基础

随着协会的发展，小额信贷项目的日常管理有序运转。稳定数量的会员、生产经营的技术保障、贷款户持续的家庭经营等诸多方面，均保障了小额信贷带动经济发展的有效性。协会在实现发展家庭经济的基础上，开始逐渐以提供服务的方式反哺社区。协会的妇女会员逐渐成长为社区精英，并尝试使用贷款的利息收入，组织开展面向社区老人、妇女、儿童的活动和社区服务。

> 四岭屯的妇女主任王梅秀，在弄塘村是一位很有威望的大姐，多年参与爱德项目，通过贷款养猪带领村民致富。四岭屯地处山脚下，村级公路穿村而过，王梅秀注意到老人和孩子在路边闲谈、玩耍不安全，主动向村委申请到一片公共用地，计划建设四岭屯文化活动室和公共休闲场地，并向爱德提出项目计划申请。项目审批后，她又号召全村外出打工的男人回家投工投劳参与活动室建设，并在活动室建成前后对工程内容做了详细的信息公示。活动室后来配备了图书和体育器材，成了村里的网红"打卡"地。每年寒暑假，王梅秀组织村里返乡的大学生志愿参与图书室的管理，为村里的学生辅导功课。

小额信贷项目促进了农民个体和家庭的发展，让农民享有了丰厚的劳动成果。同时，小额信贷项目发展家庭经济、助力女性成长，继而撬动了整个社区的发展，实现了点面结合的融合发展和互促发展。凌云县瑶族社区可持续发展协会正是在经济成果实现之后，开始向社区建设和社区服务延伸。对社区的反哺式回馈是组织发展最厚实的民意基础，这也是乡村振兴内生动力的培育。

（三）爱德组织化平台发挥农民主体作用的意义

从凌云县瑶族社区可持续发展协会的案例中可以看到，以实现"农民核心利益为中心"的"可持续发展"是组织化平台运作小额信贷项目的根本目标。通过组织化平台培育农民发展主体，是实现可持续发展的关键动力。协会既是促进村民实现自我发展和参与社区建设的重要平台，也为促进农民发挥主体性作用提供了动员机制、资源保障和决策通道。

凌云县瑶族社区可持续发展协会是爱德通过组织化方式探索农村贫困治理路径的实践缩影。爱德35年的乡村发展实践以国家扶贫战略、乡村振兴战略和方针政策为指引，坚持"以人为本"的"可持续发展"理念，坚持"农民、政府、专家"三方参与的方法。爱德开拓了广泛的地方合作伙伴网络，采用注入资金、技术、理念等方式致力于乡村振兴事业，实现了从农户到协会再到社区，从人才到产业到组织再到文化，从点到面的融合发展与互促发展。

爱德在乡村振兴实践中具有以下显著特点：善于借助组织化平台培育与激发农民发展的主体作用，擅长运用参与式理念方法有效激励农民参与。在由始至今的乡村发展实践中，爱德坚持对农民发展主体的意识和能力的培养，坚持效益的达成与发展的实现均离不开农民的参与。贯穿其中的组织化发展路径是上述原则得以贯彻的关键保障。

四　对爱德组织化路径探索的反思

（一）组织化路径探索：一种嵌入社区的组织发展

组织是嵌入一定时期内特有的政策环境中的。在宏观层面，任何形式的组织培育与发展都需要与当下国家乡村发展战略和地方各级政府贫困治理的方针政策相契合。政策环境是组织参与乡村振兴实践的指南针。从微观层面来讲，组织嵌入社区当中，组织的有序运转自然离不开社区固有的行政力量和社区精英的参与。一方面，社区固有的行政管理结构为社区组织特别是初创期组织的正常运转提供了及时有效的政治资源。另一方面，乡村精英是社区组织管理层的一般构成部分。乡村的政治精英、经济精英等既是社区组织借力发展的基础，也是社区组织成长与发展的天然土壤。

（二）组织化路径探索：非正式关系网络嵌入的两面性

组织作为一种正式制度形式，是嵌入社区固有的关系网络当中的。组织正式制度的运行脱离不了社区非正式关系网络的影响。非正式关系网络有时充当正式组织运转的润滑剂，有时充当组织的黏合剂。协会作为一种新生的组织形式，具有完整的组织治理结构、运行机制和规范的管理制度。组织常规业务的开展均是以契约为基础进行操作的。正式的契约关系具有清晰的边界，各关系主体具有明确的权责分工。这与农村社区天然的熟人社会、人情关系、乡规民约、风俗习惯等作用机制是完全不同的。非正式关系网络是以信任为基础发挥作用的，与契约式作用机制相比，更具有模糊性和不确定性。正式的组织融入非正式关系网络交织的农村社区中，既要去融入天然的社区环境，借助非正式关系网络促进组织的良性运转；又要看到彼此存在的张力，回避非正式关系网络对组织运作的阻碍因素。非正式关系具有深厚性和脆弱性两方面的特点。所谓深厚性，主要是指良性的关系网络。良性关系网络所呈现的高度信任，大大节约了组织动员的成本消耗。所谓脆弱性，表现为邻里、亲友等亲密关系的易破坏性。即便是血缘基础上的关系纽带，也容易因受到利益等冲击，而出现关系破损或者暂时的甚至长期的断裂。良性关系有多深厚，断裂就有多彻底，势必会对组织动员、组织化发展产生诸多阻碍。

（三）组织化路径探索：组织发展需顺势顺时而为

纵观凌云县瑶族社区可持续发展协会成立、发展的整个历程，尽管在持续十多年的不同阶段，协会在经济发展、社区发展、文化发展等诸多领域都发挥了至关重要的作用，但随着乡村整体经济的发展，国家扶持政策的持续与深入，市场发展对乡村力量强大的向外引力，均对乡村组织化的发展产生了深远的影响。凌云县瑶族社区可持续发展协会的持续发展，也依托于爱德可持续项目的投入。尽管历经多年的发展，协会很好地实现了爱德、政府、社区三个层面的融合以及社区关系和资源的融合，但在未来，尤其是在国家进入新的发展阶段后，协会如何顺势顺时而为，继续保持组织的生命力和韧性，继续在社区发展中发挥作用，有待继续思考与探索。

五 爱德乡村振兴事业的未来期望和定位

2020 年是全面建成小康社会目标实现之年，也是全面打赢脱贫攻坚战的收官之年。中国 14 亿人民即将开启全面建设社会主义现代化国家、实现第二个百年奋斗目标的新征程。对于新征程中的乡村振兴，爱德面对新的时代课题，将以国家乡村振兴战略为引领，准确定位自身参与乡村振兴的公益行动战略，不断探索参与乡村振兴的创新模式。首先，将进一步扎根乡村，支持并培育乡村振兴的内生动力。尊重农民主体地位，深入发掘乡村优势资源，以更多样、更精准的方式激发农民自我发展的内生动力。继续发挥组织化运作的经验优势，充分调动农民发展主体的优势，以点带面、以面促点，大力促进乡村经济发展。其次，在乡村发展领域，将继续促进城市公益圈与特色乡村之间互促发展，从城乡发展理念融合、城乡特色资源融合、城乡发展平台融合、城乡发展人才融合等多个层面构建双向支持网络，整合资源共同推进乡村振兴公益事业发展。再次，将继续以跨界协同为基底，与政府、企业和社会组织合力促进乡村振兴公益事业的发展。借助互联网技术平台的资源渠道优势，加强与政府、企业和社会组织等社会力量的协同合作。发挥枢纽型社会组织的优势，通过项目资源输出、组织发展支持、管理理念提升、人才能力建设等，打开共同参与乡村振兴公益事业的新局面。

3
通过改善项目治理来推动乡村有效治理

杜 玲 韩 伟[*]

　　治理有效是乡村振兴战略的重要内容。习近平总书记在党的十九大报告中提出，"要抓住人民最关心最直接最现实的利益问题"，"一件事情接着一件事情办，一年接着一年干"，"不断促进社会公平正义，形成有效的社会治理、良好的社会秩序，使人民获得感、幸福感、安全感更加充实、更有保障、更可持续"。上述重要的讲话精神，为治理有效指出了实践路径。项目支持是实现乡村振兴最重要和最直接的路径，项目的质量在很大程度上决定了乡村振兴的有效性，因此必须重视项目治理，把项目治理作为治理有效的主战场。首先，项目治理影响巨大。项目治理是政府资源和社会资源到达广大人民群众的主要途径，资源量大，覆盖面广。项目做得好不好涉及人民群众的巨大现实利益和幸福感能否得到增强。其次，项目治理是乡村有效治理的重要推进器。项目治理涵盖乡村治理的多个重要方面，如促进社会公平、践行公开公正服务群众的价值观、增强群众的获得感、形成协商决策和集体行动集体管理的机制、从源头化解社区矛盾、改善干群关系、形成社区可持续发展能力等。项目治理的效果和作用会通过不同途径促进社区改善治理，推动乡村有效治理。最后，改善项目治理能让广大人民群众直接真切地受益。项目治理涉及人民群众重大的利益分享和权利权益，很多时候是影响人民群众获得感和满意度的重要决定性因素。综上所述，改善项目治理是实现乡村有效治理的重要方面，是实施乡村振兴战略"既关系当前，又影响长远的基础性、决定性的工作"。然而，改善项目治理是一个多年来被忽视的工作，是实施乡村振兴战略中亟待补充的一个重要环节。

　　长期以来，成都蜀光社区发展能力建设中心（以下简称"成都蜀光"）以"推动农村社区团结合作、共建共管共享和谐家园"为宗旨，致力于通过

*　杜玲，成都蜀光社区发展能力建设中心主任。韩伟，成都蜀光社区发展能力建设中心副主任。

能力建设和推广参与式方法帮助农村社区实现可持续合作发展。成都蜀光在改善乡村项目治理方面进行了大量的试点探索。成都蜀光在实践中发现，改善项目治理可以产生项目效果好、资金效率高、群众更满意、改善社会风气、促进社区和谐等综合社会效应。在初步梳理农村发展项目治理理念的基础上，结合实际案例重点介绍改善农村发展项目治理的方法和路径，期待更多的人能有所借鉴，在创新的基础上改善项目治理，把有效治理落到实处，为振兴乡村做出贡献。

一　一些项目治理失败的观察

为实现发展项目公共利益的最大化，过去以项目管理部门为主体的项目管理有必要向以受益户为主体的项目治理转化。在这里，项目管理就是管理部门自上而下的项目实施推进过程，而项目治理是指项目目标群体和相关利益方（包括项目管理部门）合作、协商和伙伴式的项目实施推进过程。推进项目治理的目的是确保项目的目标群体更受益、更满意，让发展项目更符合国家核心价值观。为便于理解，先介绍早期扶贫时几个发展项目治理失败的案例。

关于资源分配不公的案例。刚开始扶贫的时候，国家在扶贫方面的投入还很少。有一个县把当年扶贫资金的近三分之一用于修建形象工程，将一个山头修成壮观的大寨田。在有着层层梯田的山对面，贫困户极其缺乏资金用于发展。这种把紧缺资源用于修建形象工程，导致资源分配不公、严重影响扶贫效果的事情是一种治理失败。国家花了钱，工程周边的群众抱怨大，形成"花钱买骂"现象。

关于精英排斥贫困户的案例。一个发展项目结束后进行总结评估，发现全部生产项目如修猪圈、养猪、养鸭、养鱼、种植活动等都没有贫困户和最困难的家庭参加。这些群体没参加的原因是精英们认为"他们笨"。那些参加所有或多数生产项目的家庭，都是经济条件好、脑袋灵活（嘴巴也灵活）的乡村精英。这种在发展项目中放任社区精英、排斥贫困户的现象是治理失败，是发展项目丢失了目标群体。

关于设置门槛排斥贫困户的案例。有的乡村发展项目，为了在资金不变的情况下扩大项目规模和影响，喜欢提出受益户配套资金的要求。一般是，援助资金支持困难家庭多少钱，这个家庭就要拿出同样多的钱来，以表明其是努力争取脱贫的。这样，项目资金规模翻了一番。同样的外部资金做了更多的事情，有了更好的项目效率和政绩形象。有的时候，贫困户拿不出配套资金，只好退出项目。项目的瞄准性出现了问题。在精准扶贫初期，有一个村修建扶贫房需要 14 万元，项目投入无偿资金 7 万元，贫困户配套 7 万元。结果，最困难的贫困户退出。项目结束后可以看到，在新房林立的村庄中有几处醒目的危旧房和茅草房。住在这些破房子中的都是贫困户和困难户。如果不是后来及时纠正，就会成为乡村发展项目治理失败的典型案例。

项目治理失败的例子还有很多，如乡村发展项目排斥边远社区、村内少数群体暗箱操作控制项目、项目资金使用瞄不准目标群体需求、忽视修建工程的后续管理使用等。国家投入大量乡村发展资金，如果由于上述这些问题让政策目标落空，带来较多的群众抱怨，将非常影响政府形象，必须尽量纠正和改善。

二　成都蜀光改善项目治理的主要做法

成都蜀光主要从三个方面改善项目治理。首先，践行参与式理念，坚持以社区为主体来推进项目实施。其次，坚守自己的协助者角色，陪伴社区成长，按照社区可接受的节奏推进。在社区成熟后，逐渐弱化自身角色，顺势退出。最后，坚持社会公平。提倡公开透明和阳光运作，坚持帮助弱势群体，注意受益公平和推动社区和谐互助。坚持发展项目的社会公平性，有助于提高目标群体的满意度。下面，通过五个案例说明如何改善乡村发展项目治理。

案例 1：通过强化目标群体决策权改善项目治理——TK 村的故事

2005 年，XJ 县扶贫办开展试点，让 TK 村目标群体自己安排扶贫资金的使用，以提高扶贫资金的使用效率。XJ 县扶贫办和成都蜀光签署合作扶贫协议，邀请成都蜀光用参与式方法组织实施 TK 村的整村推进项目。成都蜀光采用参与式工作方法，动员目标群体表达自身的需求，自主分配和安排扶贫资金，提高了扶贫项目活动瞄准需求的精准性。

在 TK 村，成都蜀光的主要做法如下。首先，开展社区需求调查评估。由 XJ 县扶贫办、乡工作人员和成都蜀光工作人员共同组成的项目工作小组到 TK 村 5 个村民小组进行入户调查，了解社区基本情况，识别生产生活中的困难，收集农户的项目意愿和开展扶贫活动的建议等。接着，把贫困群体需求融入整村推进扶贫计划。项目工作人员分别在 5 个村民小组召开农户会议，介绍整村推进项目及相关政策，向农户反馈社区需求调查的信息，协助农户对村组集体项目意愿进行优先性排序，逐渐形成可操作的整村推进扶贫计划。在此基础之上，公选成立村项目管理小组。以村民小组为单位，选举实施小组（3 人），负责组织实施本组项目。每个实施小组推选 1 人和全村公选的组长共 6 人组成村项目管理小组。然后，乡政府对村项目管理小组授权。乡政府在村民大会上公开授权村项目管理小组，带领全体村民自主实施整村推进计划。村两委和乡政府的责任是领导、协助和监督村项目管理小组的工作。成都蜀光根据项目需要开展一系列能力建设活动，包括村项目管理小组和村两委的职责划分、村项目管理小组成员应有的行为方式、社区工作方法（沟通交流、冲突管理等）、项目周期和财务公开、项目资金报账程序和要求、硬件工程管理、社区项目管理制度、社区决策程序等。随后，成都蜀光推动村项目管理小组带领村民实施村级扶贫规划。基本顺序是先实施村集体项目（主要是通村路、建村小学和村卫生室），再做村民小组集体项目（通组路和水、电），最后余下来的资金用于实施到户项目。在项目验收和工程后续管理阶段，成都蜀光通过自查、互查和外部检查相结合，做到完成一个项目活动，就验收一个项目活动。全部项目活动结束后，XJ 县扶贫办组织相关部门技术人员和乡政府人员一起总体验收。对通村路，全体村民参与制定了村道后续管理制度，明确硬件工程的管护费按一事一议的方式解决。

　　TK 村的参与式整村推进扶贫项目取得了很好的效果，扶贫成效超出 XJ 县扶贫办的预期。一是保质保量完成了规定的扶贫工程（通村路、建村小学和村卫生室等）。二是和其他村相比较，同样数量的资金开展了更多的扶贫活动。最初，太阳灶并不在扶贫项目计划中。后来，村民在自我管理项目中结余了资金，于是根据群众反馈的建议，增加了太阳灶这个项目。三是村民满意。由群众公议的扶贫资金安排方案照顾了更偏远的村民小组，使他们得到更多投入。全村没有发生排斥困难群众的现象。四是村民自选扶贫活动更能瞄准自己的需求。村民选择的项目活动都是自己喜欢的，因此会投入更大的热情去实施。五是村项目管理小组自律、奉献、公开透明的工作作风促进了全村风气的明显改变，也使社区关系和干群关系得到改善。后来，村项目管理小组组长在项目结束后出任了村党支部书记。

总结 TK 村的案例，可以发现，当目标群体有了决策权，一些外部主导、自上而下项目的弊端就会悄悄化解。目标群体掌握资源的控制权，更能瞄准需求，参与更积极，项目效果更好，群众更满意。一句话，让目标群体掌握和控制乡村发展项目的资源，有利于更好地提升目标群体的能力和满意度，也更能有效实现乡村发展的政策目标。

案例 2：通过确保受益群众的主体地位改善项目治理——DZZ 村的故事

2008 年汶川大地震时，DZZ 村 90% 以上的农户房屋受到不同程度的损害，房屋部分倒塌、墙面裂度较大等情况较为普遍。受地震影响，DZZ 村饮用水蓄水池和管道不同程度受损，加大了农户生活饮用水困难。长期贫困叠加地震损失，使 DZZ 村陷入深度困境。2009 年，M 县扶贫办在 DZZ 村投入国家灾后重建资金 54 万元，授权成都蜀光负责规划实施 DZZ 村的参与式灾后重建试点项目。

在 DZZ 村，成都蜀光的做法是：与乡政府一起召开村民公选大会，选出灾后重建村管理小组。乡政府、村两委通过授权协议委托村管理小组负责灾后重建的规划与实施。成都蜀光推动村管理小组带领全村受灾群众自主制订和决策项目计划与资金计划，确定村民需求的优先性和灾后重建资金安排使用的原则。村管理小组带领受灾群众实施完成各项灾后重建工程。在项目实施过程中，成都蜀光和 M 县扶贫办坚持受灾群众是项目主体的原则，推动各实施小组制定工程项目的详细预算，按照公开透明和公平合理的原则扎实推进项目，取得了很好的效果。项目进展和成效受到 M 县扶贫办和县级验收小组的好评。

在 DZZ 村，落实主体地位的受灾群众参与性明显增强，主要体现在以下几个方面。一是受灾群众在初期外部协调和培训支持下，逐步有能力设计详细的资金预算和行动计划。二是受灾群众能够公正公平地安排项目活动。如在人畜饮水工程管道深埋挖沟时，一方面提前划分地段和编号，抓阄确定谁家挖哪一段，以求公平；另一方面减免缺劳动力家庭的投工量。三是受灾群众更积极参与和负责。在项目实施过程中，物资管理小组以自己采购为主，往往是货比三家，争取优质优价的平衡。即便是按规定只能由县级业务部门采购的物资，村管理小组也要派出群众代表参与采购。对此，M县扶贫办给予充分的支持，规定没有受灾群众代表签字的采购发票一律不予报销。四是受益群体的主体地位激发了村民发挥自己的聪明才智。受益群体最了解当地情况和自己的需求。在DZZ村，受灾群众根据当地条件和自身需求，提出把家庭污水处理和灌溉水渠有机结合的方案。这既解决了家庭污水乱流乱淌冲蚀道路的问题，又能够增加灌溉用水保障作物生长，还节省了工程成本。基于此，我们认为，只要落实目标群体的主体地位，就可能把过去"要我干"变成"我要干"，把为外人做事变成为自己做事。在这样的状态下，实施乡村发展项目效果更好，更利于目标群体能力成长和社区可持续发展。

案例3：通过坚持公开透明改善项目治理——MPS村聚居小区的故事

在推进城乡一体化、推动农民向城镇和新型社区集中的过程中，MPS村一些村民从原来散居的自然村搬迁进入政府新修的聚居小区。最初，搬上公寓楼的村民觉得很新鲜。然而，随着入住时间的延长，从"散居"到"聚居"的村民开始遇到种种问题，担心的事情越来越多。村两委对聚居小区的管理现状也逐渐不满意。

MPS村聚居小区的管理主要面临以下几个问题。一是公共设施管护权责不明。受限于地处农村、小区规模小、管理成本高、农民没有缴纳物业费的习惯等因素，MPS村聚居小区公共设施无人管、无钱管，小区居民遇到大事小事都要去找村两委或镇政府解决。村两委担心：目前小区的基础设施仍在保修期内，村两委还可以找开发商来解决，但保修期后出现维修问题该如何处理？找谁解决？维护的钱又从哪里来？一些居民认为当初搬进聚居小区是政府动员的，就应该由政府"承包"到底。村两委认为住户的"等靠要"思想严重，把所有的管护责任都推给了政府和村两委，却不愿承担住户应有的责任。二是公共事务缺乏管理主体。聚居小区最让村两委头痛的是清洁卫生没人管，公共用地被居民乱占乱用、乱搭乱建，居民圈占公共绿地种蔬菜、养鸡鸭等。因小区的晒坝用地严重不足，还发生过抢占晒坝引发的打架斗殴事件。村干部屡次制止也无济于事。村两委和住户虽然都在抱怨聚居小区公共事务管理的种种问题，却都不知该谁出面管，该从何入手改善。三是管理机制没有真正建立。村两委认为聚居管理规定虽早就有了，却形同虚设，无法落实。很多住户自己不遵守却希望通过别人的遵守来"获利"，"搭便车"心态严重，结果是一些违规行为得不到纠正，渐渐地就"习惯成自然"了。此外，如何让管理制度得到住户的认可和执行，也是聚居小区管理面临的一个问题。

为建立 MPS 村聚居小区的可持续管理机制，成都蜀光协助村两委和小区住户开展了以下活动。第一，建立一个聚居小区居民认可的管理小组。这个公开选举产生的管理小组，将代表全体住户管理整个小区的公共事务。第二，提升管理小组的工作能力。成都蜀光根据管理小组面临的困难和问题，有针对性地设计和开展了一系列培训。主要的培训内容包括：如何制定聚居小区可持续管理小组的内部管理制度，如何制定聚居小区管理制度（聚居小区管理公约），如何制定小区可持续维修基金的管理制度，如何规范小组成员的行为，如何与村两委和住户沟通，如何调解社区矛盾，等等。

在此基础之上，管理小组带领小区居民开展小区管理活动。开展的活动主要包括以下几个方面。第一，识别小区问题和住户需求。由管理小组带领全体住户调查小区存在的问题，并和住户一起商量解决办法。按照项目资金使用原则，由管理小组带领住户共同规划设计项目活动和预算，并制定详细实施方案。第二，集体制定聚居小区管理制度。在成都蜀光的协助下，管理小组和住户共同讨论制定并通过了聚居小区管理公约、MPS 村聚居小区维修基金管理制度、聚居小区维修基金管理小组内部管理制度、聚居小区维修资金使用管理制度等一整套公约和制度。在建立公约和制度的过程中，推动小区住户对管理制度达成共识，并在住户签字确认后进行公示。第三，推动住户合作自主实施小区改善活动。改善活动从小区住户需求意愿最强烈的事情入手，先易后难，充分调动住户的积极性。经过住户大会一致同意，先实施小区绿化、院坝硬化工程。管理小组和住户共同制定了这项工程的方案，列出详细的技术标准和要求，以及细致的资金预算和招标方案，鼓励懂技术的村民参加投标。在村两委的组织和监督下，最终选择了符合条件、有一定技术能力的人来承担小区绿化和院坝硬化的建设项目。在管理小组的带领下，全体住户对自己的小区做了一次"大扫除"，在规定的期限内自觉拆除了乱搭乱建的各种圈舍，清理了随处堆放的杂物，并恢复了绿化带。第四，讨论确定清洁费收取标准和公开招聘清洁工。通过小区绿化和院坝硬化工程的实施，小区住户建立了对管理小组的信任。当管理小组把收取清洁费的议题在住户大会上提出后，获得了住户的普遍支持。小区住户讨论通过按照100元/（户·年）的标准缴纳清洁费，用于聘请小区清洁人员和购买必要的清洁用具。清洁工的招聘由全体住户一起讨论决定，最终大家选择了小区内2户虽家庭比较困难但做事踏实的人为大家服务。第五，建立聚居小区可持续维修基金。试点项目为聚居小区投入9万元，由管理小组按照"有借有还、有偿使用、周转循环"的原则，初步建立起聚居小区可持续维修基金。住户按照可持续维修基金管理制度的要求进行管理。住户可以从维修基金借钱发展生产，其支付的资金占用费（利息）是基金的收益。基金收益部分既可以支付基金的管理运作成本，也可以用于未来聚居小区维修维护的必要开支。第六，建立并运作集体"小企业"，增加集体资产。管理小组认为，仅依靠聚居小区维修基金运转产生的收益，难以支撑小区日常的维修维护活动开支。经与成都蜀光多次协商，管理小组得到成都蜀光的支持——借款3万元用于购买水稻收割机，运作一个自己的小企业，用小企业的收益增加对小区维修维护的投入。管理小组带领全体住户一起确定了收割机管理制度，为当地村民提供收割水稻的收费服务，将盈利用于小区的长期维修维护。2015年，收割机服务实现纯收入6000多元，全部注入聚居小区的维修资金。这增加了可利用资金，强化了聚居小区的可持续维修维护管理。

MPS村聚居小区已经成为一个可持续维修管理的和谐小区，住户心态逐渐从"搭便车"转变为"自己的事自己管"，小区的风气发生了很大的变化。村书记认为这得益于管理小组进行了有效的工作。管理小组逐渐在项目实施过程中提高了管理能力，得到小区住户的信赖和支持。其中的一个重要原因是坚持阳光操作，坚持公开公正面对和处理小区问题。这也是成都蜀光的观点，坚持公开透明是改善项目治理的有效途径。

案例4：通过促进社区合作行动改善项目治理——XJ社区发展基金的故事

2009年，XJ县邀请成都蜀光提供技术支持，帮助建立27个贫困村的社区发展基金。XJ县希望通过社区自主管理运作社区发展基金，激发社区内生动力并形成合作行动能力，促进扶贫的可持续。截至2020年底，27个贫困村社区发展基金已经持续有效运作10年以上，基金本金从764万元增加到971万元，贫困村农户累计借款达到5110万元左右，共有5796多户利用社区发展基金发展了生产，改善了生计，为XJ县完成精准扶贫任务做出重要贡献。同时，长期的村民合作管理社区发展基金行动，改善了群众关系和干群关系，促使公正讲道理和诚信合作的社区风气逐渐形成。

XJ县社区发展基金项目具有较显著的政府项目特征。一是全部本金来自国家财政扶贫资金。二是得到县级各个部门的支持。县政府召开了多次部门协调培训会，制定了项目实施细则以协调各部门的工作，散发了宣传折页以帮助群众了解自己的权益。三是各村的村互助协会（负责管理运行社区发展基金）是县级工作组（业务局工作人员和村镇干部）主持建立的，成都蜀光只负责培训和指导。各村的村互助协会是县民政局登记注册的法人社会组织，县扶贫办是各村的村互助协会的主管部门。四是坚持社区发展基金的集体资产性质。由政府财政账户将本金直接划拨到社区发展基金独立账户。农户签字得到资金，同意把得到的资金拿出来共同成立社区发展基金。资金是大家的，大家就必然参与管理。这为贯彻社区共同拥有、共同使用、共同受益、共同管理原则奠定了坚实基础。五是持续进行政府管理。县审计局定期安排审计，县扶贫办定期召开总结表彰会，县民政局每年对村互助协会进行年检。六是长期坚持政府与社会组织合作扶贫的原则，形成了政府领导和提供资金、社会组织提供服务、社区主导实施项目的扶贫模式。

在推动各村建立和持续运作社区发展基金过程中，成都蜀光坚持在以下几个方面推动社区合作行动改善项目治理：重大事项要公示，重大决策由群众大会决定；财务透明，账务定期公开，定期审计；村民互助，最困难的群众优先借款；集体协商，有事情大家一起讨论决定；有矛盾按社区协商、村委调解、乡镇法律裁决的顺序和方式来解决。

从推动 XJ 县社区发展基金项目的实践来看，乡村发展项目一定要推动社区采取合作的集体行动。通过合作的集体行动，连接社区群众，凝聚社区群众，改善社区行为方式和风气，推动社区在共建、共管、共治和共享的过程中逐步发展。公正做事，合作做事，集体决策，集体行动，是凝聚社区和改善社区治理的内核，是激发社区内生动力的金钥匙，也是 XJ 县社区发展基金成规模有效运作 10 年以上的主要原因。

案例 5：通过促进社区可持续管理来改善项目治理——HLG 村的故事

随着人口增加，HLG 村牦牛饲养数量逐渐增加，草原压力加大，草场开始退化。HLG 村的牧民发现，草场上的杂草和灌木越来越多，从陡坡上掉下来摔死或者冬季饿死的牦牛不断增加。不仅草场沙化越来越严重，一些地方还出现了滑坡。尽管如此，各家各户还是不愿意减少自家的牦牛饲养数量，陷入公地悲剧中。

2007 年，成都蜀光开始协助 HLG 村牧民开展一系列改善草场管理的集体行动，建立起基于社区的草场可持续利用的管理机制。首先，村民需要重新共同认识自己的草场。在 HLG 村两委的主持下，全村牧民公选出一个由 7 名牧民组成的草场管理小组。牧民在草场管理小组的带领下，分析草场退化的原因，讨论"好"草场的标准以及实现"好"草场管理的办法。牧民达成的基本共识是：要想制止草场退化，必须恢复和重建草场，而恢复和重建草场需要大家的共同行动，一起解决草场退化问题。其次，社区讨论如何集体行动，开展可持续草场管理。在达成合作共识的基础上，社区制定了新的草场轮牧村规民约，由社区大会表决通过，经乡政府盖章后开始执行。再次，社区共同行动，开展草场恢复重建活动。草场恢复重建活动包括：在村的边界补充修建石围栏，清楚划分村与村的边界，减少边界纠纷；补充修建各村民小组的石围栏，清楚划分冬春秋草场，为实行轮牧制度打基础；每户新建两亩围栏割草基地，人工种草，缓解冬季饲草不足的矛盾；建立种草兴趣小组，开展种草选择试验，筛选适应不同地形的好草种，指导今后野外草籽撒播；坚持对草场的可持续监测管理，每年用土办法监测评价草场，根据草场质量和发展情况调整草场管理措施，实行"草多多养、草少少养"的社区草畜平衡。最后，为社区草场可持续管理提供可持续的财务支持。由于年年都要开展草场管理活动，社区需要确立能够支付可持续草场管理成本的财务来源。为此，成都蜀光利用外部项目资金，协助 HLG 村建立起可持续财务支撑的社区发展基金，用基金利息收入支持每年的草场管理活动。

迄今，HLG 村的可持续草场管理已经持续 14 年，不仅保护了草原，增加了牧民的生计来源，而且改善了社区人际关系，形成了社区对自然资源的和谐管理。HLG 村的案例展示了通过改善社区可持续管理来改善项目治理的做法。HLG 村通过推动社区建立持续和谐管理机制，避免了公地悲剧，是践行乡村振兴战略的新途径。

三 讨论与思考：如何改善项目治理

迄今为止，成都蜀光在改善乡村发展项目治理方面进行了一些试点探索：通过强化目标群体决策权来改善项目治理，通过确保受益群众的主体地位来改善项目治理，通过坚持公开透明来改善项目治理，通过促进社区合作行动来改善项目治理，通过促进社区可持续管理来改善项目治理，等等。

在改善项目治理的实践活动中，成都蜀光认为只有坚持如下项目实施原则，才会在很大程度上改善项目治理，为乡村振兴中的有效治理做出应有贡献。第一，双瞄准的原则。双瞄准指瞄准帮扶对象，瞄准帮扶对象的需求。国家资金限定了帮扶对象，社会捐赠资源也有具体帮助指向。发展项目必须首先找到国家政策和社会爱心的帮扶对象，否则就是欺骗或失误。找到正确的帮扶对象，还要做真正满足帮扶对象需要和帮扶对象想做的事。第二，受益者主导的原则。帮扶对象能更多地主导和实施发展项目，能更好地瞄准和实现他们的具体需求。而最重要的是，最好的帮助方法是推动受助者自助。发展项目不应仅满足于使目标群体简单受益。通过合适的授权，目标群体能够自主地开展自助行动，从而更能瞄准自己的需求，更节约资金成本，也能够更主动地抵制挪用资金和寻租现象。在这个过程中，目标群体能够提高能力，主导未来社区内部的各种公共活动。在实践中，受益者主导发展项目的效果常常出乎意料。因为更多的社区智慧在项目实施管理过程中得到应用，更多的当地文化传统知识在社区管理中发挥作用，项目效益明显增加。第三，推动集体合作与行动的原则。除了极少数发放资金物资到人到户的项目，绝大多数发展项目应该追求团结合作与集体行动以促进共同发展，不合作就不能暴露和纠正只顾自己和"搭便车"的普遍个人行为方式。不集体行动就没有机会磨合形成合作发展建设和谐乡村的长期机制。协商、达成共识、采取集体合作行动践行可持续发展模式，是发展项目的基本过程，也是其追求之一。应在集体合作与行动中逐渐实现村庄发展。第四，基于核心价值观的讲道理原则。世事纷纭，道理众多，长期边缘化的弱势群体很少有说话的机会和讲道理的机会，结果社区戾气越来越重。消除戾气的一个重要办法就是讲道理。对很多人而言，不讲道理就是没有理，强压让人口服而不能心服，心不服就戾气越来越重。和谐社区不仅是干出来的，也是讲道理讲出来的。因此我们认为在实施发展项目时，应该把社会公平作为有效治理的重要评价指标。第五，协商共识集体决策的原则。发展项目应该养成"大家的事情大家管"的习惯。因为大家对自己参与决策的事情更关心，投入更认真，更能把事情当成自己的事情来做。社区行动集体决策是一个容易停留在口头上的事情。如果缺乏具体落实措施，很容易变成少数人说了算。社区行动集体决策要坚持有一个参与、说服、讲理和达成共识的过程。有了这个过程，即使没有达成共识，也能在最大程度上消除抵触心态，把有效治理建立在坚实的社区基础之上。第六，更多从目标群体角度来评价项目效果的原则。乡村发展项目好不好，应由目标群体来评价。目标群体满意的项目，才是符合政策和资源援助原则的项目。其实，只要坚持这一条，政策和公益资源就不会被任意侵占和胡乱安排，也就不会出现群众不满意的情况。

四 改善项目治理对乡村工作实践者提出更高的要求

改善项目治理实际上是改变项目做法。过去自上而下领导式、指挥式的项目推进方式变成陪同社区一起做项目。过去只管完成项目工程活动的过程，变成陪伴社区一起成长的过程。这样能够提高投入资源的效率和在社区深化有效治理。然而，对乡村工作实践者而言，项目推动方式发生的改变带来工作理念和方法上的巨大挑战。一是转变角色。过去是领导、专家和高高在上的指挥者，以后是协助者，有时要帮助外部协调，有时要担任培训者和指导者，更多时候是安静的陪伴者。习惯于传统工作方式的人要转变成一个合格的协助者必然面临很大的挑战。二是充分信任目标群体。实施项目的过程就是社区群众成长的过程。因此，在项目初期，社区群体往往还没有自主管理和实施项目的意识和能力，很多乡村工作实践者容易在初期对目标群体不信任。实际上，充分授权后，设计、实施和管理发展项目的事情，就变成社区群众自己的事情，涉及他们自己的切身利益。他们没有不积极进取和推进项目成功的理由。三是掌握项目节奏。既然是陪伴社区成长，就有一个成长节奏问题。这个节奏难以提前规定，不同的社区节奏不同。关键是要敏感地了解社区的节奏，根据社区节奏快慢提供不同的协助支持。如果社区觉醒得快，就不能拖拖拉拉，冷了社区的热情，耽误发展项目的进程。四是学习掌握协助技能。好的协助者要有敏感性，掌握基本的协助技能和方法，才能有效地做好陪伴社区成长的工作。五是社会组织和社区组织要充分发挥作用。其实，乡村工作实践者要把目标群体动员起来，把社会力量动员起来。乡村工作实践者只提供最初的推动力和适当的协调指导，并在过程中及时提供有效的支持服务。目标群体作为主要力量实施和推进项目，贯彻公开公平的原则，形成讲道理和互相帮助的风气习惯，从而在完成项目硬件建设任务的基础上产生改善治理和促进社区和谐发展的效果。

乡村工作实践者必须看到，项目支持是实施国家乡村振兴战略的主要手段和途径，好的项目治理能提高乡村振兴的速度，改善乡村振兴质量，强化乡村振兴持续性。因此通过改善项目治理，实现乡村振兴的有效治理，是一个值得乡村工作实践者努力的方向，也是公益力量为乡村振兴做贡献的最重要、最现实和最直接的着力点。

4

组织起来：走向以村民为主体的乡村振兴

廖凤连　黄亚军[*]

党的十九大做出实施乡村振兴战略的重大部署，中共中央、国务院发布《关于实施乡村振兴战略的意见》《国家乡村振兴战略规划（2018—2022年）》。为落实乡村振兴战略，广东省委、省政府印发了《广东省实施乡村振兴战略规划（2018—2022年）》。《中共广州市委、广州市人民政府关于推进乡村振兴战略的实施意见》则提出，到 2022 年，从化区基本建成全省乃至全国乡村振兴示范区，对从化区提出高标准、高要求。从化区在广州乃至广东乡村振兴中的突出位置，不仅仅缘于其独特的区位优势，也与其多年来在乡村工作中的持续投入和成就有关。事实上，自 2010 年开始，广州市民政局与从化区民政局就推出农村社会工作专项服务项目，探索社会组织介入农村发展与乡村振兴的路径和模式。广东绿耕社会工作发展中心（以下简称"绿耕"）承接了该项目，在广州市从化区北部山区的仙娘溪村和乐明村开展农村社区发展工作，为社会组织参与乡村振兴探索路径。

《国家乡村振兴战略规划（2018—2022年）》将乡村分为四类，并强调"不搞一刀切"。其中，对"集聚提升类"村庄的意见是："现有规模较大的中心村和其他仍将存续的一般村庄，占乡村类型的大多数，是乡村振兴的重点。科学确定村庄发展方向，在原有规模基础上有序推进改造提升，激活产业、优化环境、提振人气、增添活力，保护保留乡村风貌，建设宜居宜业的美丽村庄。"仙娘溪村和乐明村是典型的"集聚提升类"村庄。其实，集聚提升类村庄也是乡村振兴的难点所在。与其他类型的村庄相比，集聚提升类村庄显然无法依靠有针对性的政策和短期投入而有较大改善，因此乡村振兴推动下的外部介入必然是长期的。但是，如何在长期的外部介入中重建村民

---

[*]　廖凤连，广东绿耕社会工作发展中心培训研究部负责人。黄亚军，广东绿耕社会工作发展中心总干事。

的主体性？如何让这些村庄更好地对接外部资源并培育村庄的内生力量？这是集聚提升类村庄（也是中国绝大部分普通乡村）走向乡村振兴必须回答的问题。

一 主体缺失：理解乡村发展困境的一个视角

村民是村庄发展的主体。这是农村发展领域的基本共识之一，也是绿耕在进入乡村时持守的理念之一。然而，乡村自改革开放以来呈现了相悖的现象：人口外流、产业衰败、价值贬抑、村治失序……如果说人口外流导致了乡村的空心化，也导致村庄发展主体在客观上的缺位，那么将乡村贬抑为"落后""贫穷"的价值判断则进一步弱化了村民对乡村的认同感，使村民从身份认同上沦为村庄发展的客体。即便在政策引导下，大量资源进入乡村，乡村和村民依然是被发展、被现代化的客体。这样的逻辑落在了每一个村庄。以绿耕在广州从化的项目村（仙娘溪村、乐明村）为例，我们更能够看到这一逻辑所呈现的现实和历史的肌理。

仙娘溪村和乐明村均属于广州市从化区良口镇，其中仙娘溪村是长流村下辖的自然村，乐明村则是一个行政村。两个村情况类似：地理位置偏僻，人均耕地面积约 0.8 亩，常住人口少，青壮年基本都外出务工。两个村庄和中国其他地方的乡村一样，面临着空心化的挑战。从 20 世纪 80 年代开始，仙娘溪村和乐明村的村民陆续去珠三角地区打工赚钱，留在村里的村民则不断尝试种植经济作物来增加收入。20 世纪 90 年代前后，各村推广"一村一品"。仙娘溪村和乐明村的村民先后种植了大量的青梅、肉桂树、砂糖橘、三华李、鹰嘴桃等经济作物。然而，30 年过去，在当地曾经辉煌过、为村民带来较大收入增长的经济作物只有砂糖橘。2005 年至 2015 年间，砂糖橘成为村中重要的收入来源。村民不仅上山开荒，也将水田种上砂糖橘。单一品种大面积种植，加上化肥、农药过度使用，加速了砂糖橘产业的衰落。2015年前后，当地的砂糖橘开始感染黄龙病，并于 2017 年全面传染，导致果树大面积病死、砂糖橘产业完全破产。在这样的情况下，村民越来越无法依靠劳动和农业来维持生活。因此，大家对农耕文化的认同越来越淡薄。一方面，村民对农业的认同感在减弱，觉得从事农业很没面子、做农民身份很低；另一方面，大家慢慢地对农村也没有太多的认同感。有时候我们在聊天时让大家说说对村子的看法，回应的内容基本上都是消极的："农村穷，待在农村没用，会被人看不起的。"此外，受市场经济、个人主义等的影响，在整个村庄层面，传统的互助意识逐渐没落，人们觉得合作很难且很麻烦。

乡村振兴战略希望实现农村和农业的现代化，建立城乡融合发展的新格局。村民丧失发展主体地位，而后又自我认同为发展客体的现实惯性形成了几十年，难以在朝夕之间扭转过来。如何实现以村民为主体的乡村振兴、如何在大量资源持续进入乡村的时候培育村民的主体地位和村庄内生力量，依然是目前面临的挑战。接下来，以绿耕在广州从化的 10 年实践为例，尝试为回应这样的挑战提供一些思路。

二　组织起来——乡村发展中的主体重建

绿耕相信，处于社会结构中弱势位置的农民只有组织起来才能改善自己和村庄的境况，并走向乡村整体境况的改善和乡村振兴。而农民最终要成为村庄的主体，必须在组织起来的过程中不断转化意识并提升能力。

从 2010 年开始驻村，到 2019 年底结束驻村，绿耕在仙娘溪村和乐明村持续深耕 10 年。这 10 年可以分为三个阶段，每个阶段的工作重点有所不同，但始终贯穿以组织工作激发和重建村民主体性的主线。项目的第一阶段是 2010—2012 年。根据前期大半年的社区调研、建立关系，借鉴以往在云南和四川的农村项目经验，绿耕确定从生计和文化这两方面切入，扎根在仙娘溪村和乐明村这两个偏远的传统农村中开展工作。通过乡村旅社和城乡互动活动，绿耕聚集了一群农村妇女着手组织培育，动员村民修缮宗祠和风水池进行传统文化保护。项目的第二阶段是 2013—2016 年。此阶段是对第一阶段的深化和优化。绿耕正式提出并实践"生计可持续—文化保育—环境保护—社区互助—公共参与"的"五位一体"工作框架。"五位一体"框架的推行主要依托生态种植小组、青梅合作社、返乡青年导赏小组、广场舞队等村民自组织。这些村民自组织的产生，让项目工作的面向更加丰富，工作实施范围不断扩大，村民对村庄发展也有更加具体的想象。项目的第三阶段是 2017—2019 年，主要推动不同业务范围的村民自组织走向联合，带动村民广泛参与，实现村庄整体发展。绿耕逐渐转变驻村模式，不再直接介入村庄和村民自组织的内部事务。村民骨干开始向在地社区工作者转变并承接绿耕过往扮演的很多角色。绿耕与两个村庄成为紧密而持续的合作伙伴，共同带动周边更多村庄。

（一）组织起来：一群阿姨做了旅社的老板

既然坚持村民是村庄的主体，那么，激发村民自信心和参与意识的最好的方式，就是从村民和村庄自身的资产出发，推动村庄发展。绿耕设想找到一些落地的项目，既回应村民在生计方面的需求，也指向传承村庄传统文化与保护村庄生态环境。借鉴在其他村庄的尝试，绿耕选择从发展乡村旅社和生态农业开始。

2009 年底，绿耕社工进村后，除了走村串户、了解村庄、建立关系，最重要的就是发掘仙娘溪村的资产。社工发现，村里有一处废弃的具有客家文化特色的土砖房，有可能打造为具有浓郁乡村风格的旅社。于是社工找到一群留守在家的妇女，一起讨论发展乡村旅社的可能性。很显然，妇女们是带着不同的心态参与进来的。大部分妇女在家没有什么生计来源，因此，对赚钱的想象和担心成为其中的关键点。

有阿姨说："因为自己手不太方便，没办法像其他人一样上山砍木头赚钱，也没法种植大量的砂糖橘，所以收入总是很少。想着既然有这么一个经营旅社的机会，那就试试看，就算刚开始没钱也行。"但也有阿姨对这事很担心："我们都不太相信有人来仙娘溪玩，还愿意住在老房子里。所以最开始绿耕社工组织我们开会的时候，我们都担心被骗，会叫老公一起过来旁听，来帮忙给点建议。"也有人以为社工要办旅社，可以过来打工赚钱。总之，社工聚起了一帮妇女。

妇女们逐渐参与进来后，才发现并不是那么简单。社工不断与大家讨论各种细节，比如可不可以用老物件来装饰旅社，也发动她们了解村中的老物件和老家具，发现传统的智慧。同时，社工动员她们义务参与老物件收集；组织她们打扫、清理老围屋，修缮其成为乡村旅社。虽然不免要给很多建议，但社工依然坚持乡村旅社是妇女自己的事业。所以，整个前期的筹备都是妇女们的义务劳动。最后，7 个坚持到底的妇女组成了旅社互助小组，成为乡村旅社的老板。那些希望赚快钱但不愿意参与投入的妇女则只能先行退出。如今看来，这些妇女带着试试的心态加入旅社互助小组，试着试着就走了 10 年。

如果要问她们，做乡村旅社最大的收获是什么？她们经常讲到刚开始经营旅社的时候，什么都要学习，大家都在合作经营旅社的过程中获得了成长。大家学会了分工合作，学会了算账核算成本；开始在更多人面前亮相，表达自己的想法和意见；开始贡献自己的收入，通过主动服务村中老人和儿童回馈社区。当然，最基本的改变是：因为在村里能有一定收入，她们不用外出打工，可以在家中照顾自己的小孩和老人。

（二）意识与行为转变：从健康出发的生态农业

在旅社小组逐渐发展的时候，绿耕的工作发展到隔壁的乐明村。2011年，在旅社小组的介绍下，绿耕社工了解到乐明村有村民专门种植蔬菜。社工一边详细了解乐明村村民的蔬菜种植情况，一边寻找愿意尝试生态种植的村民。在家访中，社工了解到，村民从来不吃自己种的售卖蔬菜——因为前一天傍晚喷药，第二天就摘下来运出去卖——他们都会另外开一块地专门种菜自家吃。村民也很少吃当地大量种植的砂糖橘，因为种植过程中他们都会喷药十多次。原来村民也意识到农药的危害。经过几次家访和动员，一些妇女愿意尝试生态种植。她们在家带小孩，希望社工协助对接销售渠道，通过生态种植获得额外的收入来贴补家用。在绿耕的协助下，妇女组成了生态种植小组，有人负责记录不同菜品和数量，有人负责记账和结算。小组经常向村内有丰富种植经验的老年人学习传统生态种植技术，也会外出学习生物农药制作、间种和堆肥技术等，不断提升种植水平和能力。

除了生态种植，小组也尝试研发加工品，比如洛神花和青梅产品。在生产上，她们聚在一起种植和加工；在销售上，她们定期一起去广州市区摆卖农产品。在这个过程中，大家不仅掌握了更多生态种植技术，也学会了与消费者沟通交流、推销农产品。2013年起，绿耕以仙娘溪、乐明两村的生态资产为基础，协助村民发展出更加丰富的生计方式，也培育了更多样的自组织，包括以青梅加工为主业的"原乡梅好"蔬果专业合作社、以返乡青年为主体的导赏小组以及村民自发成立的腐竹加工小组、菜干加工小组等。两村村民更通过共同组建田间学校的方式，一起学习生态农业技术。在项目实施过程中，村民共同建设公共空间、开展社区服务，为培育不同的村民自组织提供了适宜的土壤。

（三）自组织孵化中的村民主体性培育

绿耕在仙娘溪村和乐明村近 10 年的驻村工作，孵化了多个村民自组织。绿耕认为自组织既是个体通向社区乃至社会等公共层面的桥梁，也是村民自我训练、自我服务、自我教育和共同成长的实验场域。因此，绿耕选择以组织工作来重建村民的主体性。绿耕在村庄的组织工作不仅涉及自组织业务层面的发展（比如产销等），更核心的是涉及人的意识提升——这方面的工作即指向村民的主体性重建。绿耕希望在不同项目落地的过程中，通过组织发展带动村民逐渐恢复对村庄生产生活的信心，对农民身份和乡村文化的自信，对村庄发展的责任感。表面看来，绿耕协助村民发起了不同的组织，做了不同的事情。在这些事和任务的背后，则是人的培养和意识转换的工作。

为此，绿耕投入大量精力增强村民主体意识。一方面，绿耕根据村民自组织发展的现实需求开展业务培训，并在业务培训中讨论乡村和农业的价值、激发村民描绘自己期待的生活并共同制定可能开展的行动等；另一方面，绿耕通过频繁的会议推动村民学习、习惯和实践合作议事和共同决策，引导村民关注整个村庄的发展以及村庄的文化、环境等方面的议题。与此同时，绿耕协助村民自组织设定一些规则和机制来推动村民参与村庄公共事务。比如在每个有生计功能的自组织中设定社区公益金，由自组织自主提取、自我管理和使用，服务于村庄公共事务。

村民在做事的过程中得到成长，普通的村民逐渐成为自组织和村庄的主体。依托村民自组织来推行村中的生计发展、邻里互助、文化传承、环境保护、公共参与等工作，可以使社区可持续发展的面向更加具体而实在。在这个过程中，村民开始主导自身的生活，也开始主导组织的发展、主导村庄的未来。对村民进行能力建设意味着对人及其组织的长期投入。绿耕与仙娘溪村、乐明村的互动已经持续 10 年，即使从 2020 年开始不再驻村，绿耕依然通过各种方式支持村庄骨干和自组织的发展。

三 以村民为主体的乡村可持续发展

在项目前期，绿耕工作团队寻找并召集对某个议题感兴趣的村民，通过一系列集体行动培育自组织带头人并进行组织分工。绿耕大部分的工作是围绕自组织及其成员的发展而开展的，同时引导这些自组织及其成员关注村庄不同人群和村庄公共事务。随着工作的深入，村民自组织越来越多，村庄需要有一个将村民自组织进行整合的村级平台，并形成和实践村庄整体发展的思路。绿耕期待依托这个平台，村民自组织能够不断自我发展，继续完善独立运作且关注村庄公共事务的机制，凝聚村内外的各方力量发展村庄。因此，从2016年开始，绿耕将工作重点逐渐转移到培育村级的综合性组织并继续培养村庄骨干成为在地工作人员，通过实现机制与人的可持续，走出一条村庄自身可持续发展的道路。

（一）从村庄的公共空间里"长出"的综合农民协会

2015年，绿耕承接了广东省妇联的妇女之家示范点建设项目。项目在乐明村全面铺开。在前期培育的妇女生态种植小组的影响和支持下，绿耕社工动员了一些妇女参与打扫和装饰，将旧村委打造成乐明妇女之家。社工认为，妇女之家应该是一个属于全村村民的空间。因此，让村民成为妇女之家这一公共空间的主人成为项目的核心任务。

绿耕社工通过家访了解村民的日常生活，从中寻找村民的需求。村里的妇女说："我们白天就是去山里干活，晚上回来吃完饭，要么待在家里看电视，要么去打打牌，生活很单调。"也有经常外出的妇女聊到："希望可以像城市里一样，晚上跳跳广场舞。"基于这样的了解，绿耕社工开始动员妇女到妇女之家跳广场舞。慢慢地，越来越多妇女参与跳广场舞。社工在教跳舞的过程中不断发掘学习能力强的妇女，教她们使用手机自行学习舞蹈并鼓励她们站出来带领大家。

这依然是一个组织培育的过程。绿耕社工组织妇女跳舞，并不只是为了跳舞。他们希望通过跳舞把村民动员起来，聚起一帮人，促进妇女组织起来、规范化运作，同时期待妇女除了自我娱乐，还关心村庄公共事务，真正把妇女之家这个公共空间管起来、用起来。通过一次次会议以及生态种植老组织的示范，大家慢慢理解了成立自组织的原因。成立妇女小组后，大家在村民面前就有一个统一的称号，可以以组织的名义在村中开展社区活动。此外，可以有更明确的分工：有人专门教跳舞，有人专门负责通知安排，有人负责管理跳舞设备……大家各司其职，运作就会更规范。就这样，乐明村的广场舞队成立了。除了日常跳舞和服务队员，广场舞队也关注村庄公共事务，回应周边村庄妇女学广场舞的需求。依托这个自组织，妇女们组织和策划了各种节日的晚会，开展了针对老人和小孩的服务，制定了管理制度，并自主运营妇女之家的公共空间。随着自组织的发展，她们学会了制订自己的年度计划，也有意识地进行团队建设。她们走到周边村庄教跳舞，带动周边村庄的妇女组织起来。她们开始进行更多的生计尝试，比如成立竹编小组制作竹制品，带领竹编体验活动，尝试生态黄豆的种植与腐竹加工……

随着乐明村的自组织逐渐增多，各组织怎么合作与互动、如何管理属于大家的公共空间、怎么形成合力共同发展并为村庄服务，一系列问题被频繁地抛出来。绿耕社工抓住机会，在协助村民自组织整合的基础之上成立村级的综合性组织。2018年1月，乐明综合农民协会成立。依托妇女之家生长出来的各个组织被纳入协会，由协会来统筹。协会在成立之初，就有了明确的定位：它是属于全村的组织。协会成员在服务村庄的同时服务自己。

（二）从一群人到一个村庄的跨越

在乐明村的自组织顺利整合的时候，仙娘溪村各个自组织的联合发展却十分曲折。2016年时，仙娘溪村希望通过业务来整合各个自组织，形成村庄发展生态体验游的"一条龙"服务：年轻人组成的导赏小组对接城市体验者，旅社互助小组提供食宿服务，导赏小组联合青梅加工合作社及其他村民带领体验活动。然而，因为磨合时间较长、缺乏有威望的协调人，各个自组织的联合发展并非易事。在事关生计的业务合作上，也出现了一些利益纠葛，大家互相不满，因此"一条龙"服务难以实现。

2017年初，城里的大公司进村，计划将仙娘溪村的田地、山地全部转租50年。村民想到村庄集体山场被低价转租出去几十年而无法收回的教训，寻思着与其交给外人，不如联合起来自己发展。绿耕和仙娘溪村庄骨干都意识到这是一个契机，将村庄各个自组织、祠堂理事会、各社社长和村民代表等组织起来，可以在凝聚全村力量，一起合作发展的同时，积极应对外面的激烈竞争，发挥村庄的人力、资源、能力等优势。在这样的思路下，绿耕社工从项目培育出来的自组织和村庄骨干入手，持续发动并不断讨论。经过持续的村民大会和外出学习，村民的共识越来越明确。随后，在各个自组织、社长及村民代表都参与的村庄大会上，大家成立了"仙娘溪大合作社"（以下简称"大合作社"）并选出统筹小组的成员。

大合作社成立后做的第一件凝聚全村的事情，就是将村里一块堆满垃圾的集体土地改造成为小广场。在深圳大学建筑师团队的协助下，仙娘溪村召开多次村民大会，确定小广场改造的地点和方案。大合作社负责动员全村村民参与，仙娘溪村年轻人成立的建筑研究小组出面收集各家的废旧建筑材料，其他村民则负责清理建筑垃圾和具体施工。上至八九十岁的老人，下至3岁孩童，均参与到小广场的建设过程中。大家捐资捐料、捐工捐钱，最终在2018年初将小广场建成。小广场的建成，让全村共同发展的氛围达到高潮，大合作社也进入成立后的巅峰时期。

然而，大合作社是吸纳了项目所培育的自组织之外的力量（祠堂理事会、社长、村民代表等）而筹建起来的，它不仅无法解决先前的"一条龙"服务中各自组织之间的利益纠葛，更触及了村庄更深层的矛盾。所以，大合作社虽然"一炮打响"，却后继乏力，很快就无法运作下去，名存实亡。虽然经历了数次整合的失败，但是仙娘溪村各自组织没有放弃继续共同发展的尝试。大家反而越来越清晰地认识到，如果大家赖以为生的村庄不能好好发展，自己的组织所从事的事业也难以长久。整合起来、共同发展，这是必然的路。

2018年，各个自组织重新坐在一起，谨慎地重启整合之路。每个小组推选了一位代表，组成协调小组尝试统筹各个小组，促进各个自组织之间通力合作解决不同组织的内部问题。虽然这个过程较为艰难，但还是有一些对自组织满怀希望、对村庄整体发展有想象的村民坚持下来。2019年，仙娘溪村各个自组织经过无数次会议讨论和大量的筹备工作，成立了广州汇耕田农业发展有限责任公司（以下简称"汇耕田"）。汇耕田由仙娘溪村各个自组织整合而成，公司股东也来自不同的自组织。汇耕田的自我定位是：服务于仙娘溪村及周边村庄，推广生态农业，销售生态农产品，开展相关社区服务。至此，仙娘溪村的村级组织初步成形，并承接了绿耕社工原先在村内的许多角色，带领村民走向可持续发展。

（三）村庄发展中的村民主体性重建

从自组织培育到整村发展，就实践而言，是"惊险的一跃"。让这惊险一跃顺利完成的因素有两个。一是从项目之初就开始培育的村民骨干。他们先是从普通的村民成长为自组织的领袖，又从自组织领袖转化为村庄的骨干。只要他们在那里，就能凝聚人心，带动村庄发展。二是从前期自组织培育就铺垫的机制。绿耕最初强调项目所培育的任何一个自组织都不只是为了其成员而存在，还必须走向村庄。所以，引导组织设立社区公益金、在自我服务的同时服务村庄其他人群，其中以"社区为本"的导向就变得尤为重要。我们将这两个方面的因素概括为"人与机制的可持续"。只有实现"人与机制的可持续"，才能走向村庄的可持续发展。就此意义而言，我们并不认为可持续发展是村庄的一种状态，它更像是一个过程：村庄的发展肯定会不断碰到挑战，但只要有人在、有机制在，村庄就有能力去应对各种挑战。其核心在于：必须重建村民的主体性，村庄才具备可持续发展的最基本条件。这同样适用于以农民为主体的乡村振兴。

如前所述，绿耕认为自组织是村民个体通向村庄公共层面的桥梁，也是村民自我训练、自我教育和共同成长的实验场域。所以，虽然在自组织培育的层面，绿耕做了大量村民意识转化的工作，但自组织培育从来不只是组织培育。组织培育是社区工作，是农村发展的工作。在从自组织走向整村发展的过程中，同样需要做大量村民意识转化的工作。对村庄骨干来说，带领村庄共同发展远比带领一个组织要复杂得多。在这个过程中，绿耕一方面需要协助村庄骨干构建宽广的格局，学习协调多方利益的方法；另一方面需要搭建能为村庄骨干提供陪伴和支持的伙伴网络。很显然，村庄骨干此时已经不太能从自组织骨干那里获得足够的支持，社会组织也难以为其提供适宜的陪伴。同时，绿耕也需要协助村庄建立统筹发展的机制。多个自组织走向村级综合性组织，需要建立统筹协调的机制，更需要调整利益格局。村级综合性组织的成立和运营，需要与基层政府、村委会等建立相对正式的沟通和协作机制。代表村庄的村级组织，需要懂得与村外更多的合作伙伴建立和维护关系……凡此种种，都需要"机制"。这些机制慢慢理顺了，村级综合性组织的发展就能走上正轨，村庄的可持续发展就能进入正循环。

四　组织的限度与有限的主体性

经过 10 年陪伴，绿耕社工在仙娘溪村和乐明村的实践可以描述为"给村民带来近 500 万元的收入，并留下持续运作的社区经济产业"，也可以表述为"培育了 10 多位村民自组织和几十位村民骨干，推动了乡村社区治理"。当然也可以从生态环境保育和文化传承的角度来讲故事。绿耕所提倡的"五位一体"框架，较为巧合地对应了乡村振兴战略的20字总方针。绿耕自我评估这10年，无非是在村庄培养了一些人，留下了一些火种。如此自评，并非谦逊，而是来自对现实的理性认知：不管是绿耕在从化的10年深耕以及在其他村寨更长久的探索，还是同行的实践，都说明社会组织参与乡村振兴既有充分的空间，也受到社会结构的现实约束。我们将这种状况概括为"组织的限度与有限的主体性"。

尽管我们将组织培育视为核心策略，将人的培养当作核心任务，但不得不承认如下现实：乡村依然处于社会结构的弱势一端和社会价值的洼地，短期内仍将是许多年轻人一心逃离而不愿归去的故乡；农业在GDP中的占比降至10%以下但大宗农产品又全面生产过剩的矛盾状况，显示农业已经难以成为维生之道；普通小农仍将面临进一步的分化，并在经济结构中越来越没有出路……在这样的情况下，村民虽然可以组织起来，但并非每个地方都能够成功发展出可持续的社区产业。因此，也就难以改变青壮年外流而导致的乡村空心化局面。这是组织的限度。同时，随着村庄形态的变化，我们也日益感受到，"村民是村庄发展的主体"越来越只是一种理想。显然，这个主体是早已虚空且将日益虚弱下去的。但是，这样的讨论并非否定自组织培育和重建村民主体性的思路。相反，它确认了这一思路的重要性。就现实而言，尽管很多村庄可能走向消亡，但此时留守村庄的那一代人或几代人，仍有其生存、生活的需求和尊严，仍然值得关注。对此，仍需要通过自组织培育来实现村庄的自我服务和共同发展。农民并不会从历史舞台上消失，他们将转化身份，最终带着村庄蹚出一条路来。他们仍有可能成为历史的主体，仍需要获得坚定的支持来锤炼其主体性。就此而言，我们才认为10年不过留下了一些火种。只有当火种越来越多，才有可能形成燎原之势。

五　未完成的探索

2010年开始，绿耕在仙娘溪村、乐明村先后培育了多个村民自组织。两村的自组织互相学习、彼此交流，共同参与城乡互动，逐步走向村际互助、区域联合、持续发展。这些自组织有带头人，合作架构较清晰，可以独立开展社区服务，在组织老人、儿童、妇女、生态农业等活动方面积累了丰富的经验。它们积极参与社区公共事务，同时懂得调动村民、村委资源，也与外部力量有一定的合作。此外，部分村庄骨干对社区可持续发展有很多的反思和非常强的主动性，已经摸索出本地化的、日常生活化的社区工作方法，以本地人的身份带领组织，推进合作。

2020 年，绿耕的目光跳出仙娘溪村和乐明村两个村庄，以这两个村所在的县道 X287 为纽带，串起了附近的 10 多个村庄。这些村子都面临着与仙娘溪村和乐明村类似的境况和需求。绿耕将与仙娘溪村、乐明村的村民骨干一起，带动这些村子的自组织培育。目前，绿耕已在各村找到潜在的村民骨干。未来，绿耕将基于从化北部山区村庄之间相邻的地理位置、相似的社会文化脉络，与村民一起建设关于村庄可持续发展的跨村互助网络。从两个村子到县道 X287 的故事，现在才刚刚开始。

5

乡村妇女自组织培育的公益实践与反思

——以绿芽基金会乡伴计划为例

邹伟全[*]

广东省绿芽乡村妇女发展基金会（以下简称"绿芽基金会"）作为民间公益机构，以"乡村妇女儿童共享自主、平等、美好生活"为愿景、以"共创妇女儿童友好乡村"为使命，立足"妇女反贫困"领域，观照当下乡村妇女儿童及乡村社区的可持续发展问题，致力于赋能乡村妇女，整合社会资源，共创妇女儿童友好的乡村社区，促进城乡融合，为乡村振兴助力。

一 源起：作为"发展类"公益组织

2013 年初，绿芽基金会成立，关注新型城镇化背景下乡村妇女儿童群体的发展问题。在此之前，以"妇女反贫困"为重要发展议题的一些国内社会组织经历了催生—活跃—低迷的阶段，历时近 20 年。在多年借鉴国际发展理念和工作手法的基础上，这类社会组织积累了一定的"中国经验"（高小贤、王婷，2017）。例如，在参与扶贫工作中：①赋权妇女，让妇女在影响生活的资源和决策方面获得更多的权利和支配能力，让妇女作为决策参与的主体和行动的主体。②从社会性别视角出发，分析影响妇女贫困的社会、政治、文化等结构性原因，通过实施有针对性的政策和干预措施，在减少贫困的同时改变性别不平等的状况。包括：在项目设计和规划阶段做社会性别分析，不仅要回应妇女眼前的实际需求，更要关注其战略性需求，在项目活动中要有提升妇女意识和参与社区发展能力的内容；在项目的执行中要重视女性的参与，在项目评估中要有妇女赋权及社会性别的指标，要有妇女的代表

---

* 邹伟全，广东省绿芽乡村妇女发展基金会秘书长。绿芽基金会工作人员谢晓玲、徐文硕对本文内容亦有贡献。

参与（苏哲，2020）。③在工作手法上，进行社区妇女骨干培养、社区自组织培育，在社区动员和社区教育中采用农民喜闻乐见的方式，等等。

随着新型城镇化的加速，农村人口结构、社会结构都发生了变化，多数农村面临凋敝。根据《中国农村经济形势分析与预测（2017～2018）》，2013—2017年，全国农村人口减少了6853万人（魏后凯、黄秉信，2018），平均每年减少1316.6万人。逐渐凋敝的乡村，面临许多严峻的问题，如养老医疗支持体系不健全、教育资源缺乏、生态环境恶化等。因而，留守乡村的人承受着这些问题带来的影响。关于留守儿童、留守老人、留守妇女不同群体的诸多问题被引发。2012年毕节留守儿童垃圾箱内窒息而死、2015年毕节留守儿童服毒死亡事件与2016年甘肃杨改兰杀子女后自杀事件深刻暴露了乡村凋敝的恶果。可以说，农民处境艰难、发展受限是农村凋敝的直接原因之一，也是农村凋敝的直接结果之一。

2017年，党的十九大报告提出实施乡村振兴战略。2018年初，中央一号文件《中共中央、国务院关于实施乡村振兴战略的意见》发布，强调乡村振兴的基本原则包括坚持党管农村工作，坚持农业农村优先发展，坚持农民主体地位，坚持乡村全面振兴，坚持城乡融合发展，坚持人与自然和谐共生，坚持因地制宜、循序渐进。该意见提出"加强农村基层基础工作，构建乡村治理新体系"，强调"深化村民自治实践"，大力培育服务性、公益性、互助性农村社会组织，也提出"汇聚全社会力量，强化乡村振兴人才支撑"，鼓励社会各界投身乡村建设。这些政策为社会组织参与乡村振兴提供了明确的指引和多元切入视角。

绿芽基金会的成立，就是站在"前人的肩膀"上，基于乡村综合发展和社会性别视角，希望整合社会资源，为乡村妇女群体赋能，共创妇女儿童友好乡村。面对乡村社会存在的多层次问题，绿芽基金会一直在探索和实践，希望可以赋能留守在农村的中坚力量——农村妇女，支持她们发挥潜能，在改变自身地位的同时成为改变村庄的重要力量。

绿芽基金会的愿景、策略与乡村振兴战略的指引高度融合。绿芽基金会在乡村开展的公益服务，主要尝试了以下三方面的努力：通过赋能妇女，把留守妇女从问题本身转化为解决问题的人，在一定程度上发掘乡村振兴的人才；通过培育妇女自组织，发挥农民主体性，动员村民参与乡村振兴各个方面的建设；在此基础上，鼓励社会各界力量参与乡村振兴，促进城乡融合。

截至 2019 年底，绿芽基金会在全国各地先后支持、陪伴了 67 个乡村妇女自组织、近 9000 名乡村妇女骨干，从立足社区到议题联动、从线下到线上社群结合，以组织培育为核心，在妇女骨干培养—妇女自组织培育—社区综合发展不同层面采用递进式干预手法，回应乡村妇女个人成长、组织发展、社区治理等方面的不同问题。在这一过程中，不同乡村社区在留守儿童教育、生态农业发展、乡村旅游、留守老人服务、妇女能力提升、生态环境保护等不同层面的问题也得到一定程度的解决。

二 赋能乡村妇女，从0到1

在乡村振兴中，社会组织可以发挥什么样的作用？

有观点认为，在乡村振兴中，社会组织具有不可或缺的作用：调动村民参与；关注弱势群体；模式探索；多方协商（郑聪、李志艳，2019）。也有研究认为，特别是在乡村文化振兴中，社会组织应充分发挥其贴近村民、专业化、灵活度高的特点，将自身在乡村文化振兴方面的组织作用发挥到最大。政府提供社会组织文化建设所需要的平台和资金，而社会组织供给具体服务或项目，两者分工明确、共同合作（徐顽强等，2019）。

本文基本认同社会组织具有民间资源动员能力强、贴近村民、专业性和灵活性强等方面的优势。社会力量对接乡村振兴，与政府或商业力量不同的地方，正在于其可以多元精准切入、不限规模、不限时效、不限地域或人群等。绿芽基金会作为一个资金规模有限、成立时间不长的公益基金会，面对以千万计的乡村留守妇女和留守儿童，如何集中资源、充分利用？

首先，绿芽基金会一开始就定位为提供"发展"类公益服务，与扶贫济困、救穷救急类社会组织相区别。人的赋能、组织的培育、社区的营造，是绿芽基金会的公益服务方向。然而，这仍然是一个很宏大的事业版图。全国的乡村如此多元复杂，并不存在"一招制胜"的妙方，绿芽基金会能做到什么程度？自成立至今的 7 年里，绿芽基金会从乡村妇女赋能到社区组织培育，一直在做"从 0 到 1"的工作。它发掘乡村妇女骨干，支持她们成长，把她们培养成组织人才，带领一个相对稳定的社区组织发展起来。一旦这个组织发展到完全能够整合更多社会资源，有计划、有方法回应在地问题，这

个 "1" 就算实现了，即它可以不依赖绿芽基金会了。在这个过程中，绿芽基金会发挥的具体作用大致如下：激发妇女的想法；提供启动资金；提升个人的视野、能力和信心；为妇女提供精神上的支持与陪伴；协助自组织的组织管理和项目管理；资源链接；提供支持组织发展的非限定资金。

如今在乡村比较活跃的女性年龄集中在 45—65 岁，她们中受教育程度能达到初中毕业就算比较好的了，但受教育程度低并不妨碍一部分女性成为村庄中比较有影响力的人。她们能干、热心，愿意尝试和改变，富有行动力。只要有机会打开视野、增长见识，同时给予一定的技术或资金支持，她们就能产生新的想法，开始行动。

然而，这并不一定是理想的、直线上升的过程。从一名乡村妇女骨干到一个稳定运作的社区组织，有的村庄 3 年就可以实现，有的村庄可能要经过 10 年、8 年。在这一过程中，村庄人口结构还会出现老龄化问题。如果一直没有新鲜的血液加入团队，团队的活力也会下降。除此以外，由于个人、家庭或生计状况的影响，团队人员时分时合，更多的情况是难以形成稳定的团队。CA 村妇女团队由成立到解散就是一个比较典型的例子。

2017 年初，CA 村的 MM 获知绿芽基金会有乡村妇女骨干的培训活动后，报名参加了培训。她说，村里人以为她上了"传销"的当，没有人敢跟她一起来。她之前接触过类似的妇女发展组织，而且得到过这些组织的帮助，所以她相信绿芽基金会肯定不是传销。第一次学习结束以后，她有意识地回村寻找同伴和开展村民调研。第二次培训时，她带来了一位村里的大姐。经过绿芽基金会一年的陪伴，她有了在村里开展妇女儿童活动的一些想法，找到村委和妇女主任并得到支持，把活动开展起来。活动的开展吸引了孩子家长的关注，有一个孩子的妈妈也加入了她们。2018 年下半年，CA 村妇女团队有了 4 名参与度比较深的骨干，开始运营村里的"妇女儿童之家"，开展社区关怀服务，得到村民的认可。不幸的是，2019 年 5 月，MM 因车祸意外去世。悲痛之余，CA 村妇女团队的其他骨干都很希望把她们原有的工作继续下去，但是实在选不出一个有时间、有余力的带头人。每一个人都不希望把这么好的事情中断，但每一个人都有自己的实际困难。经过几个月的犹豫和胶着，CA 村妇女团队最终还是做出解散的决定。

从绿芽基金会的角度来说，CA村妇女团队其实已经完成"从0到1"的过程。这个过程只花了2年多的时间，看似比较顺利，关键的原因无疑是有一个有想法和行动力的带头人。但是团队还远远没有达到稳定发展的程度，其他骨干还没有成长起来，一旦带头人出问题，一切又被打回了原形。

在绿芽基金会的培育经验中，能够比较理想地成长起来的社区组织，只占不到三分之一。如何才能培育出一个相对稳定的社区妇女自组织？绿芽基金会支持的妇女自组织，至今发展良好的，基本具有如下共性。

自组织成员的个人生计得到保障。这意味着她们能在村里待得住，不会因为经济的窘迫而需要再次外出打工。在绿芽基金会培育的自组织里，有部分妇女是全职从事社区公共服务的，她们运营社区活动中心，可以得到工资收入；还有部分妇女从事乡村体验游服务，开设餐厅或民宿或者从事生态农产品产销等，能够有比较稳定的收入渠道。她们在能够维持生计的同时，又能通过自组织的运营，为社区其他人群提供一些帮助或服务。

负责人有使命感、组织能力与资源动员能力。物色、培养一个这样的负责人需要比较长的时间。在乡村妇女中，这样的负责人会有一定的特质，比如：有比较丰富的社会阅历，外出打工时间比较长或者人生经验比较丰富，自身有比较强烈的改变命运的愿望；有的可能长期受累于重男轻女的氛围；有的可能遭受过比较大的创伤；有的本来就很有想法，只是受限于困顿的家庭环境；等等。同时，她们对身边人、身边事的关注会比其他人多一些。

自组织所关注的议题具有多元且专业的支持网络。绿芽基金会支持的社区妇女自组织，有的关注留守儿童教育，有的关注生态农业，有的关注乡村旅游，有的关注养老，等等。她们关注的是不同的议题，也就意味着需要对口的资源支持。如果某一个议题在外部可以获得多方的专业支持，那么这个组织的能力提升会很快。因为绿芽基金会单方面无法一一满足她们不同的发展需求，所以需要整合更多专业的社会资源。

重视团队不同层面的成长。一个团队由不同职责、不同能力的成员组成，每个团队成员的成长需求都需要被关注、得到回应。如果只有负责人的工作能力得到提升，团队其他人没有跟上步伐，那么团队难以健康稳定发展。往往很多团队成员对负责人有比较明显的依赖，一旦负责人出现问题，整个团队就可能坚持不下去。这样的例子，我们经常遇到。所以，更好的办法是防患于未然，让团队成员同步成长，都能独当一面，至少维持 3 名核心骨干。

社区层面的动员和资源（如自然资源、关系资源、文化资源）挖掘能力强。社区组织生于社区、长于社区、服务于社区，因此，只有对社区的问题及时反应，对社区的资源不断挖掘，才能有立足之本，才能生根发芽。

社区条件得天独厚。因为资源有限、人力有限，绿芽基金会对项目村庄的选择有一定的标准，比如：区域上优先考虑华南、西南地区，基本上不会考虑东北、西北地区；村庄离当地市级中心 2.5 小时车程以内（公路）；村庄户籍人口 1000 人左右为佳。绿芽基金会在广州，捐赠人也以在珠三角地区为主。考虑到执行的成本与难度、资源能力以及捐赠人体验的方便性，绿芽基金会不会选择太偏远贫穷的村庄。同时，鉴于每年资金规模的限制，绿芽基金会更希望选择不太大的村庄。项目村庄如果还能有更好的先天条件，比如有比较集中的旅游资源、比较多的乡贤、比较年轻的留守人群、比较好的村庄治理班子等，无疑会对社区组织的发展更有助益。

成员的社会性别意识有所萌发。绿芽基金会培育的所有妇女自组织成员，都需要学习与社会性别有关的课程。作为妇女自组织，首先希望支持女性在家庭、村庄里有一定的公共事务参与权、决策权，具有相应的家庭地位和社区地位。如果自组织成员的性别意识还是传统的"男尊女卑""男主外女主内"等，人人都畏首畏尾、不自信不自爱，也没有能力帮助村庄里其他更弱势的妇女，自组织是很难坚持下来并有所发展的。

以下 FY 的案例，比较完整地呈现了一个妇女自组织从 0 到 1 的发展过程。

FY，来自贵州从江县。乡村妇女和"斜杠青年"，这看似八竿子打不着的两个称呼，却在她的身上完美又巧妙地融合在了一起。

她常在五个身份之间切换——妈妈、妇女主任、民宿老板、侗歌队队长、村寨联盟"总教头"。

以下是她的自述：

> 我是从 15 岁开始就到外面，也就是到广州打工……
>
> 后来由于孩子的原因，2008 年的时候就想回家创业。那时候全村人都在等着看我的笑话。我也让他们如愿以偿了，我创业失败了。没办

法，所以又继续出来打工了。

后面也想回来，但是出了一场很严重的车祸，两条腿都断了，在医院躺了大半年。没办法，还是得在外面打工挣钱养家。

2014年的时候，我才正式回家。因为孩子说："妈妈，你再不回来，我的童年记忆里可能就没有你了。"当时还听到一个非常真实的故事：有一个孩子经常捡垃圾，就是捡瓶子出去卖，最后卖得450元。他妈妈回家之后要走的时候，他就问他妈妈："妈妈你一天能挣多少钱？"他妈妈说："我一天可以挣150块，妈妈想早点出去打工，多挣点钱给你来上学。"那孩子就拉住了妈妈的衣角："妈妈你别走，我这里有450块钱，我买你三天，你就再陪我三天。"

（听完这个故事后）我就更加坚定了：就回去吧！

刚回去的时候挺艰难的，2014年的时候就是去摆摊卖气球，卖各种东西，就是想办法怎么样在家里立足。后来我们几个姐妹在一起（组建了侗歌队），我们觉得在家里虽然很困难，但是我们很开心，因为我们喜欢唱歌，喜欢唱侗歌。

后来有一次得到绿芽基金会的一个妇女骨干培训的消息，当时过来的时候是什么也不懂的，也不知道来做什么。可是一来之后就觉得非常自信了，因为不会因为我的文化水平不高或者我是个农村妇女，就觉得我不能做一些事情。来到这里（培训）之后，我的工作或者是我做什么事情，我都觉得很有方法。

在绿芽基金会培训之后，我回去也有针对性地做了一些大大小小各种活动，关于环保、关于孩子、关于我们歌队的一些主题活动。但是怎样才能更好地在家做一些事情？后来我就觉得应该做一个民宿。

因为现在农村也有一些乡村旅游，也是紧跟着时代的趋势吧。当时也在外面认识了一些朋友，他们看到我们民族文化之后很感兴趣，我觉得这也是一个亮点。所以就开办了一个民宿，又当了民宿的老板。

从民宿开始，我们姐妹就参与策划活动，还有我们做的一些其他产品都会参与进来。大家还一起整理我们乡村的文化、村寨的文化。其实对于我们来说，我们的乡土文化就是我们的根，我们要把这个梳理好。以前我们光会唱歌，唱歌的时候只知道唱歌，不知道这个歌后面的意思是什么，或者故事是什么，为什么要有这首歌。

但从做这个深度体验游开始，在整理自己的文化后，我觉得来这里的朋友不光是听我们唱歌，还能听到我们背后的故事是什么。不管做哪项活动，都能知道我们背后是什么样的故事、我们的文化是什么、我们的乡村是什么。

不过后来我们觉得光是这样做有点势力单薄。然后就想，要不然多找几个朋友、几个返乡的青年，大家一起来聊一下、坐下来谈一谈，看看我们还可以一起做什么东西。

我们几个人就在朋友圈发了一下，一下子来了四五十个人，一共是25个村寨的十几个返乡青年。我们就在贵阳的贵州大学里聊，大家觉得我们有必要做一个联盟，有必要抱在一起成为一股力量。我就觉得这样不错，以后接触的姐妹就更多了，不光是我们村的姐妹，还有外面的姐妹。在这次会议上，我们正式成立了村寨联盟，我也很荣幸地当选了村寨联盟的总教头。

这个总教头，说起来好像很江湖，其实我是负责村寨姐妹还有村民的能力建设这一块。我也想做这么一个东西，又刚好被村寨的姐妹和村民选上了，就觉得非常荣幸，也非常开心。

……我们大家在一起抱团做这件事情，姐妹们发生了很大的变化，从一开始非常腼腆不敢说话，到现在可以出去当领队介绍我们村寨的故事、介绍我们的地方，然后还教绣花，再讲解绣花背后的故事是什么，我们为什么要绣这些图案。她们讲这些东西的时候，我觉得她们更自信了，她们对村寨、对家乡的认同感也会更强。

还有孩子们也是一样的，平时爸爸妈妈在家陪伴比较少，他们就非常喜欢到我的民宿那里。我的民宿叫云上，云的上面。因为我们那边的山特别高，在半山腰上，早晨看云海特别漂亮，所以我就给它取名叫云上，感觉自己还蛮有诗意的。

孩子们特别喜欢来跟我们聊天，来的话他们不光是谈他们的心事。我们还有一个图书室，他们也可以在那里看书，在那里听我们讲故事，也可以带他们到户外去认识我们家乡的一些植物。其实乡村里面的孩子，虽说是乡村的，但是因为爷爷奶奶很宠爱，不让他们去户外，他们对大自然的了解是缺乏的，所以经常带他们去做一些户外的活动。

以前他们不爱说话，有一个小女孩从来都不说话，但现在她看到你会经常和你打招呼，而且很久没有见到你的时候她会给你来个拥抱，会给你讲她最近的一些事情。看到孩子们一点一滴的变化，我们真的非常开心。

……

现在我觉得在村里面做这些事情，孩子的变化也带动了大人的变化。有些妈妈说看到她们的孩子在我们那里那么开心，她们也愿意加入我们这个团队。现在那里不单单是我的家，也是我们大家的家，也是外面朋友的家。

现在我在我们村里面做妇女主任也是蛮有意思的。一般开会的时候，村主任和支书都会说："你坐中间来。"那我都是坐在村主任跟支书的中间。平常只要我有什么话，或者我有什么活动和事情要讲的时候，他们就会通知："今天晚上8点钟到村委会来开会，妇女主任有重要讲话。"我就说不管怎么样，一定要做好我们自己，一定会让他们看得起，不会被他们看扁的。

FY因为生女孩没有生男孩，被婆家嫌弃，后来离婚成了单亲妈妈，又遭遇车祸，创业也屡屡失败，可以说就是一个"困难户"。但她自己凭着不屈不挠的精神，在绿芽基金会的陪伴和支持下，自信心逐渐增强，也越来越关注社区里其他的人和事，从姐妹歌队到村寨联盟，从单亲妈妈到村妇女主任、联盟"总教头"等，不但实现了个人的蜕变，也找到在乡村发展的志同道合的伙伴，一起挖掘整理传统文化、关爱留守儿童、发展乡村体验游等。FY一开始可能只是渴望改变自身的状况，经过学习历练以后，有能力带动更多人一起，尝试解决更多人的问题。这也是绿芽基金会最希望实现的妇女赋能路径。

三　发挥社群的力量，从1到 N

乡村妇女的成长，不仅需要资源、机会，也需要长期的精神陪伴和情感交流。从绿芽基金会的出发点来看，它不是要培养社区强人，所谓"独木不成林"，而是更希望通过挖掘一个个妇女骨干，联结身边更多的妇女，从一粒种子发展到一片森林，这样才能凝聚更多力量，帮助乡村妇女可持续发展。对乡村妇女的发展而言，除了互帮互助，从一个村辐射到周边村，她们也能获得更大的社区支持网络。

因此，除了社区自组织培育，绿芽基金会还投入大量精力搭建了"绿芽农家女"社群网络。"绿芽农家女"是一个虚拟的"精神社区"，由几十个微信群组成，目前社群有近万个姐妹加入。"绿芽农家女"姐妹的来源不限区域，虽然绿芽基金会近年资助的区域已经转向华南、西南，但社群里仍然有过半数的姐妹来自北方。她们有的以村庄或区域为单位组群，有的以议题为单位组群，这些群统一由一个姐妹管理小组自主管理。绿芽基金会团队通过开发各类系列线上课程、组织安排主题分享以及一些线上主题活动，进行社群维护。全国各地的姐妹通过社群活动联结在一起，交流学习、互帮互助、互相激励，既有技能提升，又有情感交流和精神陪伴。

在姐妹诗词主题群，社群管理人员每天领读一首诗歌，姐妹们在劳作之余，把自己的诗词朗诵语音分享出来，各地姐妹在练习普通话的同时还能陶冶情操、增长知识。诗词群定期举办诗词朗诵或写作比赛，涌现了一群乡村姐妹诗词爱好者和个别姐妹诗人。另外，各地缺乏社区支持的姐妹可以在反家暴、亲子教育、家庭教育等不同主题的学习和讨论中在线分享困惑和经验，并得到专家老师的指导，在社群里得到温暖和帮助。以下例子反映了一个来自县域的关注生态农业的姐妹社群的形成过程与效果。

XL 来自广东韶关，初中毕业的她深谙生态农业之道，成为始兴县绿芽社会工作服务中心发起人，并当选广东省人大代表。以下节选自 XL 的自述：

在绿芽基金会的支持下，我们在始兴注册了一个小绿芽——始兴县绿芽社会工作服务中心。

对我来说，一边可以在服务中心里面带着几个乡村姐妹做义工，一边可以将农业的很多知识直接与我们义工团队对接，还可以经常跟他们沟通一些相关信息。

大概 2017 年、2018 年的时候，政府经常邀请我去和一些农民讲我是怎么做生态农业的，或者农产品如何在网上销售。后来对接了广东省委编办产业扶贫项目，搞了 100 亩的生态农业基地。然后很多不了解的乡村妇女过来问，我们都会带她们到项目基地去学习，我也会经常跟她们交流分享一些我的经验。到 2018 年，我当选了广东省人大代表，这个时候学习的机会更多了，对接的资源也更多了。所以我们始兴绿芽也从之前的几个义工发展到现在有 30 多个义工，都是我们的乡村姐妹跟各行各业的人士。

2018 年刚开年的时候，政府邀请我去讲如何通过网络推广农产品，怎么通过发微博、微信朋友圈销售自己的产品。当时有一个广西逃婚到我们广东、嫁到我们县的姐姐，她叫 CL，她也是自己已经做了四五年的放养土鸡鸭鹅，但是她没有接触过这种新的模式。

那次政府组织了三个乡镇来听我讲课。她很认真，上课做笔记，晚上还要写心得。她在课上听了我讲的水肥一体化、养殖零排放能提高产品品质、提高收入的方法后，很感兴趣，但是同时她又觉得这是政府请的老师，会真的对她一个农民的实际问题提供指导吗？她一边不相信，一边又很期待，希望得到我的支持。所以她就加了我的微信，天天找我聊天，拉近关系。我和她聊了很多，慢慢地就把她带领起来了。

从事生态农业的这些姐妹，参加了 2019 年的生态农业技能培训班。在参加培训之前，她们就觉得自己能干什么啊？不知道怎么干，觉得很累，不知道怎么种出来，怎么卖。现在她们知道选一些小而美的产品，遇上事情大家一起沟通，思想上改变了，也很有信心。她们也懂得怎么去跟大家分享自己的资源，我很满意。

小农将是较长一个时期内存在的比较大规模的乡村生产单位。传统的小农如何与现代农业有机衔接？这个问题不解决，很难说乡村能够全面振兴。绿芽基金会在乡村的实践表明，只要有效地给予机会、资源，受教育程度不高的乡村妇女一样可以成为新型农民。她们行动力、自组织能力都很强，而且乐于分享及互相帮助，她们相互之间可以成为老师。"让农民教农民"被证明是一个有效的赋能方式。农业产业发展，需要挖掘区域优势。像始兴绿芽这样的姐妹社群大都关注食品安全、生态农产品，分别处于种植、养殖、加工、销售等产业链的不同环节。这些社群能够通过互相交流学习，自然而然地形成从资源端到生产端、销售端的合力，互相促进。在这个过程中，社群成员不仅在技术上、产品上互通有无，还一起做义工、关爱弱势群体，在日常生活中互帮互助，产生了更深的情感和精神联结。这也正是绿芽基金会推动姐妹社群发展的目的，从一粒种子到一片森林，不仅可以帮助一个个姐妹发展起来，而且有可能改变她们身边的环境，让更多人受益。

四 探索公益服务模式，从1个 N 到 N 个1

如今一说起绿芽基金会，不少公益同行伙伴都会提到 LM 村。LM 村是绿芽基金会开展公益服务模式综合探索的一个"基地"。LM 村地处广州北部较偏僻山区，交通不算便利，山地多耕地少，户籍人口 1000 余人，常住人口不超过 300 人，多数青年劳动力在外打工。LM 村先天并没有多少优质发展资源，但有比较"原生态"的自然环境和乡土风光，具备开展户外休闲体验旅游活动的条件。一开始绿芽基金会选择 LM 村，主要是看重两点：一是村委干部及扶贫工作队非常有诚意，希望引进绿芽基金会来助力；二是该村确实没有什么明显的特色，就像大多数普普通通的无名村庄。这样条件的村庄，商业资本基本上在很长一段时间内不会问津，政府扶贫也面临一定的挑战。如果绿芽基金会可以在这个村庄探索出适宜的公益服务模式，应该更具有向许多普普通通的村庄推广的可行性。几年来，绿芽基金会在 1 个 LM 村实践了 N 种乡村社区公益服务，也在这个过程中借助社群网络的力量，把其中的部分实践模式推广到更多的村庄，希望慢慢再共创 N 个 LM 村。

在 LM 村，结合村民关心的农业生计问题以及村庄先天资源，绿芽基金会以打造基于社区场景的生态环保教育基地为切入点，开设民宿，支持妇女及其家庭成立餐饮小组、农产品加工小组、生态种植小组、社区导览小组等，同时动员村民参与村庄环境治理、开展社区关怀活动，探索社区综合发展的路径。

开展乡村综合发展或社区营造公益项目的社会组织其实不少，绿芽基金会的核心竞争力体现在哪里呢？我们希望营造的是妇女儿童友好的村庄。这意味着：首先性别友好，其次社区支持友好。我们首先关照妇女儿童的发展需求，以乡村妇女为村庄的撬动力量，和她们一起营造一个更加友好的社区支持系统。

在 LM 村，我们进行了多种公益服务的尝试，经过几年的打磨，提炼了一些专项的公益服务产品，进行更大范围的推广，使在一个村庄的 N 种公益服务产品，演变成某一种公益产品可以在 N 个村庄推广。性别平等教育，我们从娃娃抓起，从为一个村庄的孩子开设夏令营到开发儿童性别平等教育课程，从为一个村庄的村民开设性别平等培训课程到开发性别平等社区宣传工具包，从一个村庄的美厨娘联盟到推广到多个村庄……就这样，从一个村庄的实践研发出可以推广到更多村庄的专项公益服务。目前，绿芽基金会的儿童性别平等教育课程已经服务了 20 多万个乡村孩子。绿芽基金会的乡村夏令营已经推广到 10 多个村庄，以服务妇女儿童为主的乡村社区活动中心也推广到 30 多个村庄。

除了使环境更友好、培育社区自组织，绿芽基金会也致力于推动城乡互助，希望吸引社会各界资源更多地关注乡村社区。比如在 LM 村，绿芽基金会为营造良好的村落环境，与村委联合号召村民"垃圾不落地"，定期开展主题活动，增强了村民的环保意识。LM 村也大大改善了人居环境，获得镇优秀卫生村的表彰。为了更好地利用有限的劳动力和应对市场风险，村民积极开展合作生产经营。目前，全村设立了 1 个综合农协、2 个农产品加工小组、1 个餐饮服务小组、1 个民宿后勤服务小组、3 个生态种养小组、1 个生态农业导览小组。留在村里的村民，除了种植果树，还通过自组织加工推销农产品，同时提供旅游体验服务。

现在小小的 LM 村，平均每年有至少 20 批次的城市访客团队来访，开展环境教育、自然教育、农耕体验等休闲活动，合计吸引了上万人次。LM 村选准发展方向，经过多年的努力，在 2020 年获得省级环境教育基地的称号。近几年，政府部门、基金会、企业、艺术家等各方面力量纷纷到 LM 村开展各类公益项目，大大促进了 LM 村在生态环保、农业生计、精神文化生活等各方面的发展。这些项目每年持续为村民带来各类农业技术课程、生态种养支持资金与物资、村民小型创业项目等扶助，合计投入资金近千万元。另外，LM 村引进了一些社区关怀公益项目，如环境保护、乡村美术馆、妇女儿童之家、敬老助老项目等，帮助村里妇女开阔视野、增加技能。这些妇女逐渐主动承担村中老人和儿童的关怀服务，形成了互助互爱的良好氛围。

资源条件一般、人力外流严重，这是很多普通乡村的共同问题。即便是像 LM 村这样人口不足千人的乡村，要实现全面振兴，也需要举全村、全社会之力。如何更好地吸引外部资源、发展出自身的特色，最关键的还是村民要组织起来，家庭要联合起来，打开村门，欢迎各方宾客。村民需要在与外界互动的过程中，增强乡土认同，挖掘乡土价值。随着城乡互动越发密切，城乡融合在人们的日常生活层面慢慢实现。从 LM 村的发展也可以看到，乡村全面振兴不但是乡村各个层面的改变，最终也会体现为城乡关系的真正改变。这也是乡村振兴战略的一个重要出发点。

绿芽基金会致力于共创妇女儿童友好乡村。整合城乡资源、促进城乡互动是我们希望的"共创"。与村民一起探索社区发展的不同可能，让更多的村庄受益，也是我们在乎的"共创"。绿芽基金会在 LM 村的实践，不是一个公益机构、一个项目周期、一个村庄发展的事情，而是构建一个共创社群，打磨一系列公益产品，坚持助力 N 个 LM 村的、长期的乡村振兴计划。

五　结语

有研究分析，推进乡村振兴过程中面临的困境，大部分体现在农民主体性缺失上。一是农民参与程度低。一些村庄深陷发展主体短缺与流失困境，且留守群体的素质较弱。如果无法有效动员公众参与，会使乡村振兴战略无法顺利实施。二是乡村文化传承困难。乡村文化的逐渐衰微是推进乡村振兴的一大障碍。三是乡村人才流失严重。乡村的"三留人口"越来越多，老龄化问题越来越严重，大量文化水平高、能力强、思维开阔和懂技术的新乡贤离开乡村。人才流失严重加剧了乡村振兴战略实施的困境（子志月、高欣言，2020）。

绿芽基金会作为社会组织，为乡村振兴解决了什么问题？撬动民间的资源，共同协商创造，基于附近的、社区的、草根的需求，关心更弱势群体，是绿芽基金会作为社会组织先天的优势，也是绿芽基金会必须坚持的价值。基于这些基本的价值理念，绿芽基金会发挥自身资源优势，以赋能妇女、培育乡村妇女自组织为切入点，让乡村妇女在参与乡村振兴中发挥重要价值。

陪伴一名乡村妇女"从 0 到 1"成长起来，从培养一名乡村妇女到一群乡村妇女，从支持一个村庄到多个村庄，这是绿芽基金会赋能乡村妇女的基本路径，也是绿芽基金会撬动公益资源助力乡村振兴的基本路径。在这个过程中，绿芽基金会尝试做到以下几点。第一，始终坚守"在民间"的立场及优势视角，贴近草根，向乡村妇女学习，和乡村妇女一起协商探讨发展问题。第二，坚守组织使命，不断聚焦，集中精力形成核心能力。乡村振兴涉及方方面面，作为一个资源和能力有限的公益组织，绿芽基金会不可能回应所有的问题。这几年来，绿芽基金会的公益项目越来越聚焦在对妇女社区组织的发展支持上，为乡村振兴培养在地人才。第三，允许小范围试错，打磨更具推广性的公益服务项目。乡村的状况千差万别，不可能一招制胜。对于"可复制性"，绿芽基金会一直持审慎态度。我们不认为存在可复制的"村庄"，但存在可复制的乡村公益服务项目。在一个村庄可以开展多种公益项目的尝试，经过提炼和论证，发现可复制的因素与条件，根据不同村庄的问题和需求有针对性地推广某些专项项目。第四，坚持不浪费原则，有效整合城乡资源。不同村庄的妇女社区组织关注的议题不一样，所开展的活动也有很多差异，而绿芽基金会一旦开始对这个妇女社区组织的陪伴，一方面会不断跟她们探讨村庄更长远发展的可能性，另一方面会抓住不同的时机，根据村庄的需求，将合适的社会资源与她们对接。这些妇女社区组织也会是村庄的"守望者"，是解决村庄"最后一公里"问题的重要力量。

由绿芽基金会的实践可见，如果更多专业的社会组织能够长期投入乡村全面振兴，为农民提供相对精准的服务，乡村的很多问题将得到一定程度的缓解。在此基础上，留守乡村的人获得感、幸福感将增强，他们将更愿意留在乡村，积极参与村庄的发展。越是有活力的村庄，越会吸引人才和资源。各方合力的形成是乡村振兴的可持续动力。

绿芽基金会支持的一位来自广西的妇女 YR 说过，"希望我们村子的环境越来越美，大家的收入越来越多，大家的精神面貌越来越饱满，我们的村子可以成为我们身心安顿的家园"。这就是农民眼中的乡村全面振兴。全国各地已然有很多乡村妇女正在为自己心目中的美好乡村而努力，我们愿意一路相伴，直至贫穷不再有着"一张女性的面孔"。

参考文献

高小贤、王婷，2017，《中国民间组织参与妇女反贫困 30 年概述》，转引自杨团主编《中国慈善发展报告（2017）》，社会科学文献出版社。

苏哲，2020，《特别关注｜为了改变的庆祝：重建社会组织的社会性别敏感》，3 月 8 日，爱德传一基金，https://mp. weixin. qq. com/s/roMS5Y_ rYLq3bQN1e5Si6g，最后访问日期：2021 年 2 月 4 日。

魏后凯、黄秉信，2018，《中国农村经济形势分析与预测（2017～2018）》，社会科学文献出版社。

徐顽强、于周旭、徐新盛，2019，《社会组织参与乡村文化振兴：价值、困境及对策》，《行政管理改革》第 1 期。

郑聪、李志艳，2019，《活力乡村：社会组织参与乡村振兴的策略路径》，10 月 11 日，资助者圆桌论坛，https://mp. weixin. qq. com/s/MVU9djdDYpzJyIgVks4gzg，最后访问日期：2021 年 2 月 4 日。

子志月、高欣言，2020，《我国乡村振兴战略研究的回顾与展望》，《云南行政学院学报》第 2 期。

公益组织参与乡村振兴的模式：统规统建和共同缔造

蔡秋琳　谢雄斌[*]

2017 年 10 月 18 日，党的十九大报告中提出实施乡村振兴战略。2017 年 12 月 29 日，中央农村工作会议首次提出走中国特色社会主义乡村振兴道路，让农业成为有奔头的产业，让农民成为有吸引力的职业，让农村成为安居乐业的美丽家园。2018 年 1 月 2 日，中共中央、国务院发布《关于实施乡村振兴战略的意见》。2018 年 9 月 26 日，中共中央、国务院印发了《国家乡村振兴战略规划（2018—2022 年)》，并发出通知，要求各地区各部门结合实际认真贯彻落实。通过这一系列的文件，我们看到国家对乡村振兴的重视以及实现乡村振兴的决心。

一　公益组织参与乡村振兴的意义

乡村振兴的总要求是产业兴旺、生态宜居、乡风文明、治理有效、生活富裕。乡村振兴需要多方参与，各级政府、村委会、村民、企业、公益组织都是乡村振兴战略的重要参与主体。公益组织在社会资源链接、组织培育、工作方法等方面具有鲜明的特点和优势。在政府主导的乡村振兴工作中，公益组织可以发挥自身的优势，有效补充更多的资源。因此，研究公益组织参与乡村振兴的模式是重要且必要的。

成立于 2018 年的韶关市乡村振兴公益基金会（以下简称"基金会"）是一家兼具扶贫和乡村振兴类项目执行业务和公益生态培育类资助业务的混合型基金会。自成立以来，基金会在韶关市仁化县、南雄市、浈江区、始兴

---

* 蔡秋琳，韶关市乡村振兴公益基金会项目专员。谢雄斌，韶关市乡村振兴公益基金会项目经理。

县，佛山市高明区以及四川省凉山彝族自治州开展包括人居环境提升、公共基础设施建设、乡风文明与社区融合、产业发展等多维度的乡村振兴探索，致力于通过整合跨界资源，助力乡村可持续发展。

二 基金会的基本情况介绍

韶关市地处粤北，毗邻湖南省和江西省，自古便是中原与岭南地区交流的黄金通道。当地以山地丘陵为主，河谷盆地分布其中，自然资源和红色旅游资源丰富。相较于珠三角地区，韶关市经济发展落后，大批青壮年前往珠三角地区工作，乡村空心化严重。从以往的情况来看，并没有太多的社会资源明显向粤北地区倾斜，韶关地区所获得的关注度并不是很高。2017年，广东省和的慈善基金会积极响应国家乡村振兴战略，定向捐赠2亿元用于支持韶关市精准扶贫、精准脱贫与乡村振兴事业。韶关市乡村振兴公益基金会正是在上述背景下成立的旨在确保社会捐赠资金高效落地的公益组织。

韶关市乡村振兴公益基金会是中国第一家以乡村振兴命名的基金会，也是较早实践乡村振兴的公益基金会。基金会拥有充足的资源，如资金、学术智库等资源。基金会希望前期引入第一批资源，进行精准扶贫和新农村建设，改善项目村的人居环境。此外，基金会希望通过产业发展的尝试，带动村庄发展文旅产业。

基于韶关市乡村的发展现状和发展需求，基金会的项目板块定为乡村基础设施建设、慈善托底、社区＋产业发展。2017年11月，在韶关市委、韶关市农业农村局等各级政府部门的建议和支持下，基金会选定仁化县、南雄市（广东省辖县级市，韶关市代管）共5个省定贫困村和3个新农村示范村作为项目村，进行村庄基础设施改造、环境治理和产业支持。仁化县的5个项目村（A村、B村、C村、D村、E村）均位于丹霞山周围，属于环丹地区。南雄市的3个项目村（F村、G村、H村）均位于梅关古道附近。此外，基金会在韶关市启动教育、医疗、民生、环境卫生等公共基础设施建设类项目，进行扶贫慈善托底。典型项目包括韶关市仁化中学改造项目、韶关市浈江区两个贫困村饮水工程项目。

三 行动逻辑过程

（一）根据多次调研和勘测的结果确定介入模式

2018 年 2 月，广东省和的慈善基金会组织专业规划设计团队前往 8 个项目村，开展第一阶段的调研和勘测工作。该阶段工作包括入村现场踏勘、镇村部门访谈和基础资料收集，全面了解村庄产业发展、历史文化、农房建设。调研发现：总体而言，各项目村自然资源欠缺自身特点，较为雷同，村民自治能力较弱；村落聚集状态、住房条件、道路等基础设施各不相同。尤其是其中的 5 个贫困村基础设施建设较为薄弱，人居环境需要得到改善。上述调研成果在韶关市乡村振兴公益基金会成立后被移交至该基金会。2018 年 8 月 15 日，基金会以确认各自然村整治项目库为主，与各自然村理事会和村委确认各村一图一表。2018 年 9 月 21 日，基金会和广东天元建筑设计有限公司就规划方案召开村民代表大会，确认各自然村整治项目库，介绍村庄整治规划文本。

上述规划文本同时被提交到当地政府部门，成为政府资金投入的基本依据。政府根据整治规划文本开展了村庄基础设施建设，包括三清三拆、雨污分流、道路设施、信息广播电视等基础设施建设。基金会基于调研结果形成工作思路，决定以两种不同的模式（统规统建和共同缔造）参与项目村村庄建设，并支持村庄开展多种形式的社区活动、农业培训等。

统规统建指的是由基金会作为业主，统一规划，统一建设。它适用于土地产权明晰的地区。由于 5 个省定贫困村基础设施薄弱、人居环境亟须改善，基金会决定采用统规统建的方式进行介入，以满足村民关于公共空间设施建设、村庄人居环境改善的迫切需求。饮水工程等大型公建项目因施工难度大、施工要求高，同样采取统规统建的模式进行建设。

共同缔造模式注重村民在村庄规划、工程建设、社区活动、社区发展中的参与性，以村民为主体，以培育村民自组织为先导，引导并协助村民进行村庄治理和家乡建设。在该模式下，基金会更多作为资源的引导方和链接平台，以村民为建设业主和主体。基于 3 个新农村示范村的基础设施建设相对完善、村庄人居环境水平高，基金会决定以共同缔造的方式介入，支持村庄发展。

　　紧接着，广东天元建筑设计有限公司构思 5 个省定贫困村的设计方案、绘制施工图。广州美术学院的设计团队、华侨大学的设计团队根据村庄整治规划文本构思 3 个新农村示范村参与式规划及综合发展计划方案。

（二）采用统规统建的模式改善村庄人居环境

　　2018—2021 年，基金会在 D 村、E 村、F 村、G 村、H 村的工程项目和大型公建项目多是以统规统建的方式进行。一般情况下，设计单位负责方案设计和施工图绘制。基金会通过招投标的方式确定施工承包方。监理单位和造价咨询单位对工程进行全程把控。设计单位和施工承包方通常专业能力强、工程管理经验丰富，分别有一套成熟的项目管理程序。基金会作为业主，更多起到在专业团队和村民间沟通协调的作用。

　　在统规统建模式下，设计团队的设计方案综合考虑村民需求和空间美感，施工方较为成熟且专业，施工速度快。基金会协调设计团队、施工团队、监理单位、村委会、村民等多个利益相关方的关系，和村委会、村民共同确定设计方案、施工图和预算，推进工程顺利实施。在工程建设中，基金会的工作人员扮演着转译者和关系协调者的角色。首先，设计团队、施工团队、监理单位等外部团队的工作人员大多不是韶关本地人，语言沟通不畅，和村民沟通存在一定的难度，易造成信息失真。基金会的工作人员多是韶关本地人，可以帮助外部团队和村民进行高效的沟通。这在整个工程建设中十分重要。其次，大多数村民听不明白工程术语，看不懂设计方案。即使村民已理解设计方案，且拥有提出质疑的权利，但出于多种原因而无法准确表达自己的理解，难以提出疑问。而设计团队不能驻场且进村次数少、入村时间不足。项目人员会进行"转译"，用通俗易懂的语言向村民讲解设计方案、施工图和预算。村民是否理解、接受设计方案、施工图和预算，决定着工程施工进度和项目的意义。

　　工程进场后，如果村民再提出方案疑问，并要求进行设计方案改动，整个工程进度就会停滞，严重的会造成工程额外开支增大，工程决算远超过工程预算。但如果不考虑村民的需求，村庄工程的建设就会失去意义。对于基金会来说，如何平衡村民实用需求与村庄发展需求是一个大的考验，也是对其能力的检验。

案例 1

H 村停车场项目曾出现一次设计变更。变更的原因在于村民、设计师的沟通不足，对停车场的理解不同。村民所表述的停车场实为兼具多重功能的平地，不仅可以用来停车，还可以用来晒稻谷。设计师由于对村民生产生活理解不够，仅从村民口中"停车场"的需求出发设计成用透水砖铺设。直至透水砖采购到位，村民才提出设计变更申请，希望可以把停车场建设成水泥地。最后，经慎重考虑，该项目决定同意村民的申请，满足村民晒谷的需求。

案例 2

H 村门楼重建项目。基金会在进行 H 村门楼项目的时候曾遇到难题。2018 年 9 月，基金会项目人员和村民再次核实重建门楼的意愿，确立重建门楼的设计方案。然而该计划因遭部分村民反对而搁浅，理由是拆除重建影响风水。时隔 6 个月，即 2019 年 3 月，村委会做通工作。全体村民签字，向基金会申请重建门楼。接下来半年中，项目团队与村民反复确认效果图、施工图纸，介绍施工工期和设计流程。2019 年 11月，施工方和村委会进行施工图纸确认，落实门楼重建的位置、施工方案、拆除时间、水电等准备。2019 年 12 月 4 日，施工方开始拆除门楼及开挖基础。2019 年 12 月 6 日，部分村委干部、村民在前期已多次确认的情况下突然再次提出不同意工程进行，原因仍为风水问题。由于项目迁延较久，设计方、施工方人员均对村民缺乏契约精神表现出负面情绪。为此，基金会通过对村民的耐心引导，终于了解到"风水问题"的核心——门楼瓦梁根数不能是双数，然而设计图纸中一共出现了10 根横梁。对此，基金会组织设计方讨论，负责设计的古建团队解释："10 根梁中仅 9 根在门房内，另 1 根在檐口，房内门梁为 9 根是单数，符合风水传统。"以此为突破口，基金会拿着设计图纸和门楼原状图纸，再与村里沟通、确认。村民最终同意按方案推进并对方案的专业性和对村民传统的尊重纷纷点头。

相对于 H 村牌坊的重建，H 村门楼重建工作反复沟通的内容较多。究其原因，牌坊重建的设计方案和牌坊原样无差别，而门楼重建的设计方案、图纸和门楼原样有区别。设计师、村民对重建的理解不同，一方认为按照原方案重新建设，一方认为在原有方案上进行优化。而且，双方对优化内容的沟通不足，且村民未能一次性说出需求。所以造成了 H 村门楼重建工作出现了很多反复。

由此，基金会总结出经验——在进行工程建设的过程中，设计师不能用城市工程建设的眼光来看问题。对于村民而言，生产需求和使用需求往往是朴素但十分重要的。"村民缺乏契约精神"往往是外来专业者对农村的普遍共识，也是基金会统规统建项目面临的最大问题。然而上述案例显示，该问题实际上往往是由沟通不足造成的。村民对外来资源的诉求是有选择性的，这种选择性内嵌于他们对日常生活与精神生活的需求之中，但因为缺乏集中的表达，出现了沟通上的错位。村民在关系到自身生产生活需求的事情上往往会奋力争取甚至不惜破坏已缔结的契约，但他们的诉求往往是十分朴素和贴近生活的。造成这种现象的原因是多方面的，但最根本的是农村资源的相对缺乏和村民在面对外来资源时的弱势地位。这正是我们开展乡村振兴工作所要解决的问题。即便项目前期有充分调研并征求过村民意见，外来专业者也往往会由于缺乏农村生活经验而不能正确理解村民的诉求，例如村民口中的"停车场"背后隐藏的晒谷需求以及"风水迷信"背后的实质。缩小这种信息的鸿沟正是基金会工作人员"转译"工作的实质和专业能力的体现，也是公益组织参与乡村振兴工作的意义和价值之一。

（三）采用共同缔造模式改善村庄人居环境

2019 年 2 月 22 日，住建部下发《关于在城乡人居环境建设和整治中开展美好环境与幸福生活共同缔造活动的指导意见》，要求充分激发社区居民的"主人翁"意识，发动社区居民积极投工投劳整治房前屋后的环境，主动参与老旧小区改造、生活垃圾分类、农村人居环境整治及公共空间的建设和改造，主动配合配套基础设施和公共服务设施建设，珍惜用心用力共建的劳动成果，持续保持社区美好环境。通过决策共谋、发展共建、建设共管、效果共评、成果共享，推进人居环境建设和整治由政府为主向社会多方参与转变，打造新时代共建共治共享的社会治理新格局（住建部，2019）。李郇等（2018）认为美好环境与和谐社会共同缔造以群众为主体，从空间使用者的需求出发，建设民生工程；核心是参与，通过参与来动员群众、组织群众，对承载社会各群体利益的空间资源进行合理的分配与协调；基础在社区，即以社区为平台，发动群众共同参与社区公共事务，增强其认同感、归属感，实现美好环境与和谐社会共同缔造。

基金会联合多个公益组织和规划设计团队以村庄公共空间共建为切入点，在过程中重拾村庄文化，增强村民凝聚力，培育村民自组织。其中，基金会邀请设计团队进行参与式规划设计，邀请驻村设计师和村民一起进行村庄建设，改善村庄人居环境。

规划设计团队包括华侨大学的设计团队、广州美术学院的设计团队、韶关市好光景园林景观设计有限公司等。各合作伙伴发挥所长，集中精力以共同缔造的方式改善 A 村、B 村、C 村三个村的人居环境。华侨大学和广州美术学院的设计团队负责进行参与式建设的规划设计。韶关市好光景园林景观设计有限公司进行工程节点的设计并驻村，全程指导村民施工。

在共同缔造中，采用驻村设计师＋基金会＋村民的三合一模式，即驻村设计师、基金会工作人员、村民骨干组建工程管理小组，动员本村村民以投工投劳的方式参与家乡建设。此模式强调，设计团队、村民、基金会三方共同参与确定设计方案、施工图和预算，并分工合作，合力推进工程施工，共同进行验收。村民作为建设主体，在规划团队协助下收集并整合意见，提出对于公共空间建设的基本设想和需求，向基金会申请项目。基金会进行初步评估后，联系设计师一起踩点，和村民共同探讨设计方案。设计方案经过多次讨论后确定。基金会、设计师、村民骨干及村民管理小组三方共同推进工程建设。基金会根据村庄情况进行部分或者全部资金资助，组织和协助三方制定工作管理机制。设计师驻场全程指导村民进行施工。村民骨干组建村民管理小组（一般为 4 名，包括 1 名统筹人、2 名采购人、1 名财务）进行财务、人工、物资采购等管理。村民管理小组因地制宜，形成一套自己的管理方法并定期汇报工程进度、财务情况和用工情况。在工程建设中，设计师必须驻场指导村民进行建设。这样，村民才能够获得施工技术的提高，施工质量才能得到保证。如需变更设计方案，三方需要第一时间响应，并确认是否变更以及如何变更。基金会、设计师、村民在工作中需要充分磨合，建立信任。基金会和设计师要相信村民的管理方法和协调能力。基金会和村民要相信设计师提供的专业设计理念和施工指导能力。设计师和村民也要相信基金会的资源协调能力和专业支持能力。

A村是移民村，村庄的古树和古井是村民对村庄历史的共同记忆。古树和古井所在之处是村民乘凉和交流的集中点，但是因为年久失修，古井旁的环境破旧。村民希望对该区域做一些提升，展示村庄的文化。在传统的建设中，多是设计师提供设计图和施工图，工程队承包进行施工，村民往往是被动的接受者，欠缺提出对方案设计和建造的看法及建议的渠道，也无法参与到村庄建设中。在古树古井工程建设中，基金会尝试用共同缔造的方式：由基金会资助资金，协调政府、村民、设计师等资源；由A村的村民管理小组管理资金，整合全村村民修缮建议，采购工程材料，带领村民投工投劳；由驻村设计师收集村民想法进行设计，全程指导施工。其间，基金会召开多次村民代表大会，和村民共同探讨工程的设计方案。工程结束后，基金会召集设计师、村干部、村民开项目总结会，和村民确定村民管理小组人员的劳务补贴费用，协助村民管理小组成员汇报工程的财务明细，带领村民总结工程建设的经验。

在整个工程建设中，我们惊喜地发现：村民的心聚起来了。最初，村民不愿意参加村民大会。后来，村民积极主动开会商讨村庄事务。由村民组建的村民管理小组成员各司其职，带领村民按时完成工程。为节省公共资金，丰富古井的文化内涵，村民收集村庄已有的瓦片等闲置材料做工程建设。由于古树下原有的公共空间狭小，有户村民让出1.5米宽的土地用于工程建设。

接着，A村村民向基金会申请修建田园公园工程。村委会和村主任积极动员村民将各自的土地让出，主动参与田园公园工程的建设，积极投工投劳。基金会仍然采用"基金会＋设计师＋村民"的模式共同建设田园公园。历时一个月，村民工程管理小组带领31位村民完成了田园公园工程的建设。2019年，A村成为仁化县农民丰收节活动的主会场。村民听到这一消息后十分高兴，也想为丰收节出一份力。基金会和合作伙伴——广东绿耕社会工作发展中心、鸟兽虫木自然保育中心、韶关市武江区悦享自然教育咨询有限公司（现改名为广东鸣鹿研学教育发展有限公司）、广东省岭南教育慈善基金会城乡汇发展专项基金通过口述史梳理及培训、自然导赏员培训、田间学堂等培训活动为村民提供支持，增进村民对本村村庄自然风物的了解，帮助他们学习如何介绍村庄历史、自然资源。同年 9 月 22 日，基金会在 A 村举办丰收节活动，来自全国 30 多个公益组织的机构代表参加了此次丰收节活动。2 位口述史讲解员（村民）带领嘉宾游村庄，进行口述史讲解。2 位自然导赏员（村民）带领嘉宾夜观村庄。2 位村民在古树古井旁向嘉宾介绍两个工程建设的过程和心得。20 余位村民准备特色美食，在田园公园竹餐厅招待嘉宾。

借助丰收节，越来越多的人知道 A 村，也有很多游客、团队到 A 村游玩或学习。村民萌生了接待游客的想法。2020 年 1 月 4 日，A 村村委会主动提出举办"家越美、粤幸福、迎新春"暖身节活动。各村小组村民积极参与，并在市集中售卖特色小吃、应季蔬果。市集活动十分热闹，为下一步村庄定期举办市集做了预热。这表明村民自主建设的热情得到极大提高。

实际上，2019 年 4 月，基金会也曾尝试在 B 村、C 村开展共同缔造项目。但 B 村、C 两村村委干部、村民的关注度较低。B 村村委干部关注公共空间的建造，不关注采用什么样的方式进行公共空间的建造。C 村村委干部事务繁杂，很难及时反馈，也未链接村中能人给予响应。最终，B 村、C 村均没有成为第一个"吃螃蟹"的村庄。但村庄之间是会互相影响的。2019 年 10 月，B 村、C 村的村民看到 A 村的村庄建设，感受到村民建设家乡的热情后，十分羡慕，村庄能人、村委干部也主动提出对村庄建设的想法，希望获得基金会的支持。2019 年 10 月，C 村村民采用共同缔造的方式建造了一座颇有设计感的多功能广场，在获得村民支持的同时也引来了政府的配套设施建设。2020 年，基金会在 A 村以共同缔造的形式开展美丽庭院创建项目，从外墙系统、隔断系统、装置艺术、墙绘设计、景观绿化、凉亭、道路系统、砖砌桌椅等方面着手，实现院墙的矮化、通透化和庭院内的干净整洁，使得私人空间和公共空间相融合，打破了人与人之间的隔阂。其间，基金会和设计师协助村民设计自家的庭院，激发了村民的创造力，增强了村民的自我认同感和自信心。空间的融合在无形中影响了人们的生活卫生习惯，改善了村庄人居环境。这一项目受到广东省政府的认可，多个政府团队来 A

村进行考察交流。2020 年，A 村入选广东省"十大美丽乡村"候选名单。

四　初步的效果

（一）改善了人居环境

截至 2020 年 12 月，基金会的工作覆盖了韶关市 4 个县（市、区）19 个行政村（151 个自然村），直接受益贫困户为 324 户，受益总人口达 89463 人。其中，乡建项目 79 个，大型公共基础设施建设项目 3 个。

D 村鸳鸯林公园面积有 7560 平方米，原为一片闲置竹林，被各种垃圾覆盖，环境恶臭，百年古树被隐没。基金会根据场地现状进行清表、整饰并以环路串联各个空间场所。该公园现成为集休憩、徒步、观赏于一体的复合功能空间。村中老少和县城周边人民都喜欢去鸳鸯林公园游玩。

工程建设后的维护和活化至关重要。除基础的工程建设外，基金会还会引导村民有意识地维护和活化村庄已建设的基础设施和公共空间。对于已建造的公园，基金会通过活动引导村民一起维护环境卫生。已修建的祠堂，除了用于祭祀祖先或先贤，还可以用于村庄族人商议公共事务、展示祠堂文化。

（二）培育了村庄自组织

乡村振兴的关键在于村庄人才的发展、自组织能力的提高。村民自主意识的觉醒和自治能力的提高可有效推动村庄长久发展。若想深化村民自治，需要先会集有想法、愿意行动的村民，引导村民组建团队，带动村民持续参与村庄公共事务，提升村民治理能力。基金会从工程建设和社区活动着手，寻找村庄能人、乡贤，带动他们持续关注村庄发展，提升对内的沟通能力和对外的谈判能力。截至 2019 年 12 月，基金会共培育了 3 个村庄自组织。

在 D 村，随着基金会的介入，村庄工程建设逐渐增多，需要村民共同商议的事务逐渐增多。原有的乡贤理事会成员年纪较大，精力有限。整个理事会没有统一的议事机制和议事流程。这造成村民意见不一，缺乏统一的对外口径，行事效率低。2019 年，基金会以公共事件为切入点，引导村民共同商议村庄公共事务，培育党群理事会，形成统一的议事机制和流程。现如今，该党群理事会切实履行自己的责任，持续参与村庄公共事务的商议和村庄发展。

E 村文娱活动十分单一。当谈及村庄建设、参与公共事务时，妇女们普遍缺乏自信与话语权，被隔绝在村庄建设之外。自 2019 年 4 月起，项目人员通过广场舞的形式将妇女儿童组织起来，丰富其文娱生活，培育乡村自组织。目前，广场舞队举办了六场大型汇报演出，参与了多次村庄公共活动演出，选出自我管理小组，共同制定了队约和基金会资助方案。后期，基金会将以广场舞队为切入点，开展妇女健康讲座、民众戏剧工作坊、村庄导赏员培育等多种活动，以继续支持村庄自组织发展。

（三）提升了村民对公共事务的关注度，增强了村民凝聚力

基础设施的建设和公共空间的改善，可以为村民提供举办文娱活动的场所。由于村庄青壮年外出务工，常年不在家，村中老人儿童较多，村庄缺乏活力。村民们欣喜于公共空间的建设，举办各种活动庆祝这一喜事，并发挥主动性动员其他村民参加活动。

H 村有着中国农村普遍之痛：空心化、老龄化。村民向基金会表达了复建牌坊的意愿，希望能有一个"精神依归"的牌坊，增强本村郭氏村民的凝聚力。基金会到村里和当地文史办走访考证，决定在尊重历史的基础上为 H 村复建牌坊。牌坊完成后，H 村村委和牌坊筹建理事会发动本村的郭氏宗亲，以捐款和凑份子的形式募集资金，为牌坊的落成筹办一个庆典，联络村民感情。刚开始，村民的反应并不热烈，牌坊筹建理事会成员挨家挨户和村民沟通，但随着时间的推进，事情往"不可控"的方向发展：捐款人数越来越多，周围村庄的郭氏宗亲都参与进

来。村民提议村里的广场舞队出个节目。这一提议让村里的妇女主任"头大"了，村里有4支广场舞队，大家热情高涨，都想参加活动。派哪支队去表演呢？为了这个问题，村委进行了协调。最后郭氏的两支队伍合并为一支，作为代表去表演。最后，经过1个月的组织和动员，7桌宴席变成了25桌宴席。在2019年的第一天，H村郭氏宗亲约250人欢聚一堂，庆祝H村牌坊落成暨欢庆元旦。

在A村古树古井工程中，前期多是基金会主动组织村民和设计师开会讨论工程事宜。在后来的A村田园公园工程中，村民主动提出要开会讨论工程的各项事宜，提出规避施工风险的措施，尽可能完善工程管理制度，仅花费1个月的时间便完成了一个公园的建设。照驻场设计师的原话来说："真的是要给村民点赞的。像这个公园，如果是施工队来做，费用高而且不一定1个月能完工。而A村村民硬是1个月干完了。连中秋节都还在这里干活。很值得称赞的！"如果基金会提供的资助款还有结余，村民会和基金会项目人员讨论自己对剩余资金使用的想法和建议，进一步完善工程的设施设备。隔壁村小组村民了解到情况，纷纷要求组长组织村民会议，讨论如何争取基金会资金开展自己村小组的建设。

（四）为村庄可持续发展创造了新的可能

2018年6月，基金会开始进行乡村振兴背景下"民宿扶贫"模式的实践与探索，联合惠州市爱树文旅投资发展有限公司、当地镇政府多方参与建设D村，启动爱树·丹霞山苑民宿项目，打造以民宿产业为特点的美丽宜居乡村和人居环境整治示范工程，助力D村实现乡村振兴。2021年5月，爱树·丹霞山苑竣工。7月，爱树·丹霞山苑正式开业。开业后的爱树·丹霞山苑聘用了D村8位村民，使这些村民在家门口就可以实现就业。同时，爱树·丹霞山苑开放了图书室、儿童游乐场等外围区域，受到村民的欢迎和喜爱。此外，爱树·丹霞山苑自开业之日起，每年将为村里带来不少于20万元的保底分红。部分分红将用于村庄公共事务，如安装路灯、举办村庄晚会、助学等。

五　总结与反思

（一）统规统建和共同缔造两个模式的对比

1. 目的对比

无论是采用统规统建模式还是共同缔造模式进行工程建设，其基本目的都是改善村庄人居环境，完善基础设施，为村民带来生活便利。除此之外，共同缔造模式注重增强村民在村庄建设中的参与感和认同感。统规统建模式的首要目的是完成工程建设，改善村庄人居环境。

2. 项目重点对比

两种模式的应用都会涉及多个利益相关方，都需要进行土地确权，都需要村委会、项目工作人员充分协调好利益相关方之间的关系，尤其是在设计方案和施工图的确定方面。利益相关方共同确认设计方案和施工图是一件重要且必需的事情。这关系着后续工程的施工质量、效果和进度。需要特别强调的是，设计方案和施工图需由设计团队、基金会、受益方等利益相关方共同确认。只有所有利益相关方确认无误后，才适合进行施工。虽然设计方案和施工图的确定需要花费很长时间和很多精力，但是这些前期沟通都是值得的。如果在后续工程进场后发生设计方案变更，会增加工程物料、人力和时间成本，拖慢工程进度，甚至可能出现阻工事件，引发冲突。

3. 优劣对比

相比较而言，两种模式各有优劣，不能简单概括孰优孰劣。在统规统建模式下，大工程的承包方往往在工程管理方面经验丰富，专业性强，有完善的工程管理统一用表与操作指引；有完善的工程管理体系，资料齐全方便入库存档；有专业的项目管理人员，对项目质量有较好的把控；有完整的供应商库，能保障较高的施工水平。同时，此模式对基金会项目人员的工程知识要求较高。在施工中，可能会出现设计团队和村民沟通不足造成信息错漏的情况。项目招标后，设计方案和施工图可变更空间较小，变更成本较高。综上，统规统建模式对工程建设的要求较高，且能够迅速帮助改善村庄人居环境，适合在人居环境迫切需要改善的村庄以及大型基础设施类项目的建设中采用。

在运用共同缔造模式进行工程建设过程中，村民参与项目方案的确定、施工过程、验收，他们的参与感和荣誉感较强。项目推进本身就是一个学习和教育的过程，村民和外部团队在一天天的沟通中不断磨合、进步。这有利于调动村民进行家乡建设的积极性，增强村民村庄管理能力和审美能力。工程建设所使用的工人多为本村村民，工资参照当地工人工资水平。本村村民不需要离开村庄外出打工。这对乡村经济发展有促进作用。村民收集闲置物料用于工程建设，可节约工程成本，提高资源使用率，发挥工程费用的最大效用。采用这种模式进行工程建设时，需要考虑村庄能人的数量、村委干部或者村小组组长的配合度、村民的动手能力和接受能力、设计师的施工指导水平和临场应变能力、基金会项目人员的经验和专业素养。

4.适用性对比

在基础设施并不是十分完善、需要迫切改善人居环境的村庄和大型公建项目中，建议采用统规统建的模式。这样，工程质量高、进度有保证、整治效果明显。在项目管理中，项目人员的转译者作用较为明显。

在村庄基础设施相对完善、社区能人号召力强的村庄进行小型简单工程建设时，可采取共同缔造模式。完成工程建设不是首要目的，而是一种吸引村民关注村庄公共事务的手段。在项目执行过程中，项目工作人员需要考虑如何通过工程建设促进村民关注公共事务和村庄未来发展，提升村民凝聚力和议事能力。

（二）村民是乡村振兴的主体和重要力量

发挥村民在乡村振兴中的主体作用主要体现在共谋、共建、共管、共享四个方面。只有村民才更了解自己的村庄，只有村民才能建设好自己的村庄。在与村民的互动过程中，基金会一直在反思如何更好地发掘村民真实需求以及在需求回应中如何平衡村民的实用需求和发展需求。脱离村民的支持，回避村民的需求，乡村振兴就毫无意义。获得村民参与、村民支持的村庄建设拥有较强的生命力，这样的村庄更加充满活力。无论是需求调研还是想法的收集以及项目的实施，都需要村民参与。基金会在这个过程中的角色是协助、引导村民思考并采取行动。这就是共谋。共建指的是村庄多种力量参与的共同建设，尤其是注重培养村民主动提出建设的主人翁意识。村庄的建设更多的是依靠村庄内生力量。这些内生力量包括村委干部翻阅政策文件后向政府申请的资金支持、乡贤为举办一次庆典活动的慷慨解囊、村民理事会进行的入户动员、村庄兴趣小组组织的一次接待等。共管指的是村民通过村民理事会、村民代表大会等互助组织共同管理村庄公共事务。共享指的是村民共享成果。这些成果包括合作社或村集体获得的利益分红、村庄公共设施的完善以及村容村貌的提升等。

在项目中，我们发现村民对村庄发展有着美好的期待和想象。他们缺乏的是资源的导入和适当的方向引导。当村民看到基金会介入后村庄发生的变化后，他们会主动提出有关村庄建设的新的想法。对于村民此时提出的想法，我们应积极去听，去沟通，和他们一起探讨想法的必要性和可行性，找到村民共同关心的议题。有了共同关心的议题，村民会开始思考行动措施。此时，基金会需要给村民充足的空间开展行动，并适当协助。

面对同一种社会力量，不同村庄的反应不尽相同。共同缔造的目的是把"公益组织做乡村建设"变成"公益组织帮助村民建设自己的家园"。村民由"接收者"变为"参与者"的过程十分重要。并非所有的村庄都能够迅速反应，以开放的心态迎接变化。截至 2020 年底，基金会在 A 村、C 村采用共同缔造的模式开展了 5 个工程，基金会在 A 村、B 村、C 村开展了村庄公共空间的建设和农业种植、自然导赏员、自组织培育活动。A 村村庄能人多，社区居民积极性高，村委干部配合度高。所以，A 村成为基金会第一个进行共同缔造的村庄。为什么 A 村村民的接受度会高一些？笔者认为，这和 A 村的移民文化、村委干部的执行力相关。A 村是省属水库移民村。1968 年冬，A 村村民从韶关市乳源县南水水库搬迁到现在的地方。1968—1978 年，A 村村民先后遇到建房、血吸虫肆虐、粮食匮乏等困难。村民团结在一起，靠着艰苦奋斗的精神和政府的支持，克服了重重困难。在政府推进美丽乡村建设和基金会、公益组织等外部资源推进村庄建设中，A 村村干部都十分重视，而且配合度高、执行速度快。现在的 A 村已有游客前来参观、游览。这对于 A 村村民来说，是以前所不敢想象的。

（三）基金会的定位与角色

基金会需要结合国家战略方针、社会发展矛盾、地区和人民发展需求、资助方意愿、自有的能力和资源进行定位。基金会的定位基于这些方面的考虑：国家推进乡村振兴战略；基金会理应响应国家号召，发挥自身优势为乡村振兴出一份力。韶关市属于广东省经济发展相对落后的地区，各项目村、项目点有发展的需求且人力资源和公益生态薄弱。基金会有资助意愿和资助能力，可以运用方案设计、项目传播等优质资源，也可以链接到多种类型的外部合作机构。基于此，基金会确定了宗旨和业务范围。

基金会相信村民的能力和智慧，愿意为村民提供资源、链接资源。基金会在链接资源中扮演着协助者、支持者、陪伴者、倡导者、服务提供者的角色。基金会可以通过参与乡村振兴的试点，梳理出项目经验，形成一整套项目管理机制。基金会也可以提供研究的经典案例，推广相关的项目策略和手法。基金会的突出成果可以转化为及时有效的社会行动，扩大受益群体，提高资源利用率，影响社会政策。

基金会不能代替村民做决定，也不鼓励村委会代替村民做决定，而是给予村委会和村民考量的空间、选择的权力、成长的机会。基金会做乡村建设不是做城市人喜欢的农村，而是做满足村民实用需求和发展需求的项目。基金会和利益相关方签订合同，不是为了推卸责任，而是为了明晰责任以便更好地推进项目。

面对不同的村庄和具有不同需求的村民，基金会的角色侧重点和链接的资源也是不同的。有的村庄人居环境亟须得到改善，基金会需要迅速进行村庄公共空间的建设，更多的是扮演支持者、服务提供者角色。有的村庄经济水平相对较好，村民喜欢文娱活动，愿意参加文娱活动，基金会更多的是扮演协助者的角色。有的村庄基础设施相对完善，有产业发展需求和机会，基金会更多的是扮演资源链接者的角色。有的村庄村民喜欢制作美食，希望外出参加美食交流活动，但是苦于没有渠道，基金会扮演的是资源链接角色。基金会会引进一些资源进入村庄，但具体的活动实施需要根据村民的反应进行调整，每次活动后都需要和村民一起进行总结，记录村民的反应、反馈。如果村民对这些活动兴趣不大，需要分析原因，并及时调整活动内容。

（四）未来的目标和挑战

2018—2021 年，基金会助力韶关市政府在仁化、南雄、始兴的 7 个省定贫困村和 3 个新农村示范村进行新农村建设，以基础设施改造、环境治理为主，弥补乡村建设方面的短板。各项工程建设完成后，基金会需要考虑对公共空间运行内容进行补充、管理和维护。一方面，停车场建设、道路硬化等项目，需要村民承担起管理和维护的责任。另一方面，篮球场、公园、文化室、宗祠等建设项目，除了需要村民进行日常使用和维护，还需要村民、基金会共同考虑如何进行内容补充和活化。在乡村地区，公共设施的维护仍是一项挑战。村集体由于公共收入较低，往往无法请专人进行定期维护。

2021年，基金会把关注点逐渐转移到乡村产业发展、社区治理方面，帮助乡村焕发新的活力。未来，基金会将着眼于联络更多的合作伙伴，为村庄导入多元的跨界资源。这部分资源将用于村落景观的建设与美学提升，从而吸引游客，促进村庄经济发展、农业结构调整和农民增收致富。与此同时，基金会将鼓励村民探索村庄导赏、美食接待和合作社运营等多种可能，提升村庄接待能力，为村庄发展开拓更多的路径。此外，基金会将继续努力，为村庄发展提供更大的平台支持，让村民和专业者（如设计师）、社区工作者（如村委）、外部的资源方产生更多的链接和产出，增加村庄与外界资源的互动，持续激发村庄活力。

参考文献

李郇、彭惠雯、黄耀福，2018，《参与式规划：美好环境与和谐社会共同缔造》，《城市规划学刊》第1期。

住建部，2019，《关于在城乡人居环境建设和整治中开展美好环境与幸福生活共同缔造活动的指导意见》，2月22日，http://www.mohurd.gov.cn/wjfb/201903/t20190301_239632.html，最后访问日期：2021年2月4日。

编后记

    2015 年初，我跟随李小云教授参与了云南省勐腊县河边村的深度贫困综合治理实验，并在 2017 年担任了勐腊小云助贫中心的理事长和总干事。参与河边实验以及勐腊小云助贫中心的工作，为我提供了一个难得的机会：以公益的视角亲身参与脱贫攻坚与乡村振兴的微观实践。这样的实践极大地帮助我拓展了对公益实践和理论的认识。2020 年，在中国农业大学和昆明市相关部门的支持下，我发起成立了社会组织参与昆明乡村振兴联盟，推动昆明当地的公益组织参与中国农业大学－昆明都市驱动型乡村振兴创新实验区的工作。借助这一平台，我尝试着将自身的公益思考转换为影响更多的公益组织深度参与国家行动，在服务国家战略的同时呈现公益的价值。上述工作最终演化为我当下和未来重要的研究方向：公益组织如何推动乡村发展。

    2018 年，李小云教授建议我编撰一本公益力量参与乡村振兴的实践案例集。在他的支持下，我开始了本书的组稿工作。我想如果要编撰一本公益力量参与乡村振兴的高质量著作，应该与在乡村一线开展公益实践的公益领导人进行更为深入的研讨。于是，我开始筹备面向乡村发展领域的公益实践研讨会。2019 年 7 月 13—14 日，中国农业大学人文与发展学院、云南省李小云教授工作站、勐腊小云助贫中心共同在河边村举办"乡村振兴背景下公益村庄案例研讨会"。此次研讨会邀请了 30 多个活跃在乡村发展领域的公益组织。这次会议也是多年来讨论较为深入的公益与乡村发展会议之一。在此次会议间歇，我向与会代表提出出版一本乡村振兴战略下公益实践的著作。这一提议得到与会公益组织代表的积极响应。经过第一轮的写作提纲征集，我最终确定了 17 位撰稿人（其中两位撰稿人因各种原因最终退出撰稿团队）。从 2020 年初到 2021 年初，整整跨时一年，15 位撰稿人对各个机构的公益实践进行了多轮的撰写与修改。经过多轮的反复修改，15 篇公益案例的核心思路越发清晰，语言的表述也不断精练与准确。尽管这 15 位撰稿人都是从事乡村发展的公益领导人或一线的公益骨干，但是他们都经受住了专业写作的压力，克服各种困难，呈现了各个公益组织在乡村振兴框架下探索的最佳做法，以及在此基础之上的经验总结与反思。

感谢中国扶贫基金会秘书长刘文奎、副秘书长王军，福建省林文镜慈善基金会秘书长刘洲鸿、项目官员李春芳，昆明市西山区永续动力城乡社区服务中心主任吴晨，中国妇女发展基金会秘书长张建岷、全国妇联办公厅原副主任王思梅、资助项目部副主任赵光峰、资助项目部高级主管解美玲，陕西嘉义妇女发展中心主任李爱玲，昆明市呈贡区梦南舍可持续发展服务中心理事长兼执行主任申顶芳，社区伙伴（香港）北京代表处副首席代表刘海英、项目经理李自跃，招商局慈善基金会副秘书长李志南、高级项目官员李文荟，中国乡建院执行院长薛振冰、乡村发展顾问贾建友，爱德基金会秘书长凌春香、社区发展与灾害管理部主任谭花、研究发展部研究主管温方方，成都蜀光社区发展能力建设中心主任杜玲、副主任韩伟，广东绿耕社会工作发展中心总干事黄亚军、培训研究部负责人廖凤连，广东省绿芽乡村妇女发展基金会理事长蔡文方、秘书长邹伟全、韶关市乡村振兴公益基金会秘书长伍立弘、项目经理谢雄斌、项目专员蔡秋琳等公益领导人和公益同人的慷慨支持与热情投入。

本书出版得到中央高校基本科研业务费专项资金资助（项目编号：2018TC037）。感谢我的硕士研究生黄琛丹、刘一平、王春艳，她们参与了书稿的编辑工作。此外，感谢社会科学文献出版社及编辑韩莹莹老师给予的支持与帮助。

董强

2021 年 5 月 3 日

图书在版编目（CIP）数据

公益乡村：公益力量对接乡村振兴实践 / 董强编著
. -- 北京：社会科学文献出版社，2021.9（2022.1 重印）
ISBN 978 - 7 - 5201 - 8984 - 2

Ⅰ.①公…　Ⅱ.①董…　Ⅲ.①慈善事业 - 作用 - 农村
- 社会主义建设 - 研究 - 中国　Ⅳ.①D632.1②F320.3

中国版本图书馆 CIP 数据核字（2021）第 178105 号

公益乡村
—— 公益力量对接乡村振兴实践

编　　著 / 董　强

出 版 人 / 王利民
责任编辑 / 韩莹莹
责任印制 / 王京美

出　　版 / 社会科学文献出版社·人文分社 （010）59367215
　　　　　 地址：北京市北三环中路甲 29 号院华龙大厦　邮编：100029
　　　　　 网址：www.ssap.com.cn
发　　行 / 市场营销中心 （010）59367081　59367083
印　　装 / 唐山玺诚印务有限公司

规　　格 / 开本：787mm × 1092mm　1/16
　　　　　 印张：16.25　字数：268 千字
版　　次 / 2021 年 9 月第 1 版　2022 年 1 月第 2 次印刷
书　　号 / ISBN 978 - 7 - 5201 - 8984 - 2
定　　价 / 98.00 元

本书如有印装质量问题，请与读者服务中心（010 - 59367028）联系